陳延武 著

桜美林大学孔子学院 監訳

杉江 叔子 訳

中国政党制度全景

桜美林学園出版部

Wanshui Chaodong: Zhongguo Zhengdang Zhidu Quanjing
ⓒ Chen Yanwu, SDX Joint Publishing Company, 2011

発刊に寄せて

　本書は、陳延武氏の著書「万水朝东－中国政党制度全景」(2011年)の全訳である。中国共産党中央で中国各政党との調整の第一線に携わる著者が、中国の政党制度について記した貴重な記録であるといえよう。タイトルの「万水朝东」を直訳すれば「すべての水は東に向かう」となるが、これは、中国では西に多くの山脈がそびえたち、そこから湧き出る無数の川が集まり大河となって、東にある大海に流れ出でる姿を表したものである。一党主導のもと多党派参政と多党派協力を強調した人民民主主義を理想としている現状と、そこに至るまでの一貫した歴史を象徴したタイトルとなっている。

　今回、桜美林大学孔子学院のご助力により、日本語版を発刊することができた。世界的に中国の影響力が増すなか、本書は大いに参考となるものと感じている。まずは、このような貴重な記録の翻訳を許可してくださった著者の陳延武氏と、原著を中国で広く知らしめた三聯書店に謝辞を申し上げたい。

　隣国である中国と日本は歴史的に、政治、文化、教育、ビジネス等、多方面での交流が行われてきた。このような活発な交流と友好関係が、両国にとって有益なことであることは異論なかろうが、良好な友好関係を築き、今後も持続的に発展させていくためには、相手への理解が何よりも先にくるべきものであると思う。相手への正しい認識なくしては対応を見誤る、もしくは、十分な応対ができないことがしばしばあろう。また、もし、運よくその場の対応がうまくいったとしても、相手への理解が伴わなければ、いずれは溝が生じる。本書は、内容を中国の政党にしぼり、その理解を十分に促進してくれるものと信じている。

　ところで、他者を理解するうえで大切なこととは何であろうか。一つ

は歴史、つまり、変遷の中に流れてきた脈を知ることではなかろうか。必ずしもそこに一本の継続した脈があるとは限らないが、もし存在するのならば、それを見つけることで、相手の意思や底力を感じることができるのではないかと思う。また、相手の視点でものを見てみることも大切なことではなかろうか。アクターがいれば、各者それぞれに言い分がある。まずは批判なしに相手の主張を聞き、その道理を取り入れ、対象を見る。このような姿勢が他者理解には欠かせないと思うのである。対立する意見には、批判が先にきてしまうことが往々にしてあるが、そうではなく、相手の意見に耳を傾ける努力が、正しい理解への道を開いてくれることであろう。このような視点で、本書に接していただけると、この本の価値が高まるのではないかと思う。

　さて、本書では、およそ200年前に遡ったところから説明が始まる。政党の出現期にあたる近代史が、失敗と成功の両面から表現されている。以降、一冊を通じて、失敗と成功を繰返しながら脈々と、現代につながる中国の政党の歴史を見せてくれる。各章のタイトルをご覧いただくと、著者がこの200年にわたる中国の政党の歴史をどのように評価しているかがよく分かる。第一章の「移植と異化」に始まり、「上昇と紛争」、「分裂と覚醒」、「凝集と収穫」、「成長と憧憬」、「挫折と停滞」、「動乱と再起」、「継承と刷新」、「協調と発展」と、一本の脈の中でさまざまな経験をし、それぞれの経験がどのように位置づけられてきたのかが明確に示されているのである。本書では模倣への警鐘（本文中では「複製と追随の防止」とある）が繰り返されるが、移植から始まった中国の政党が、何を経験し、何を契機としながらそれを内面化したのか、そして、それを単なる模倣ではなく、独自のものへと発展させてきたのかをぜひ読み取っていただきたいと思う。

　本書はまた、現代中国が目指す政治の在り方をどのように位置づけているかを知る絶好の書ともいえよう。先述の単なる模倣の防止、中国革命の過程で一貫して民主を努力目標としてきたこと、一党主導のもと多党が協力することを、明示している。さすが第一線にある著者ならでは

と思える記述であり、一般的には知られていないようなエピソードや貴重な資料も多く含まれている。それらの詳細な説明をご参照いただきたい。

　なお、300ページを超える原著の翻訳者には、北京大学に留学され名古屋大学で博士号（文学）を修めた杉江叔子氏（現在、桜美林大学非常勤講師）を迎えた。監訳には、本学教員であり、桜美林大学孔子学院長でもある楊光俊教授はじめ、李貞愛、雷桂林、塚越千史、渡部修士らのチームが臨み、桜美林大学孔子学院事務局のスタッフ一同も加わり、本書の刊行に至った。

2014年3月
学校法人桜美林学園理事長
桜美林大学総長
佐藤東洋士

発刊に寄せて	佐藤東洋士	3
序　説		9
第1章	移植と異化	13
第2章	上昇と紛争	37
第3章	分裂と覚醒	73
第4章	凝集と収穫	103
第5章	成長と憧憬	165
第6章	挫折と停滞	211
第7章	動乱と再起	229
第8章	継承と刷新	249
第9章	協調と発展	287
終　章		327

序　説

　銭塘江のうねり激しく逆巻き、稀代にして卓絶す。
　1916年9月、中国民主革命の先駆者である孫文は銭塘江の海嘯を眺め、「世界の潮流は浩々蕩々　これに順えば則ち昌え　逆らえば則ち亡ぶ」と嘆息した。

　人類文明の進歩の中で、政党とは深く記憶に残るものである。
　現代政党は特定の階級・階層と集団利益の代表である。
　政党制度は、政党の出現に伴い次第に形成されたもので、その形は政治の発展過程によって決定づけられ、人びとの主観的願望や意志によって変わることはない。
　中国は半植民地半封建社会に陥った後、伝統的帝国体系の危機、不安定、崩壊を経験し、その後、資本主義の発展、資産階級の拡大と欧米諸国の政党概念の輸入に直面し、そして反帝国反封建主義の闘争の過程を経て、しだいに自己の政党や政党制度を形成するようになった。

　民国以来百年の間、中国政党制度は幾度もの変化を経験した。
　20世紀初め、孫文は辛亥革命を主導した。そして二千余年続いてきた封建君主専制制度を打倒し、中華民国を築き、欧米諸国を倣い議会政治と多党制を実行した。しかし最終的に孫文は失敗し、軍閥の混戦を引き起こすこととなった。
　国民党の蒋介石グループは1927年から新中国成立前の1949年までの22年間、一党独裁を堅持したが、最後は歴史から葬り去られることとなった。
　1921年に成立した中国共産党による革命闘争が、中国の前途に明るい光をもたらした。中国の命運が決定される歴史の重大な岐路において、

主要な民主諸党派は国民、共産両党の本質的な違いを見極め、自ら進んで共産党の指導を受け入れた。それが国家の基本政治制度としての中国政党制度、即ち中国共産党の指導による多党協力と政治協商制度を形成することとなった。これは歴史の選択であった。

中国政党制度とは、共産党の主導のもと、多党派が協力し共産党の執政に参政するものである。

中国政党制度は、共産党指導による多党協力であり、多党競争とは異なり、政治協商と民主監督を実現する。そして、党間関係を調和し、法的地位を平等にし、政治利益を一致させ、同じ目標を追求する。

中国政党制度は、全面的に深く国家制度の中に組み込まれ、人民代表大会制度と互いに支え発展し、そして他の制度と共に中国の現代国家建設の発展を支えてきた。ここで中国社会主義民主制度の基本構造が作り上げられ、中国の特色を持った社会主義の道を作る重要な礎石となった。

中国政党制度の主体は、政権を握る中国共産党の執政と、参政する次の8つの民主党派である。

元国民党民主派とその他愛国民主人士によって創建された中国国民党革命委員会（略して「民革」と称す）。

文化教育及び科学技術の仕事に携わる中・上級レベルの知識人が主要なメンバーである中国民主同盟（略して「民盟」と称す）。

経済界人士及び関連の専門家が主要メンバーである中国民主建国会（略して「民建」と称す）。

教育、文化、出版等の仕事に携わる中・上級レベルの知識人が主要メンバーである中国民主促進会（略して「民進」と称す）。

医薬衛生界と環境保護、人口資源領域の中・上級レベルの知識人が主要メンバーである中国農労民主党（略して「農労党」と称す）。

帰国華僑、在外華僑家族の上級階層人士と、海外に親戚、交友関係を持つ代表的人士、専門家が主要メンバーである中国致公党（略して「致公党」と称す）。

科学技術界の中・上級レベルの知識人が主要メンバーである九三学社。
　中国大陸に居住している台湾省人士によって構成された台湾民主自治同盟（略して「台盟」と称す）である。
　中国政党制度において、無所属人士は重要な構成の一部であり、中国政治における一筋の重要な力であった。中国共産党が民主諸党派と団結するのと同時に、無所属人士とも親密な協力関係を築いた。無所属人士は中国革命の歴史のもとで形成発展し、いかなる党派にも所属せず、社会に対して積極的に貢献し、社会に影響力を与える人びとである。彼らは形式的な党派こそ結成していないが、実質的には党派の性格を持ち、その主体は知識人であった。新民主主義革命の時、無党無派の著名人士は一般には社会的賢者と称された。

　歴史は国情を受けて、現在を決定し、未来を示す。
　中国政党制度の形成、発展がそれを雄弁に表している。
　中国は自己の道を歩むべきであり、それだけが唯一の道であった。
　中国の政治発展の道は、理論だけではなく、実践の問題であった。

第1章

移植と異化

1793年9月14日、避暑山荘において乾隆帝が各国の使節と謁見した際、誰もが乾隆帝に三跪九叩頭の礼を拝したが、唯一イギリス政府の特使ジョージ・マカートニーだけは片方の膝を屈した。彼はかつて日記にこのように記している。「中華帝国はただの一隻の崩れ落ちた、狂気じみた軍艦にすぎない。この150年は変わらずに運行できていたとしても、過去のそれはうわべだけで隣国を抑止しているだけで、それは幸いにも何人かの有能な船長がいたためだ。一旦、無能の輩が舵をとれば、すべてが崩れ落ち、情勢はすぐに変わる。」
　楊度は生まれつき群を抜いた才能を持っており、広い学識と教養を持った人物であった。その軒昂とした意気が溢れ出る『湖南少年歌』は、かつて毛沢東少年の正義の血を沸きあがらせるほどであった。1902年、楊度は日本へ留学すると、中国は日本を模倣し、立憲君主制への道を歩むことができると考えていた。1905年、孫文と知り合い、孫文の武装革命には賛成しなかったが、湖南で同郷であった黄興を快く孫文に紹介した。黄興は孫文の力強い助手となったが、楊度は保皇党であることを変えることはなかった。1914年冬、袁世凱は君主制を実行するために、楊度に命じて1万字以上の『君憲救国論』を著させ、立憲君主制だけが中国を救えるのだと盛んに宣伝するよう指示した。しかし、楊度は立憲君主制の夢が無残にも粉砕された後、仏教学研究に没頭した。五四運動中、楊度はマルクス・レーニン主義に引き込まれ、李大釗と親密になった。1929年秋、今度は周恩来の紹介、中国共産党中央政府の許可によって、楊度は水面下で共産党員となり、夏衍が責任をもって彼と連絡をとった。楊度は上海で杜月笙に洋館を提供させ、敵に指名手配されていた中国共産党の上層部の人々をかくまった。1930年、楊度は中国共産党中央出版の『紅旗日報』のために題字を自ら書いた。周恩来は臨終にあっても楊度の党籍問題を気にかけていた。

中国で政党が出現したのは、近代にさかのぼる。
　中国はかつて自然な経済形態、官僚政治制度と家族コミュニティ、そして漢代以降最も重要であった儒教の思想により、世界で最も完備され、成熟した封建制度を完成させ、自国を治める一方で世界と争うことはなかった。
　しかし、ある日を境に中国は欧米列強の侵入により、やむを得ず世界の近代化のうねりに飲み込まれることとなった。
　1840年、イギリスの侵略者は25隻の軍艦、1万余名の歩兵を中国へ送り込みアヘン戦争を引き起こした。思い上がり自惚れていた封建帝国の大きな門は、武力によって開かれ、イギリスは間抜けで無能の清王朝を世界の政治の渦へと引っ張り込んだ。かつて勇猛で善戦してきた八旗兵、緑営兵も、イギリス軍の攻撃を前に縮こまってしまった。中華帝国のエリートたちは驚愕した。湘軍の著名な指導者であった胡林翼は川を急速に疾走して行くイギリスの戦艦を見て、恐怖にかられ危うく馬から転げ落ちそうになった。
　1842年8月29日、清政府はイギリス軍の砲口の下で、屈辱的な『南京条約』に余儀なく署名させられ主権を失った。この時、封建制度という殻の中に閉じこもっていた中国は、産業革命の時代にあり勢い盛んなイギリスに相対し、すでに一撃にも耐えられない状況であった。
　その後、アメリカ帝国主義が派遣した全権大使が軍艦に乗って広州へ到着すると、ひどく脅えていた清政府は早急に『望厦条約』に署名した。フランスの侵略者は広州の海辺まで来て威嚇し、北上して舟山群島を攻撃することを公言すると、混乱の最中、道光帝は『黄埔条約』に署名した。柏楊は『中国人史鋼』の中で「中国がかつて耳にしたことがある国々も、あまりに小さくて聞いたことすらない国々も、かつては朝貢する資格さえもなかった国々も、列を成して殺到している。」と述べている。事実、

こうした小さな国々が、強大な欧州帝国主義陣営を構成していた。
　ポルトガル、スペイン、ベルギー、プロイセン（ドイツ）、オーストリア＝ハンガリー帝国、イタリア、ポーランド、デンマークやスイスなど、それぞれが清政府に、条約の署名をさせ、『南京条約』に等しくイギリス人と同じ特権を有した。1849年、ポルトガルは清政府のマカオ官吏を追放し、貸し賃を払うこともやめ、公然とマカオを占領した。
　軍事的には連戦連敗し、外交上ではことごとく譲歩して、主権を失うばかりか辱めを受け、次から次へと領地は割譲され、賠償金を支払わされた。中国の政治主権と経済利益は底をつき、清政府の堕落無能と封建帝国の空前危機を徹底的に露見させた。
　マカオのある新聞社は当時の評論で「中国の装備は、世界でも最も軟弱で役に立たない武器しか有しておらず、その行いについても紙面で嘘を書いているにすぎない。国の兵士は、70余万名と言われてきたが、恐らく1000名も使えないだろう。」と掲載した。
　古い農耕文明は振興の工業文明に遭遇し、中国封建社会の自給自足の優勢はアヘン戦争で大きな損害を受けた。これより、中国は独立した封建国家から徐々に半植民・半封建国家へと陥り、中国人は光輝く山頂から、長きにわたって凌辱を受ける道へと転落してしまった。
　だが、帝国主義の強国は決して思いもよらなかったであろう。このような無情な攻撃を受けてはじめて、東方の獅子が目を覚ましたのである。
　洪秀全が興した太平天国運動は、キリスト教の神を戴き、清朝廷の権威を蔑視して、中国の半分をひっくり返した。団結した1100万名の犠牲のもと、都を定めて建国するに至り、政策綱領を公布すると、1851年から1864年の13年の間、勢力は18省までに発展し、前後600余の都市を攻略し、その勢いは盛んだった。しかし、2度のアヘン戦争で惨敗し、内外ともに窮地に陥っていた清王朝に致命的一撃を与えるところで失敗し、鎮圧されてしまった。
　この中国古代の農民運動の一大悲劇は、勝利した後、あるいは一時的に勝利を手にした後に作られた社会制度と社会秩序が、ただ打倒しよう

とした旧政権の模倣にすぎなかったことである。歴史はまるで原点に戻ったかのようにまた同じ循環を始めてしまった。たとえ太平天国に多くの天才将校や、自分を顧みない兵士がいたとしても、この運動は失敗という運命から逃れられなかった。それがまさに実証されたのだ。

しかし太平天国運動はその後時代の風潮と民意に合うものであった。後に毛沢東は洪秀全をアヘン戦争以降、中国共産党が誕生するまでの間、欧米諸国から真理を模索する者たちの象徴とした。

太平天国の統率者であった洪仁玕は『資政新篇』の中で、欧米資本主義国家を倣い、内政改革と国家建設を主張した。その主張にはこれまでの農民戦争になかった、アヘン戦争以降一部の先進的中国人が持っていた資本主義に対する願望が反映されている。

士大夫階層の中には翻然として改革を想い、維新を唱え、自強を描いた見識者は少なくなく、洋務運動によって初めて正面から挑戦に応じた。

中国滞在の英米人のキリスト教宣教師たちは1868年9月に創刊した中国語の出版物である『万国公報』の中で中国人を観察し結論を出した。それは、中国人の最大の特徴は学問によって打ち立てられた栄誉を重視するという内容であった。中国人の英雄は武士でも政治家でもなく、学者であり、中国全体に影響を生み出すことができるのは士大夫である、とする結論を導き出した。

曽国藩、左宗棠、李鴻章など一部の中央や地方の官吏たちは中国の「天下中心」の夢から覚め、欧米列強への挑戦を「中国数千年の中でかつてない大きな変局」と見なした。中国が連敗した原因は、軍備の不足、装備が欧米人に及んでいないこととの見解を示し、欧米人を模倣して、自己の自衛能力を増強させた。

洋務運動は、中国が欧米諸国の文明と衝突し惨敗した結果の、対処療法ともいえる行動であった。中国には、西太后が先に定めた「四つの不変則」すなわち三綱五常、祖先の法、大清朝の統治、最高皇権の不変則があり、この不変則の遵守が、この運動が失敗に終わる哲理を示していた。

とはいえ、やはり富強と近代化を追求する洋務運動は、多くの「中国

第1章 移植と異化

李鴻章

曽国藩

初」をもたらした。中国初の機械生産による兵器工場、造船工場、紡績工場、鋼鉄工場と炭鉱、鉄鉱場を建設し、中国初の汽船会社を創設した。初の鉄道を敷設し、初の電線を架設した。さらに初めて海軍艦隊を誕生させ、初めての外国語、科学技術学校を開設し、初めて欧米へ留学生を送り、初めて科学技術書を翻訳し、中国近代の第一世代となる科学技術の人材を育成し、中国の第一世代の産業労働者を養成し、初めての地主、官僚、買弁商人から転化した近代民族資産階級が生まれた。

中国民族資本主義工業の奮起は資産階級の誕生を促進し、無産階級をも発展させた。この二大階級は一旦政治の舞台に登場すると、中国社会の変化に原動力を注入することになった。

民族資本と民族資産階級の形成は、欧米諸国の政党学説の普及と中国資産階級政党の誕生の条件を整えた。

30年の洋務運動を経て、経済力は急に増長し、当時の中国人は有頂天になっていた。しかし大規模ではないものの軍事衝突を経験、中華帝国は半世紀前の悲劇を再演し、いとも簡単に東の小さな隣国日本に敗北したのである。

日本は過去一千年余、一貫して中国を手本としていたが、近代欧米諸国の勢力が東にやってくると突如として欧米化し、アジアから欧州へ目を向け、30年たらずの間に東アジアに西洋国家を造り上げた。

　1894年7月、1116名の清の政府軍はイギリスの商船「高陞号」を借用し、朝鮮への反乱を鎮めるために出航したが、黄海で日本艦隊の宣告なしの攻撃に遭い、871名が海底に葬られた。その6日後に中国と日本はそれぞれ宣戦布告し、日清戦争が始まる。清政府が十数年の歳月と莫大な資金をかけて苦心して築いた北洋艦隊は全軍沈没させられた。中国に得策はなく、早々に降伏し、宝島台湾や澎湖諸島の割譲と、巨額の賠償金を支払うこととなった。財政的活力は損なわれ、帝国主義列強の搾取はさらに強まった。このような大いなる屈辱は、中国人一人一人に、鋭く差し迫った問題意識を与えた。「いかにして祖国の危急を救い生存をはかるのか。」と。

　日清戦争は洋務運動の失敗を宣告した。多くの見識者たちは欧米の技術を学ぶことは否、欧米の政治制度を学ぶことこそが是であると認識し、その周知と模倣を始めた。

　1895年以降、過激と保守的対立、軽率と穏健的対立が、国内政治路線の重要な分野となった。朝廷から下級の多くの官吏まで、それぞれ異なる見解を示した。康有為、梁啓超、譚嗣同らが代表となった低層の知識人たちの扇動によって、光緒帝は1898年6月11日に『定国是詔』を発布し、政治、経済、軍事、文化の各方面の改革を実行し、戊戌変法がこの日から始まった。しかるに、頼みの皇帝には実権が乏しく、改革はぬるく中途半端であり、逆に西太后を筆頭とする保守派の怒りを買うこととなった。譚嗣同、楊鋭、林旭、劉光第、楊深秀、康広仁ら「六君子」は捕えられて入獄され、当年9月28日、北京の菜市口にて勇ましくも正義のために殉死した。悲しむべきことに「六君主」が刑場に上がる時、人々は同情するどころか、譚嗣同には顔に野菜を投げつけた。富国の改革は、伝統的な中国社会において極めて困難であった。

　1897年、梁啓超は名著『過渡時代論』の中で、19世紀末、20世紀初め

第 1 章　移植と異化　　19

の中国は「過渡時代」であるとまとめた。つまり、政治において民衆は専制に憤怒するが、よりよい政治システムを組織する術はなく、学問において学者は考証や文章の技巧を軽蔑するが、新しい学術をうち立てること能わず、風俗において社会は三綱五常に愛想をつかしたが、新たに認められた道徳が生まれるわけでもなかった。政治、思想と文化における多重な危機を目の前にして、一部分の知識人たちは苦悩し、迷い、自殺や暗殺が絶え間なく続いた。陳天華は「東海にこの身を投げて、諸君の記念となる」と嘆き、呉樾は爆弾を携え洋行視察の五大臣を襲撃し、秋瑾は勇敢に正義のために殉死し、梁済（梁漱溟の父）は北京の積水潭に身を投げた。その身を犠牲にすることが、社会の変革に最も直接的にはたらき、民衆の普遍的な愛国心と同情心を引き起こし、清王朝を滅亡へと追い込む無視できない力となった。

梁啓超

　そして事件は1900年の盛夏に起きる。義和団の乱の失敗である。八ヶ国連合軍は北京に攻め入り、『北京議定書』を締結し、空前の4億5000万両の賠償金を手に入れた。八ヶ国連合軍の軍官は慈禧太后の寝室で、四大文明最後の文明も今消失してしまうのかと悲しみ嘆いた。

　大きな変化はいつも突然起こるものである。そこには全国規模の革命の火種をはらんでいた。

　しかしながら、模索が常に正しい方向へ進展するとは限らない。

先進的で愛国的な知識人たちは、国家が滅亡に瀕することを憂い、朝政の腐敗に憤りながらも、これまでの知識体系の中にあって、欧米諸国の思想侵入を防ぐ手立てを探し出せずにいた。焦燥感と危機感に苛まれ、結果としてある誤解に辿り着いた。それは、日本が西洋を学んだからこそ、短時間に富国強兵を実現したということである。さらに1905年に日露戦争で日本がロシアをうち負かしたことが、立憲政治の専制政治に対する勝利を意味し、中国の国家富強のためには、日本をまねて立憲しなければならないと考えた。そこで、多くの知識人たちが日本へ留学したのである。

　中国では伝統的に、自らを進んで宣教することをよしとせず、また、積極的に外国で学ぶことをしなかった。しかし、1905年に科挙制度が廃止されると、知識人たちは立身出世への階段を失う。このとき胡適は直ちに、「残された唯一の方法は外国への留学のみ」と述べたという。

　しかし、中国人は歴史に翻弄された。日本は真の意味での立憲国家ではなく、立憲は専制政治を装飾する飾りにすぎなかった。当の日本人もこれを「偽りの立憲君主制」だと述べていた。中国人は日本の欽定憲法モデルを出発点とし学びはじめたが、次第にイギリスの分権モデルへと向かっていった。こうした立憲モデルは権力の分散、地方自治であったため、立憲の結果として、多くの地方有力地主や退職官吏が、突如、政治の場へと押し寄せることとなった。専制下において長年抑えつけられていた政治への要望は、合法的に議論のテーブルに載せられ、政治の参与に極度の膨張と混乱をもたらした。

　停滞、衰退が趨勢となる中、祖国滅亡を救い生存しようとする中国人の探索と努力は失敗に失敗を重ねた。帝国主義の野心と迫りくる圧迫感が、苦難の中華民族を絶望への境地へと導き、一つ一つが恐ろしい影となって、愛国者の心に覆いかぶさった。

　腐敗した政権に自ら改革する力を期待できるはずもなく、政権を覆すことではじめて社会変革へ通じる道を開くことができたのだった。

　戊戌の変法の前後、救国のスタンスの違いから、中国の資産階級は二

第1章　移植と異化　｜　21

つのグループに分かれていた。孫文は資産階級革命派の指導者、思想家で、相次いで興中会、華興会、光復会を組織、康有為は清末改良派の指導者、思想家として、強学会、南学会、保国会を相次いで組織した。二つのグループは共に政党の原型となった。

　異なる階級と政治グループは徐々に政党の形式を持ち、相次いで同じ場所に登場し、経済、政治、教育、文化の各方面に改良的に、ひいては革命的主張を打ち出し、中国近代の激しい勢いある社会革命変動を誘発し、それが辛亥革命まで発展した。

「先駆者」孫文は世間一般とは異なった心情を持ち合わせていた。彼は一生「中国の自由平等」に力を注ぎ、28歳の時には、遠路はるばる李鴻章に意見書を渡しに行き、国を救う方策を強く訴え、「人はその才能を尽くし、地はその利を尽くし、物はその用を尽くし、貨はその流を通じる。」と主張した。彼の偉大な民主主義革命家の地位は、今日全世界で認められているところである。

　1945年4月25日、毛沢東は中国共産党第七回大会の報告で「孫文先生という人を語るに、良しも悪しも彼の全てを語らなければならない。我々はマルクス主義者で、歴史の弁証法にこだわる。孫文先生は確かに素晴らしい業績を修め、素晴らしい話をされた。私は報告の中でも、できる限りこうした素晴らしい事柄に触れている。我々はこれをいつまでも忘れることなく、そして、必ず子孫に伝えなくてはならない。」と述べた。

　孫文は幼き頃、太平軍戦士馮爽観が話した太平天国の出来事を聞き、「第二の洪秀全」となると決心した。彼は興中会の創立から革命の道を進み始め、中国同盟会、国民党、中華革命党の創立を経て、さらに中国国民党の改組まで至った。終始変わらず一つの革命党を建設することから、両党制の実行までを構想し、さらにロシアの一党制の「党をもって国を治める」を手本とし、絶えず模索を繰り返した。同輩の革命者の中でも、孫文は政党の発展に対して最も力を注ぎ、最も貢献し、そして彼のアイデアは最も効果があった。

中国は歴史上、数えきれないほど多くの武装蜂起と政治改革が行われていた。組織的に勢力を拡大するために、民族の団結力に頼る場合もあれば、宗教の影響力に頼る場合もあり、ある時は指導者の呼びかけに頼る場合もあった。幾度かの大規模な農民戦争は、明確な政治目標と行動計画を伴っていた。しかし、辛亥革命前に孫文が統率した資産階級革命党派だけが、正真正銘、政党（明確な政治原則が存在し、完全な組織機構をもった全国的な政党）を用いて、群集を発動、団結させ、革命闘争を勝利へと導いた。
　孫文ははじめ、己の行動を「造反」と定義していたが、後に『易経』の中の「湯武が天命を革めて天に順い人に応ず」とする啓示を受けて、「革命」と名付けて、自ら「革命党」と呼んだ。日清戦争の惨敗は国中を震撼させたが、西太后は60歳の誕生祝いのため、国家の安否を顧みず海軍軍費を流用して頤和園を再建した。孫文はさらに清政府の腐敗を認識し、現在の官僚では中国を変革することは叶わないと悟り、「もう二度と和平の方法をもって国を改革してはならない」と述べた。孫文の「個人の革命」は、最終的には民族が自覚をもって一致団結したものとなった。
　1908年以前、孫文は何度か武装蜂起を統率したが、参加者は幅広く、知識人、商工業界の人士、軍人、官僚、立憲派の人士と華僑がいた。その中でも多くは太平天国の将士の子孫で、「会党」の構成員が多かった。「会党」は明末清初に「反清復明」を趣旨とした民間秘密結社の総称である。革命党と「会党」は政治目標が近くたちまち同調した。会党の趣旨は「反清復明」であり、革命党は「清政府を追い払い、これまでの中華に復帰しよう。」をスローガンとした。革命党は「復明」に対しては正しいとは思っていなかったが、「異民族支配」の排除という点でも一致した。
　革命党と「会党」の深い関わりは同盟会成立の前にある。革命党は農民が中国革命の主源力であると認識しておらず、さらには農民を発動させる術がないので、革命の成功を実現させるために孫文は全国規模の革命政党による武装闘争のモデルをつくり上げた。最初からすぐに「会党」

第1章　移植と異化　│　23

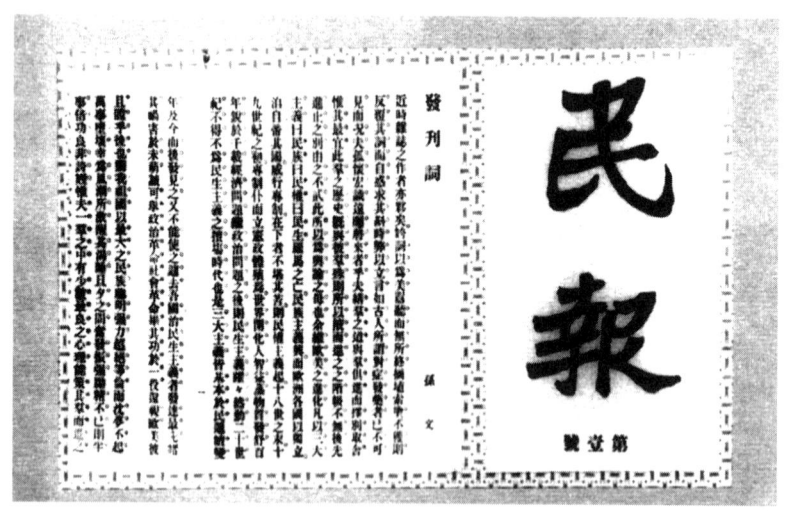

『民報』創刊号及び孫文が書いた発刊の辞

と確固たる絆を結んだのは、歴史の必然的選択であるようだった。革命党員は相次いで5度武装蜂起し、「会党」の力を借りたが、水面下で黄興が連絡をとることが多かった。

孫文は国内では革命の力として主に「会党」を頼り、海外では洪門会党致公堂を頼った。後者は中国致公党の前身である。

孫文の著名な『三民主義』が1905年11月中国同盟会本部の機関誌『民報』創刊号に発表され、その民族主義第三話の中では「会党の中で民族思想があるのは、ただ洪門会党のみである。」と指摘した。洪門会党の中で致公堂は「勢力が大きく、人材も多い。規程も最善であり、財力も最も豊かな会党である。」と述べている。続けてアメリカ州について言えば「致公堂のほとんどが華僑である。」とも発言した。これは一般の群衆民間団体とは異なり、「会党」の構成員は民間の秘密結社を通して集まった、ある組織性のある群衆であり、「秘密と秩序を守り、約束を重んじる。」という特徴を備え、「また指導者の号令に従う。」という特徴もあった。当時の致公堂はすでに国内政治と前途に関心を持っている準政治団体となっており、一般的に言われる会党とは違った。

1903年冬、孫文は母方のおじである楊文納の提案を聞き、洪門の先輩である鐘水養の紹介で、1904年1月ホノルルで致公堂に加入し、当地の国安会館で執り行われた入堂式で、「洪棍（規律を管理する高級な職務）」を命じられ、洪門の人に「孫兄貴」と呼ばれ尊敬された。ここで孫文は洪門会党を指導し改善する、そして彼自身の人生を変える、大きな一歩を踏み出した。まさにこの一歩が、孫文が中国士大夫科挙試験で官吏となって、国のために忠君となる古い道を歩むことは不可能であることを示し、民主科学を以って祖国を振興する新しい道を開拓したのである。もしこの一歩がなければ、孫文は中国民主革命の先駆者としての偉大で光り輝く一生を歩むことはなかったであろう。

　1904年5月、孫文は致公堂の委託を受け、『致公堂重訂新章要義』と新規程80条を起草し、致公堂の趣旨を「清政府を追い払い、これまでの中華に復帰し、民国を成立して、土地の所有権を平均にする。」と定めた。これは1894年11月に孫文がホノルルで成立した興中会の政党理念と完全に一致している。ボストンで、孫文は当地の致公堂のリーダーであった司徒美堂と会見し、5ヶ月間そこに暮らしながら、彼に中国で革命を興した道理を宣伝した。孫文は洪門致公堂に革命の種を蒔き、その後、致公堂が堂から党への移行を推し進めながら、さらに新しい世代の華僑を教育し、中国致公党が海外で誕生する重要な準備を進めた。

　孫文は中国の数千年の文明と政治が近代に入ってから日々後退しているのは、良い政党が存在しないことが理由であると考えた。「同志を招集させ、より大きい組織をつくる。」と革命の力を集中させるために、1905年7月、孫文は東京で黄興、宋教仁、李書城、汪精衛らと協議し、興中会、華興会、光復会などの革命を志す小団体を連合させ「中国同盟会」を作り、「清政府を追い払い、これまでの中華に復帰し、民国を創立し、土地の所有権を平均にする。」ことを政治要綱とした。これは中国で初めての全国的な資産階級政党であり、また中国で初めての近代政党であった。興味深いのは、握手は、同盟会で日常的に行われていたが、孫文の革命運動が広く発展していくに従い、徐々に中国に普及していく

第1章　移植と異化　　25

1914年7月、孫文がサンフランシスコにて中華革命軍籌餉局を成立した時の海外人士との合同写真

こととなった。

　1909年11月、孫文は3度目となるアメリカ行きを果たし、ニューヨーク、シカゴなど多くの都市で同盟会の分会をつくり、サンフランシスコ同盟会をアメリカ同盟会の本部とした。アメリカの移民条例の制限で、同盟会の活動展開は困難であり、革命の仕事はほとんど全てをサンフランシスコにあるアメリカ洪門致公堂に委託した。致公堂を革命組織に改造するために、1911年、孫文はサンフランシスコで同盟会会員を一律、致公堂に加入させると提案した。

　同盟会と致公堂の二つの組織が連合した上で、孫文は国内外の同志に「それぞれができることで互いに助けあおう。内地の同志は命を懸け、海外の同志は財政の提供を。」と呼びかけ、中華革命軍籌餉局が成立され、革命の資金を募るようになった。華僑は祖国を愛し、祖国が民主と富強に向かうことを望んでおり、それが孫文の力強い後援となり、辛亥革命の道がひらけた。孫文はかつて「華僑は革命の母である。」と心から称賛していた。

　革命政党は途絶えることなく成熟し、革命思想はさらに人々の心に浸透した。

1911年10月9日午後3時、革命党員の不注意で漢口で爆弾が誤爆した。同時に、「清政府が、今辮髪がない革命党人を捕らえている。」という不安と恐怖心が新軍の中で蔓延した。状況の急変により、革命党は武装蜂起を発動することを決定した。10月10日（干支紀年辛亥年8月19日）、清の武昌工程営の兵士・程正瀛が武昌蜂起の「第一砲」を発砲し、革命党は湖北新軍の武装蜂起を策動し、翌日、中華民国軍政府鄂軍都督府が成立したと天下に布告した。九角十八星鉄血旗が黄龍旗にとってかわり、武昌城で掲げられた。
　そして、各地の革命党員が次から次へと勢いに乗じて武装蜂起し、湖南、湖北、陝西、江西、山西、雲南、上海、江蘇、貴州、安徽、浙江、広西、広東、福建、四川と相次いで清政府からの離脱・独立を宣告し、武昌蜂起は各地に影響を与え、全国レベルで辛亥革命が大規模形成され、資産階級民主共和国創立の基礎が定められた。
　辛亥革命は華夏の大地で二千余年にもわたり営まれてきた封建王朝専制統治に終止符を打ち、中国は君主制から共和制へと移行した。近代中国民族国家の本当の再建はこれより始まり、中国人民が自己の運命を変えるために奮起したこの革命は、根本的な社会の大変革であった。
　これまでなかった民主主義の気運、競い合って実業を興す風潮は、社会を生き生きと見せた。国の体制が変わり、政治の体制も変わった。民主共和の理念は今まさに実現しようとしていた。辮髪は切られ、服装も変わり、黄龍旗は捨てられ、五色旗がはためいた。中国は政治、経済、思想文化、社会風俗等の方面で根本的な変化を生み出した。さらに特筆すべきは、辛亥革命が民衆の意識を喚起し、結果多くの熱血的な青年たちが先を争って革命党に加入したのである。中華の大地は活力に満ち溢れていた。
　このような歴史的大変革が発生したということは、孫文を代表とする資産階級革命民主党派率いる辛亥革命の過程の中で、革命政党の誕生が中国人民の民主意識を大いに促したことを示している。
　歴代の封建社会の支配者は、各種の党派団体を非常に敵視したので、

古くより「党」という字には常に悪い意味が含まれていた。党派をつくることは「徒党と結託する。」「徒党を組んで個人の利益をはかる。」と表現され、各種党派はすべて「悪党ども」「悪者乱党」と呼ばれた。地方高官や総督、公侯重臣ですら結社の自由はなく、政党が合法的に誕生し存続する可能性はなかった。

　孫文を代表とする革命党は、封建的束縛を打破し、中国史上初めての革命政党を立ち上げ、政党を統率中核とする革命闘争を実現させた。同時に絶えず政党の影響力を広げ、革命政党を中国革命の主力軍と前衛部隊にし、革命政権における中心的存在となった。

　政党をもって腐敗した統治を打倒し、革命事業を推進させ、統一国家を指導することが、孫文の政党政治思想における重要な骨子であった。孫文は中国資産階級革命政党を創立、発展させ、辛亥革命はこの革命政党を鍛え育てあげた。

　辛亥革命の目標はアメリカの模倣を意図し、アメリカ式の政治構造を作り上げることであった。辛亥革命のやり方は、120余年前のフランス革命を模範とし、暴力的手段をもって古い中国を打ち崩し、新しい中国を作り上げることであった。

　しかし、辛亥革命はその全ての目的を達成することはできなかった。古き封建君主専制は打破できたが、近代民主国家の新しき姿を打ち立てることはできず、半植民地半封建的社会性質は依然として変わらなかった。二千余年に長きに渡る世界で最も頑固に存続してきた封建主義勢力は、帝国主義の援助のもとで断固として革命の敵となり、あらゆる手段で国家の民主化と統一を阻害した。

　辛亥革命の余波で、革命党員は中央や地方で依然として一定の権力を握り、責任内閣制と立法、行政、司法の三権分立の制度が実行されたばかりであったので、世論は規制を受けることなく思想は活性化していた。社会の各階級、各階層、各種の政治集団の代表的人物、及び多くの政治家たちは正義の血を滾らせ、辛亥革命後客観的に形成された民主の気風を利用して、文章を書き、刊行物を出版し、思想を奮い立たせ、国を治

める素晴らしき政策を設計し、革新的な人材を育てた。

辛亥革命後の国家建設の実践において、中国初の政党制度が誕生した。欧米諸国の近代的民主思想が中国に伝わるに従い、封建専制の抑制を重く受けとめ、民族の運命の憂いを重く心に抱いていた見識者たちは、かすかではあるが中国が欧米式政党政治を実行し、強大な資産階級民主共和国を作り上げる絶好のチャンスではないかと感じていた。それは、彼らがまず多党制の実行を考慮し、権利を持った議会を創り、議会で多数を占めている政党こそ、政府あるいは当局者を支配することができ、資産階級の民主政治を推進することができると考えていたからである。

多数の政党、政治団体が次から次へと成立を宣言し、様々な政網と主義が政界に蔓延り、それはまるで中国が政党を主導とする政党政治に向かう新しい時代に突入したことを表しているようであった。

1913年5月に出版された『国是』第一期『民国一年来之政党』には「狂ったように集会・結社が行われ、政党と名の付く団体は春に若芽の萌えるが如く現れること数知れず。」という一文で表現された。統計によると、1911年上半期に中国で初めての合法政党として憲政実進会、政学会、憲友会、辛亥倶楽部など相次いで成立されてから、1913年末の政党が変化し消えるまで、党、団、会、社などの新興団体の数は合わせて682にも及び、そのうち一応政党としての性質を持つ団体は312団体もあった。1912年8月、同盟会は統一共和党、国民公党、国民共進会、共和実進会の四つの小党が合併し、改組して中国国民党となった。

この間、政党は革命を指導し、専制を覆して共和を創造する使命を背負って現れるか、或いは共和に賛成し、議会選挙に参与する名義として現れるかであった。それぞれ志が同じでなければ、階層も同一ではない。この間に生まれた政党の数は多かったが、一定の水準に達し、政治への影響力をもった政党はわずかに十数党しかなく、その他多くは利益に動かされたもので、主義と信仰が結びついたものではなかった。権利の分配、相互の浸透、相互の影響をめぐっては、次から次へと分裂・結合を繰り返した。1913年夏になって、議会に影響を与え政局の実力を左右で

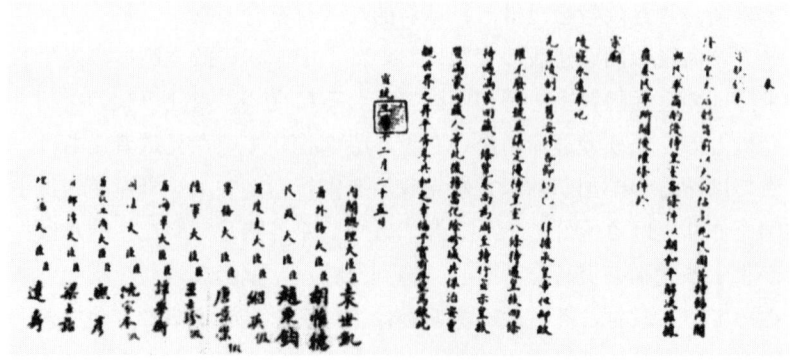
清隆裕太后が発布した清皇帝退位の詔

きるのは孫文、宋教仁、黄克強率いる国民党、梁啓超、湯化龍率いる進歩党、そして袁世凱が保護してきた北洋軍閥官僚集団だけで、これらが「三大勢力」と称されていた。

当時、中国の政治は常に二元分立の状態であった。中国と西洋、新と旧、南と北、文と武、このような争いが生まれては消えた。「朝入党しても夜には離党し、夜入党しても朝に離党するというように、節操がなく、一人が一日に何度も主張を変え、そしてそれを誰も訝しがらない。党にも政治にも道徳がない」。アメリカの学者ダグラス・レイノルズが『新政革命と日本・中国1898～1912』の中で「もし1910年と1898年年初を比べたら、思想と体制という二つの領域がお互いにかけ離れ、しかも離れれば離れるほどに遠くなるということを人々は気づいただろう。」と記している。

1912年2月12日、隆裕皇太后により清帝退位の詔が発布され、中国を二千余年の長きに渡り束縛してきた皇権専制は遂に終わりを告げた。大きな理想を抱いてはいたものの、実際の政治経験が不足していた孫文は、袁世凱との闘争による「外国勢力の干渉」で、外国政府が共和国の外交承認に影響を与えることを恐れ、社会の安定を維持し、平和への移行を実現するために、翌日には辞職を表明し、袁世凱を民国臨時大統領として推挙した。

袁世凱

四国銀行団など、数ヶ国の銀行資本が中国に進出し、当時の中国で活発に活動した。帝国主義勢力は資本輸出を利用し、骨を折ることなく中国革命の発展に影響を与えた。袁世凱は革命の成果を奪い取ったが、この大きな過程の中で帝国主義が中国の政治に与えた影響は大きかった。

1912年冬、誕生して1年余の中華民国は、中華民族の歴史上初めての国会選挙を挙行した。国民党は圧倒的多数の議席を獲得して国会の第一党になり、傲慢な態度を見せ、政権奪還を急いでいた。

この選挙結果を、清帝を打ち倒した功臣と自称してきた袁世凱は到底受け入れることはできず、政党政治という生まれたての小さな生命を揺籠の中で潰そうとした。

袁世凱は政党政治の規則を破り、内閣を混乱させ、国民党を分裂分化させた。混乱した内閣を統制するのは非常に困難で、また国会の多数の議員は国民党であり、内閣の危機が絶えず出現し、民主政治は党争の場所となった。章太炎はこのことに対して明晰な認識をもち、「他国の法を横取りし、本土を発展させる。」と称した。

黄遠庸（遠生）は民国初年に梁啓超、章太炎と共に名を馳せた世論の世界のリーダーであるが、執筆したコラム「遠生通信」は見解が斬新で、時代の悪弊をずばりと指摘していたため、当時の政界で大きな影響を与え、当時の人々は「総督府の監査院」と称した。清末、かつての友人たちと「憲友会」をつくり、民国成立後、共和党に従属した。彼は『三大

第1章 移植と異化

勢力に対する警告』を書き、袁世凱に「政党を操縦することのみ考えるな。」と申し入れ、国民党には「袁氏個人のみを考えるな。」とたしなめ、進歩党には「国民党のみを考えるな。」と願い、大衆が一つになって、「それぞれが自分の信仰のために身を犠牲にし、それぞれが誠実に互いに相手を受け入れれば、国は進歩し、わずかな希望と幸せがえられるだろう。」と述べた。彼は、「権勢をもって小利で人誘い入党させる。」「その党の者でなければ官につけない。」など、あらゆる手段で党勢を拡張することに対して厳しく非難し、広く公にした。1915年、黄遠庸はアメリカに逃げたが、国民党のアメリカ支部の刺客に狙われサンフランシスコの都坂街にある上海楼菜館で殺害された。31歳の若さであった。彼は民初以来、文字による災いで命を失った一人目であるが、民初の党争の下に暴力的手段が法律と理性の制約を超えて浮かび上がり、一時世論を騒がせた。

1913年3月、ちょうど孫文が日本の鉄道を視察している際、32歳の国民党の代理理事長宋教仁は、袁世凱から「北京に赴き政治協議をせよ。」と電報で呼びつけられ、3月20日夜、上海滬寧駅から汽車に乗る際、袁世凱が送った刺客によって暗殺された。

孫文と革命党員は血の教訓によって目覚め、袁世凱の悪辣な面構えを忘れず、理想的政党政治の構造と残酷な政治の現実の間の隔たりが見え、組織の力をまとめ「二次革命」を発動したが、大勢に対抗できずに失敗した。

歴史は声をあげて叫び流血の道をよろよろと歩いていた。見識者はこのことを深く憂慮していた。

共和政体は新生の民国を分裂させ、財政問題、モンゴル・チベット問題と、内外から圧迫され、外国政府もまた認めず、引き続き維持していくことが困難であったが、党の災いを解決する機会が訪れた。1年余の画策を経て、君主制に熱心な役人と下心ある外国人にそそのかされ、袁世凱は国会を強固に解散し、『臨時約法』を廃止し、帝王を自任し、最終的に「中華民国」という空っぽの看板を打ち壊し、洪憲皇帝となって、独裁政治を始めた。人々が心から願った共和は、彼の皇帝即位という夢

により歴史の深淵に追いやられた。

　現実は無情である。民国初めの中国では、資本主義経済が発展しつつも、外国資本や本国の封建勢力と対抗するには足らず、かえってひどく依存し、政党政治を推し進めるための信頼できる経済的保障を形成することができなかった。長期的封建専制支配と文化教育のレベルの後れにより、国民の政治の素質は低下し、多くの民衆、及び各派の政治勢力が広く政治認識を同じくすることはなく、政党政治を推進する強大な世論の力を形成することもできなかった。革命党員と立憲派を除いて、各政党は旧官僚、政治屋や退官官吏に従属していた。それらの代表する階級と階層を離れ、国を利し民を幸福にすることがマニフェストであると口では言っていたが、民衆の苦しみは顧みず、民衆の願望は理解せず、民衆の呼びかけにも耳を傾けず、ただとりとめのない空論を述べるのみで、政党政治を推し進める民衆と階級の基礎をつくることができなかった。こうしたすべては、根本的に中国の民族資産階級の政治における軟弱性と妥協性を決定づけた。

　民国初年に起こった300余の党派や団体は、歴史の主題から脱離して、先進の力を消耗した。政治環境の変化にあたって、袁世凱の圧政の下、抵抗する能力はほとんどなかった。欧米諸国の国家が実行していた議会政治と多党制への移行を試みたが、結果として当時の中国にはなじまず、6年足らずで中国国内外の各反動勢力により消えてなくなった。

　政治舞台で大いに力を発揮しようと試みた資産階級革命派たちは大いに失望した。多くの時間を割いたのに、すぐに消えてしまったからである。

　革命は想像していたほど徹底的でもなく、期待したほど素晴らしいものでもなかった。民主的政治は一瞬花開いたがすぐに消えてしまった。

　辛亥革命が打ち立てた民主共和制は完全に壊され、革命党の闘争は空前の危機を迎えた。孫文は「中国は数千年来の社会的風土と習慣があり、欧米とは大いに異なる。中国の社会的性質は欧米とは異なるのだから、社会を管理する政治も当然欧米とは異なり、完全に欧米を模倣してはいけない。」と認めざるを得なかった。

1925年10月、サンフランシスコにて開催された五洲洪門第四次懇親会にて、洪門全体書が発表され、中国致公党の成立が宣言される

　思想と信仰、歴史的伝承から政治の権謀に至るまで、袁世凱と孫文には非常に大きな違いがあった。孫文の民国初年の理想主義精神と包容的寛容的行いは、袁世凱の悪辣で機転の利いた手腕に勝てなかったのである。魯迅はこれを革命党員が敵を殺し尽くさなかったために、後に災いを残した、と痛感した。

　辛亥革命の成果が奪い取られた後、孫文は追われて日本へたどり着き、1914年7月東京で中華革命党を創立した。同年11月、孫文は洪門の構成員と、中華革命党の指導者の身分で、各都市の洪門の対外連絡の名義は従来どおりにするよう要求した。ただし「内部では一律に総規程、原則に基づくよう通達し、中華革命党支部を改組し、情報に隔たりができることを避けるため緊密に助け合うこと。」とした。これは孫文が洪門会党を改善した重要な歴史の転換であり、1925年の中国致公党創立のための組織的基礎を定めた。

　1925年10月10日、五洲洪門第四次懇親会がサンフランシスコで開催され、洪門致公堂を基盤として華僑政党が組織され、中国致公党と称することが決定した。会では『中国致公党党綱要』を可決し、選挙により

陳炯明、唐継堯をそれぞれ党の総理、副総理とした。この懇親会は実際には中国致公党の第一回代表大会となった。10月10日はまさに辛亥革命の記念日であり、中国致公党がこの日を選んで創立した意図は深かった。洪門会党は堂を党に変えて、「致公」とし、党の追求する政治思想は、孫文がひたすら探求した中国と全世界に「天下を公とする」理想社会をつくり上げる夢が受け継がれていた。それは、世界の最も高い社会の理想であると考えたからである。

中国致公党は中国に現存する八つの民主党派の中で最初に誕生した現代政党である。

袁世凱は皇帝を自称し、帝政復活を狙ったが、雲南派の砲撃によって舞台から追いやられ、これより中国は北洋軍閥政府の群雄制覇の時代になった。袁世凱の死後、北洋軍閥が分裂すると、一人として全局を支配できる権威ある人物がおらず、いかなる実力ある軍閥も中央政府の権威に挑戦した。武力的脅迫の下、黎元洪、段祺瑞、馮国璋、呉佩孚らが走馬灯のように代わる代わる登場しては消え、滑稽などたばた劇を演じた。中華民国は事実上無政府状態に陥った。

こうした情勢の下、北方各派閥の中で実力のある軍閥は、みな武力で中国を統一することを試みた。社会は秩序を失い、天下は乱れ、軍閥も混戦し、中国各地は砕けた欠片のようであった。当時の新聞評論には「袁氏は自業自得で自分の身も名誉も失ったが、国民、進歩両党とも共倒れになり、南北大小の軍閥は何年も休むことなく混戦し、30余年も続いた。」と書かれた。

孫文と革命党員は根強く資産階級革命の立場を堅持し、革命政党を主要な力とする革命闘争を発展継続させてきた。孫文は広州で政府をつくり、自らを「大元帥」と名乗り、「護法」という大旗を高く掲げ、軍閥の力を借り、各政治団体を縦横に説いて連合を試み、全国軍民の君主復位を討伐しようとする熱意を喚起して、中国民主革命を延長させた。しかし、何度もその時機を失い連戦連敗した。孫文は「多くの血が流され

たが、偽物の共和しか得られなかった。」と感嘆し、深い憂慮と苦悶に陥り、どこにいけば彼の願う三民主義が実現できるのかわからなくなった。

　歴史はかくのごとく歩んできたのである。喜劇の幕開けが悲劇の結末を迎えることもありうる。誰が歴史の向かう先を操縦できるのだろう。

　政党政治から王朝政治に代わり、政党政治は歩き始めた時から、人々に注意を与えている。ある国家がどのように政党制度を実行するのかは、いかなる政党と個人の主観的願望によっても決定されず、歴史の過程として、各国の客観的に存在する歴史の条件と現実の発展状況によって決定され、必ずその本国の国情、民族の特徴、文化の伝統に適合しなければいけない。資産階級の民主政治は中国において発展する道はなかったのである。

　多くの有識者たち、たとえば、張瀾、瀋鈞儒、黄炎培、馬叙倫、許徳珩らは、国家や民衆を救う真理を追求し、国家を扶助するという志を打ち立て、民主革命に身を投じた。この段階の歴史の体験者として、彼らの体験や反省、心配や希望は、民主党諸派の誕生と発展のために思想の基礎を固めたのである。

第2章
上昇と紛争

1924年5月30日、『中国晩報』の社長であった瀋卓吾は孫文の貴重な録音を残していた。録音は全部で6部あり、第一部の『国民を励ますことが第一』では、孫文は標準語で次のように語った。「周知のとおり、中国は数千年来、世界最高の強国であった。そして、我々の文明は、どの国よりも先進的であった。……なぜ我が国はかつてあれ程も強国であったのに、現在はこのようになってしまったのか。これはつまり中国、国民が、ここ数百年来眠っていたからである。眠っていた我々が、世界各国の進歩についても知る由もない。……眠ったままだったから、この数百年で文明は後退し、政治は堕落し、現在はどうにもならない局面を迎えてしまっている。我々中国人は、現在の状況を理解すべきであり、どんな方法を講ずれば救うことができるのか、すぐに考えなければならない。そうすれば、我々中国はまだ救われるが、そうでなければ、中国は滅びてしまうだろう。皆、目を覚ませ！　覚ませ！　覚ますのだ！」

　1925年、毛沢東は『沁園春・長沙』の詩句でこう詠んだ。「問蒼茫大地、誰主沈浮？（蒼茫たる大地に問う。誰か沈浮を主る？）」

　1926年、蔣介石は黄埔軍官学校のソ連軍事顧問たちと対談した際、こう話した。「現在の中国革命には二つの党、中国国民党、中国共産党が存在しているが、革命はただ一つの司令部でなければならない。国民党に参加しているすべての共産党員はみな共産党をやめ、国民党員になればいいのだ。」と話した。

機械と制度の変革は、近代化をもたらさなかった。

民国の創立者は自身の美しい理想をもって欧米式民主制を導入したが、これは近代中国史上珍しいケースである。民主概念を普及させ、民主的操作を実践したが、中国民族資産階級の先天的軟弱性と妥協性は、社会の大きな変化の時期には改革の妨げになり、帝国主義の干渉もあって、資産階級政権は始めから重大な危機の中に陥っていた。

中国は巨大な惰性の力に左右されてはいたが、よどんだ水溜りのように何も変わらないわけではなかった。

革命の理念は人を変えた。

1915年、雑誌『甲寅』は胡適を一躍スターとして登場させ、章士釗はこう述べた。「胡適少年は秀才で、中国と欧米諸国の学問共によく修めている。」胡適は『非留学』の文章で「今日海軍も陸軍も存在しないことは一国の恥ではないが、こんなに大きな中国に、大学が一つもないことは、祖国の何よりの恥である。今、最も重要な急務は、国に高等教育の場をつくること、さもなくば固有の文明はすぐに消えていき、輸入した文明は互いに相容れず、国民は鍛えられることはない。」と述べた。

中国共産党の創設者で初期のリーダーだった陳独秀は、辛亥革命から抗日戦争に至るまでほぼすべての重要な活動に参与してきたが、親友で、民革の創始者の一人である朱蘊山たちに、幾度もこう述べた。「辛亥革命は中華民国をつくったがそれは有名無実で、文化面からのアプローチのみで、思想文化革命を興した。共和政治が旧思想をきれいに洗い流してしまうことに反対してはじめて、本物の共和政治の実行が可能となる。中国が変革を進めていくためには、人の思想を変えないといけない。思想を変革するには、雑誌を発行することが必要だ。」

陳独秀は終生雑誌の発刊に没頭し、甚大な精力を尽くした。1915年9月、雑誌『青年』(後に『新青年』と改名)を創刊し、民主と科学をもって中

陳独秀

国文化を再構築し、それによって中国人の価値観に変化があることを望んだ。『新青年』が中国共産党の機関刊行物となった後、本は国中に広がり、思想革命の火花を引き起こし、陳独秀もまた青年の指導者として、誰もが知る新派の指導者となった。

　1920年12月、陳独秀は孫文の招きに応じて広東省教育委員会委員長に就任した。1921年10月、すでに中国共産党中央総書記の職務にあった陳独秀は拘束され、孫文はすぐさま電報を上海のフランス領事に打って仲裁を頼み、国民党の要人であった褚輔成、張継に陳独秀を保釈させ、汪精衛に事件の仲裁の手続きをさせた。

　陳独秀は近代中国で最初の正真正銘の「自ら物事を思考する」思想を主張した偉人であり、彼は全民族に「自ら物事を思考する」偉大な時代に進出することを呼びかけた。毛沢東はかつて、陳独秀が中国の近代化の先駆者の一人であることを忘れてはいけない、と話した。

　旧中国の思想文化革命を激しく揺り動かしたのは、陳独秀と文学革命の突破口となった『新青年』であり、辛亥革命の後どんよりと曇っていた中国に、新世紀の希望の光が差し込んだのだった。

　『新青年』の創刊は新文化運動の幕開けとなり、空前の思想啓蒙運動が興った。新しい世代の知識人たちは深く過去を顧みた後に、旧文化を猛烈に批判した。「儒教の教え」を紛弾し、新しい文化や新しい思想に対

しては、力を入れて宣伝した。新文化運動は気勢すさまじく、国民が古くから持っていた考えに衝撃を与え、20世紀初頭の中国に思想の新しい潮流がもたらされた。

中国と欧米諸国の知識を兼ね備えている知識人たちは、民主と科学の旗の下に集まり、国事に関心を持っていたが、国難という刺激を受けて社会に出ることを迫られ、国家を再建し、民族を救うという重任を負うことになった。

1919年5月4日に北京で勃発した五四運動は、中国新民主主義革命の始まりとされた。

五四運動の間、梁啓超は北京高等師範学校平民教育社での演説の中で次のように指摘した。清末の立憲運動、革命運動、保路運動は、「中国国民運動の起源」であるが、これらの運動は民意を汲んで行われたものではない。五四運動こそ「国民運動の見本」であり、「国民史上大々的に宣伝する価値のあるもの」である。外国人に「中国国民の気勢や世論が恐ろしくなってきた」と思わせ、「中国の青年の自覚を引き起こした」と言わしめた。

孫文は五四運動を支持し参加していた。1919年5月6日、孫文は上海の『民国日報』の当時の編集長、邵力子から報告を受けた後に、すぐに上海の学生を租界に突撃させるよう邵力子に指示した。孫文はあらゆる手立てを使って、運動中に拘束された北京の学生を救出した。

毛沢東は1945年4月21日、延安で開かれた中国共産党「第七回大会」の準備会議において、次のように述べた。「五四運動は、中国共産党の幹部を見出してくれた。あの時は『新青年』があり、陳独秀が編集長であった。この雑誌と五四運動によって目を覚ました人たちの一部が後に共産党に入った。こうした人々は陳独秀と彼の周囲の集団の影響を多く受けていた。彼らが集まって、党が成り立ったとも言える。私が思うに陳独秀はこのいくつかの問題に対して、まるでロシアのプレハーノフのように、啓蒙思想を促し、党を作ったが、彼は思想においてはプレハーノフには及ばなかった。」毛沢東はここで直接「党を作った」と言った

文意は明白であり、他の解釈はないであろう。

　当時の中国の先進的な人々、早い時期からの共産党員を含めて、誰も五四運動の影響を受けなかった者はいなかった。五四運動の後の重大な変化はマルクス科学社会主義が中国の先進的思想界の主流となり始めたことである。

　世界の歴史の巨大な変化、中国社会の不安定さ、国難を救う方法の変化、弛まぬ追求、全員が前進する努力、進むべき道がない苦境、これらは急進的に中国人を悟らせた。もし新しい社会の力や思想という武器がなく、民衆を団結させ、社会を動かす政治的核心がなければ、中華民族がこの落ちぶれた立場から脱却し、独立富強という偉大で、そして極めて困難な任務をやり遂げることはできない。

　農民階級は多くの長所があるが、逆に短所も顕著である。保守的、閉鎖的で新しい意識を作り出すことに欠け、自給自足はできるが協調精神に欠け、世と争わない分、競争意識に欠け、現状に満足し民主意識に欠け、経験を重視し理論による指導に欠け、平均を追求し進取の精神に欠けていることなどである。そして、資産階級の政治には先天的な軟弱性妥協性が伴っており、これがまさに辛亥革命の失敗した主な原因であるのだ。

　これは農民階級と資産階級の運命を無情に宣告したと言えるだろう。つまり、この二つは中国社会をリードし近代化を成し遂げるのはできないということである。

　アヘン戦争の後、外国企業や、洋務企業、民族企業が多数興り、新式産業労働者の人口は突如として増加し、1912年までにそれらは約150万人に及んだが、彼らは早期の中国無産階級であった。19世紀中頃から、中国の労働者はストライキに似た反帝国主義の運動を始めた。しかし、労働者の身分が社会の底辺にあるため、社会の普遍的関心と同情を勝ち取ることができず、反帝国主義活動の多くは失敗した。民国初頭の政党政治が行われていた頃、労働者の利益を保護することを専門とした政党が七つ存在し、直接労働者の運動を啓発していたが、政治的な力を形成するには至らなかった。

時代は新たな政治勢力の勃興を呼びかけ、またこの勢力の決起に可能性を提供した。

　中国の近代化のために正義をもってひたすら戦い、余力を残さなかった中国の知識人たちは、社会を変革するのと同時に自身の進む道も変革した。ロシア十月革命の砲声の中で、彼らはマルクス主義を知り、ロシア農工政権の確立とレーニンの対華宣言に賛同し、しだいにマルクス主義と中国の労働者運動を結びつけた。マルクス主義はここから中国社会を改造する思想的武器になって、中国の大地に定着した。

　帝国主義の植民略取と中国近代資本主義の萌芽の中で生まれた中国無産階級は、多重の圧迫と搾取の中で急速に成長し、五四運動の情勢の中で独立した政治勢力として歴史の舞台にあがった。

　20世紀も最初の5分の1を過ぎたという頃、長期にわたる新旧の衝突を経験し、あらゆる苦しみと難儀を味わってきた中国は、これまでにない初めての大変革を迎えようとしていた。

　1920年4月、コミンテルンの同意を得、ロシア共産党（ボルシェビキ）極東局から特命を受けて派遣されてきた「記者団」は、ソ連極東の関門ウラジオストクを出発し中国へやってきて、先に北京で李大釗に面会し、その後、李大釗の親書を持って、上海のフランス租界環龍路漁陽里2号（今の南昌路100弄2号）で陳独秀と会見した。「記者団」は2組のロシア人夫婦に加え1人の中国人の通訳で構成された。責任者であったグレゴリー・ヴォイチンスキーとその妻クズネツォワ、ヴォイチンスキーの秘書であったママエフと妻のママエワ、そして通訳の楊明齋は若い頃に山東省からロシアに働きに行き、ロシア共産党（ボルシェビキ）に加入していた。彼らは中国の革命者と連絡をとり、中国共産党をつくる手助けをする使命を担っていた。

　インターナショナルの火が中国に点いた。1920年5月に、邵力子、陳望道と陳独秀、李達、李漢俊、施存統、瀋玄廬、戴季陶、楊明齋らは、上海で「マルクス主義研究会」を組織し立ち上げた。これは秘密組織

李大釗

であり、綱領もなく、入会するのに文章化された手続きもなく、陳独秀が責任者となり、書記と称されていた。会員たちは常に陳独秀或いは、邵力子の自宅で会議を開いて問題を研究したが、それは主にマルクス主義についての研究や宣伝についてであった。

　マルクス主義とは何か？　共産党はどのような政党なのか？　研究会成立後、皆はマルクス主義の原書を読んで研究し、『共産党宣言』を読むことで、徐々に疑問に対する答えを感じるようになっていた。

　『共産党宣言』の中国語訳を初めて計画したのは戴季陶であった。邵力子は事情を知ると、戴季陶に29歳の陳望道を熱心に推挙した。有能な陳望道の助けを借り、2ヶ月と経たないうちに、『共産党宣言』の翻訳本が誕生した。マルクス・エンゲルスが60余年前に発した力強い声は、一文字一文字の漢字を通して、ついに中国で響き、計画中であった中国共産党の誕生の助けとなった。

　1921年7月23日夜8時、中国共産党第一回全国代表大会が上海のフランス租界望志路106号（今の興業路76号）にある国民党の元老であった李書城の家で開催され、巡査が突然押し入ってきたので、上海代表である李達の夫人、集会の責任者だった王会悟らは策を案じ、嘉興に行き、会を続けた。7月31日、南湖に停泊する一隻の小舟に乗り、共産主義の覚悟を持っていた知識人たちと、過激な知識人たちによってつくられた、労働者階級政党―中国共産党はこうしてこの世に誕生したのである。7月1日を中国共産党の創立記念日と定めたのは、毛沢東が1938年5月26日か

ら6月3日までに延安の抗日戦争研究会で行った演説『論持久戦』において「7月1日は、中国共産党創立17周年の記念日である。この日は、抗日戦争の1周年でもある。」と述べていたからである。

　銭塘江のうねりは有名で、当年の孫文は民主をこのうねりに喩え、国民を「声高らかに前進せよ。」と励ました。中国共産党が銭塘江から遠くない南湖で誕生したことは、天意に沿ったものであった。

　中国共産党が制定した反帝国、反封建の徹底した革命網要は、まるで灯台のように、深刻な災難に遭った中華民族に輝く希望を照らし出し、躊躇なく群衆に全く新しい革命の策略を説き、世間の人びとにはっきりと、中国共産党が必ず中国革命を指導する核心的力になると示した。

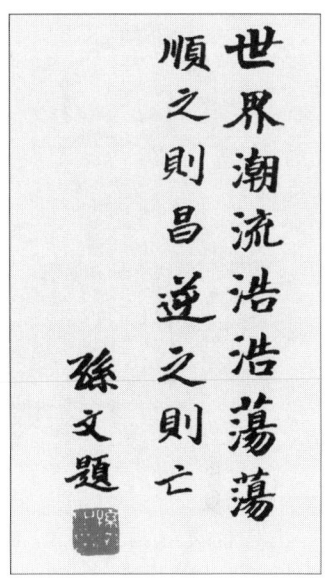

世界潮流浩浩蕩蕩
順之則昌逆之則亡
孫文題

孫文が自ら書いた書

　中国共産党の歴史をさかのぼると、建党初期の53人の党員の中に、北京大学の共産党員が大半を占めていた。例えば、陳独秀、李大釗、張申府、鄧中夏、張国燾、羅章龍、劉仁静、陳公博、譚平山、譚植棠、高君宇、何孟雄、そして北京大学図書館司書補の毛沢東らである。北京大学が中国の早期共産主義運動の発祥の地であった理由は、「思想の自由、度量の大きさ」という寛大な環境があったからであり、蔡元培の広い心と異なる意見も受け入れる度量広さに依るものが大きかった。

　1897年のある日、上海のいくつかの紡績工場の工場長が連名で駐中アメリカ公使に手渡した「申請書」に、アメリカ政府が中国の民族的工業に援助してくれることを希望すると書いてあった。しかし、その回答は「我々は中国の綿織工業の発展が、アメリカにどのような利点があるか見出せず、我々にとっての利益は、アメリカ工業製品のために国外の市

第2章　上昇と紛争　　45

当時北京大学校長であった蔡元培

場を開拓することにある。」といった内容であった。

　中国が半植民半封建社会に陥った後、帝国主義は自国の利益のために、封建勢力と結託し、官僚資産階級を飼い馴らして彼らと共謀し悪事を働き、中国人民に惨い搾取を働いた。中国の資本主義を発展させ、資産階級共和国を創立させようとは全く考えておらず、さらにこの混乱し複雑になっていく政治舞台をコントロールしようとする中国民族資産階級を支えようとも思っていなかった。

　民族資本主義が発展していくための条件が揃わない中、中国民族資産階級は甘んじて帝国主義に頼ることはなく、帝国主義と封建買弁勢力に対抗する強大な政党を組織する力もなく、中国の革命を指導することは言うまでもなく不可能だった。

　辛亥革命の後の軍閥の割拠、革命勢力の弱さを鑑みて、孫文は革命党の建設を強化してはじめて、自身の力で軍閥専制統治を打倒することができると認識した。1919年10月10日、辛亥革命の8周年にあたって、孫文は1914年7月に日本で立ち上げた中華革命党を改組して中国国民党にすることを宣言し、力のある一党体制が革命を推し進め成功することを期待した。同時に『中国国民党規約』の中で、三民主義の政治網要を実行することを強調し、「本党は共和を強固なものにし、三民主義を実行することを趣旨とする。」と述べた。

　国民党は1912年結成してからの第二次改組後、政治網要、組織制度などの方面において非常に大きな進歩を遂げ、孫文は政党政治思想を発展させることができた。孫文は国民党に強く希望を託し、国民党が必ず中国民主憲政下において強く善良的な中心勢力となっていき、他の政党と

共同で中国政党政治の発展を促進していくだろうと表明した。

しかし、辛亥革命の後、革命は巨大な損失を被り、多くの国民党員は堕落変質し、国民党は苦境に晒されていた。30年の苦闘の末に、孫文に残ったのは不安定な広州国民政府と「滅亡へ向け墜落中」だった国民党だけだった。

1922年末、孫文はイギリス記者アーサー・ソラムと会談したが、彼の当時の心境が強く表明されている。孫文は「国民党は私の子供、今にも溺れ死にしそうになっていて、米英に助けを求めたのだが、彼らはただ対岸で私を笑っているだけだった。この時、ソ連という名の藁が漂流してきて、破滅の危機にあった私はこれをつかんだ。米英は対岸で私に「決してその藁をつかんではいけない。」と大声を張り上げていたが、では彼らが私を助けてくれたのか？ 否！」そう話した。

1921年、孫文と夫人の宋慶齢、広州での合同写真

孫文は以前、長年にわたり奮闘し、米英両国の政党政治の影響を大いに受け、米英両国をして「世界で最も完全な政党の国」と言わしめた。かつては両党制の実行を主張して、国民、共産両党が米英両国の政党を模範とすることを望んでいた。

しかし、ロシアの十月革命勝利の後に、彼は帝国主義列強の中国への悪だくみを全て見透かしており、世界情勢や中国革命の前途に対する認識が、新しい段階に踏み入ったと考えた。彼は視察のためロシアに派遣された蔣介石への親書に「我が党は今後の革命において、ソ連を師としなければ、決して成功することはない。」と記している。孫文は現実世

第2章　上昇と紛争　47

界で資本主義に取って代わる社会主義社会が出現したのを見た後、中国の伝統に結びつけ、『礼運篇』に書かれている大同の世界とロシア革命後の社会主義制度を直接に関連づけて述べ、こうした「天下は公のもの」とする新制度を賛美し、同じ道を歩み始めた。

国民党内部の動乱は孫文を覚悟させた。政党は多くの人民と結びついてはじめて、発展・拡大ができ、有効的に革命事業を成功させることができる。彼は新しい勢力を探し、新しい道を探索して、国民党を真の革命指導勢力に変える決心をした。

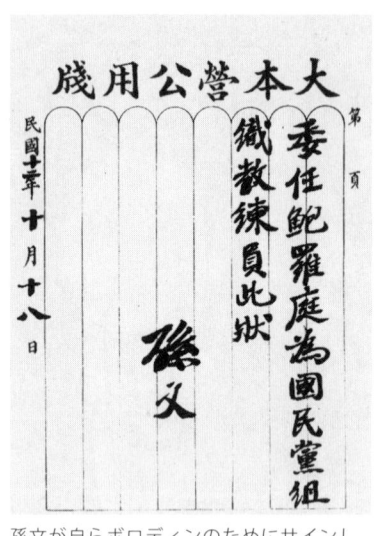

孫文が自らボロディンのためにサインした委任状

この思想は国民党内で激しく衝突したが、その焦点は国民党が一大宣言を発布するか否か、また労農援助政策を実施するか否かであった。

孫文はこのためにボロディンと会談した。ボロディンは1923年9月ソ連政府から中国に派遣され、広州国民政府総顧問となり、広州国民政府の「家政婦」と言われていたが、国民党中央の多くの重大な決議はすべて彼と話し合って決められた。1923年10月18日、孫文はボロディンに国民党組織の指導員として委任し、国民党の改組を手助けさせた。

ボロディンはこう指摘した。革命運動が本国の多くの人民群衆の支持を土台にできるか否かは、中国革命の命運に関わる。国民党が不敗を続けるには、必ず農民や労働者や小市民階級の利益を気にかけることが必要である。しかし、国民党はまだ何も農民の手助けとなることをしていない。これでは最も大切な柱を失ってしまう。政府はすぐさま、広東の農民に土地を分配する法令を発布すべきである。国民党は一度として労働者の会議を開催していない。本来なら政権の重要な支柱と成り得る労

働者も、このままでは党から離れていってしまうであろう。党と労働者との連携のために、労働者のための社会法の法令を制定し、8時間労働を実行するべきだ。今、小市民階級は国民党を支持していない、なぜなら彼らは国民党政権からいかなる利益も得ていないからである。党が革命の勝利を得たいのなら、必ず労働者、農民、小市民階級を社会の基礎となすべきである。

馮自由は「アメリカ華僑の革命総代表」として、1911年に孫文に委任され中華民国総統府の秘書となった。馮自由は孫文の提言した「連ソ容共」に反対し、ひいては提案が可決された後も、激しく反対意見を発表した。孫文は会議の後に、馮自由らを容赦なく叱り、憤慨して「もしロシアの人のやり方に沿うなら、あなたがたは逮捕されなければならない。」と言った。「革命児」「党の元老」と呼ばれていた馮自由は、結果国民党の党籍を除籍された。

最終的に孫文は国民党内の反対派に勝ち、労働者、農民、商工業者に有利な政策を制定し、国民党を「空っぽの」政党から、利益を追求する政党に変え、国民党社会の基礎を強固にし、そして拡大させた。

ソ連の経済と軍事の援助に頼り、国民党は黄埔軍官学校を創立し、党の軍隊をつくった。革命を担う多くのエリートが「列強を打倒して軍閥を除く」という雄大な志を胸に抱いて、全国各地から革命の地である黄埔に集まり、孫文の「金も不要、命も不要、ただ国を愛し、民を愛す」の精神の下、新しい軍事・政治の教育を経て優秀な軍人となり、困難な歴史の使命を背負うようになった。

孫文は熱を入れていた憲政体制に別れを告げ、革命の道を再び歩み出した。中国共産党と一致団結し民主連合戦線を築いたのは、彼の長い革命人生の中のピークであった。

孫文は党員の出自が複雑で、官位も異なり、人格も様々であることを感じていた。「滅亡へ向け墜落中」の国民党と、封建軍閥に頼っては、民主革命という任務をやり遂げられない。中国のように近代化社会の基礎と現代階級勢力が確立されていない社会で、迅速に近代化への発展と

第2章 上昇と紛争

1924年6月、孫文夫妻が黄埔軍官学校の入学式。一番左は黄埔軍官学校党代表の廖仲愷、左から二番目は黄埔軍官学校校長の蔣介石

民主共和を構築する役割を担う主体勢力をつくるには、政党の整合を行う必要があるのを感じていた。共産党は労働者運動を指導・組織する卓越した才能を呈し、そのことを孫文は重視し協力を望んだ。

　1922年、国共両党の党員たちは協力して上海大学を創設した。国民党の于右任が校長となり、上海『民国日報』の編集長で、二つの党派に所属していた邵力子を副校長とし、共産党員で、中国労働組合書記部主任であった鄧中夏が校務委員長をつとめた。瞿秋白、陳望道、何世楨、洪野、劉大白、茅盾、兪平伯、伝東華、田漢、葉楚傖、豊子愷、施存統、蔡和森、安体誠、張太雷、蕭楚女、周建人、楊明軒、楊賢江、侯紹裘ら国共両党党員及び社会的な著名人を教師として招いた。国共両党の重要人物であった李大釗、惲代英、張継、馬君武、戴季陶、楊杏佛、胡漢民、章太炎らは来校して講演を行った。

1922年5月1日、共産党は中国労働組合書記部を通して、広州で第一回全国労働大会を開催し成功させた。この大会は国民党の人々の大きな支持を得た。参加者は国民党が大多数を占め、共産党がそれに続いた。この大会で共産党ははじめて全国に広く政治的影響を示した。

　革命闘争の実践の教育とコミンテルンの援助の下、共産党は早くから孫文が統率する国民党と民主連合戦線を打ち立てる必要性を認識していた。1923年6月12日から20日まで、中国共産党第三回大会は「党内協力」の形式、すなわち、共産党員の一部が国民党に加入し、共産党の組織機構と一部の党員は国民党の外で独立して存在する形式を採用した。中国共産党中央の革命情勢に対する正確な分析と戦略調整は、国共合作を土台とする統一戦線を実現し、中国民主革命の大発展に重要な条件を揃えた。

　1923年11月25日、周恩来と国民党左派王京岐は心を一つにし、フランスのリヨンにおいて国共協力で「駐ヨーロッパ中国国民党支部」を成立させ、フランス、ドイツ、ベルギーの三国のメンバーを主に管轄した。孫文と国民党本部は周恩来を中国国民党パリ通信社準備員として任命し派遣した。鄧希賢（鄧小平）、蔡暢もまたこの時に国民党に加入した。

　1924年1月21日、無産階級革命の指導者であったレーニンが病死した。訃報が中国に伝わったのは、まさに国共合作が最高潮に達していた時であり、国共両党の人士は協力して追悼活動を行った。

　1924年1月20日、国民党は第一回全国大会を開いた。会では新たに三民主義を解釈し、「連ソ、容共、労農援助」の三大政策を制定し、第一回国共合作を実現させた。孫文はこれを「本党成立以来未曾有の出来事である」と称し、国共合作の後の政治権力が、中国社会の転換と整合を担い、中国の近代化発展と民主建設を推し進めることを願った。これは孫文の革命政党思想をさらに一層高めた。

　三大政策の設計者はかつて武漢で国民政府の外交部長であった陳友仁であり、一生をかけて孫文に追随した、紛れもない国民党左派であった。彼は1918年広州政府代表団としてアメリカに行き、孫文の任を受け、ア

1924年1月20日、中国国民党が広州にて第一次全国代表大会を開催。写真は孫文と李大釗（左）が会場に入場する様子

メリカ人華僑を通してレーニンに書状を届けた。1919年パリ講和会議に参加して、フランスとイギリスのマルクス主義者とコミンテルンの代表と直接連絡をし、パリでソ連の代表を通じて日米密約を手に入れると孫文に届けた。それは北京『晨報』に掲載され、その後五四運動を引き起こした。

　国共合作が生み出した社会への巨大な影響は、力強く中国革命の発展を推し進め、孫文の革命政党政治思想は光輝なる頂点に達した。

　1924年1月18日、ボロディンは国民党第一回大会準備会議党団会議で演説し、共産党の国民党第一回大会での任務は「組織上国民党を育成し、国民党の紀律制定を援助し、正真正銘の組織力のある党にする」「国民党に闘争の内容やスローガンを提供し、国民党が徹底してあらゆる束縛から脱却することを推進し、闘う党にする」ことであると詳しく述べた。

　中国共産党第三回大会の後、毛沢東は共産党中央執行委員と中央局秘書となった。湖南国民党組織の設置責任者として、毛沢東は当たり前のように国民党第一回大会の代表に推薦された。

　国民党第一回大会の会議中、毛沢東は合計5回の発言をした。彼は黄季陸の「比例選挙制を本党の政治綱領の一つとして採用する」という提案に反対を表明し、欧米諸国の政治制度を政党内部に導入する意図は、少数の国民党右派人員の地位を守るためであって、革命事業への危害を

引き起こす可能性が十分にあるため、討論も採決もできないと主張した。毛沢東の積極的で活気に満ちたそれらの発言は、会議に出席していた多くの古参の国民党員の関心と賞賛を得た。

1924年1月22日、孫文は毛沢東を規程審査委員会のメンバーに指名した。

1924年1月29日、孫文はまた毛沢東を国民党中央執行委員会の委員候補とした。

中国革命史上、第一回共産党大会の代表として、また第一回国民党大会の代表として、すべての会議に参加していたのは、毛沢東ただ一人であった。

1924年、毛沢東、上海にて。中国革命史上、彼が唯一、第一回共産党大会の代表であり、また第一回国民党大会の代表でもあった

第一回国民党大会の後、上海、北平、漢口、ハルピンなどに執行部が置かれた。その中の一つ北平執行部は、李大釗が組織部長に、馬叙倫が宣伝部長に、蔡和森が秘書に任命された。毛沢東は上海執行部の秘書として、その他5名の国共両党党員とともに最高で月120元の銀貨が支払われていた。

国共合作は国共両党の発展と強大化に多大な影響を与え、国民党は生まれ変わり、共産党はたくましく成長した。共産党と国民党がともに努力し、新三民主義は全中国に普及し、労働者、農民、学生に浸透した。共産党員の働きによって、大勢の革命を志す若者や労働者、農民が国民党に加入し、党員数は目覚ましく増加し、「第一回大会」から「第二回大会」までのたった2年の間に、党員は20万人近くにまで増加し、革命勢力はさらに広がった。

国共両党は反帝国反封建、そして民主政治を実現するという旗印の下で協力して第一次合作を行った。広く多くの人民の支持を獲得し、労働者と農民の民主運動の発展を推し進め、帝国主義と封建軍閥勢力に打撃を与え、中国民主革命の進行を早め、第一次国内革命戦争を巻き起こし、近代中国の大革命と讃えられた。

しかし、共産党と国民党は、結局のところ二つの政党であり、価値観において、党の網領上において様々な違いが存在し、その上、人事関係のもつれや党の利権争いが加わり、両党の合作過程において多くの問題が露呈した。一部の国民党党員は何度も「分共」行為を行い、上海執行部では「二党党員」である邵力子の殴打事件まで発生し、両党の矛盾は徐々に明るみになった。

1925年3月11日、北京。孫文の病は救いようのない状態にあった。

午前8時、何香凝はまた孫文の寝室に見舞いに行った。孫文は一貫して日本語で親しみをこめて何香凝をおばあさんと呼んでいた。この時、何香凝は彼のその沈痛な叫びを聞き、すぐに宋慶齢とともに孫文の目の前に歩み寄った。

孫文は宋慶齢を指差し、「彼女も我々同志の一員であり、私が死んだ後も、キリスト教徒であるからといって差別してはいけない」と言った。

何香凝は涙を堪え「私は大した能力はないけれど、先生が国民党を改組した苦労を理解しており、今後、私は孫先生の精神をお守りすることを誓います。孫先生の全ての主張を、必ず遵守することを誓います。孫夫人も、当然私の力の限りお守りいたします」と答えた。

孫文はこれを聞いた後に、強く何香凝の手を握って「廖仲愷夫人、私はあなたに感謝します」と言った。

臨終前夜、孫文は宋慶齢の手に支えられ、汪精衛が代書した総理の遺訓とソビエト政府への書簡に署名し、「革命なお未だ成功せず、同志よって須く努力すべし」との遺言を残した。孫文は家族と同志に「私は生涯レーニンを慕っていたので、死後はレーニンと同じような出棺にしたい。」と告げた。

孫文の霊柩を安置した部屋の両側に掲げられた政治遺言。「革命なお未だ成功せず、同志よって須く努力すべし」

　1925年3月12日午前9時30分、世界は一人の大人物を失った。
　孫文の遺言に従い、国民党はレーニンに倣った出棺を行った。
　レーニンは孫文を賛美していた。1912年に発表した『中国の民主主義とナロードニキ主義』という評論でこう正確に預言した。孫文を代表とする資産階級革命民主派は、多くの農民群衆の盛んな運動の中で、未来の「中国復興の道」を探し出すであろう。もう一方で、中国社会内部の階級の矛盾は必ず社会主義革命政党の出現をもたらす。この社会主義政党は、孫文の革命民主主義の主旨を「注意深く取捨選択し、継承し発展」すべきであり、これをもって自己の革命左翼運動を発展させるべきである。言わんとするところは、未来の中国社会主義革命は、孫文の進歩的革命民主主義を吸収した上で奮起し発展するのである。
　歴史の発展は完全にレーニンのこの政治判断を証明した。孫文の民主革命路線は日を追うごとに左翼的になり、当時の国民党で左翼派を組織し、第一回国共合作を開始して後の民主党派のための力を蓄積した。共

産党は孫文の新三民主義政策を継承発揮させ、結果として多くの農民群衆の中から自己の政治勢力を見つけ出し、創造性を発揮して当年の孫文の革命民主主義を発展させた。そして農民の力を借りて中国を改造する革命の道を切り拓き、新民主主義革命を完成させた。

広州と武漢の2箇所で農民運動講習所を主催した毛沢東は、中国歴代王朝の変遷、農民戦争の末路、民族史上でのあらゆる思想や思潮、主義が現れては消えた事実を知り尽くしており、最終的に、農村が都市を囲み、最終的に都市の政権を奪い取る独自の道を見つけ出した。毛沢東の名言に「農民を得て天下を得る」とある。「中国の問題は農民問題であり、農民問題は土地問題である。農民の支持を得た者が中国を勝ち取るのであり、農民の土地問題を解決した者が農民の支持を得る。」と彼は幾度も述べている。

「蒼茫たる大地に問う。誰か沈浮を主る？」中国共産党は時代の趨勢、歴史の流れ、人心を摑んできたのである。

1924年から1927年の北伐戦争の期間、中国は歴史上、はじめての国共合作を経験した。

1926年3月13日午後、清華大学の先進的な学生たちが李大釗と陳毅の2人の共産党員を学校に講演に招いた。陳毅は生き生きとした内容で、ユーモアを交えた言葉と深い見識をもって北伐の意義を述べた。彼は豪放に「我々は人々に生産手段を共有させ、搾取や圧迫もない幸せな生活を共に享受する、これが国民革命の仕事である。世界において、我らを平等に扱うすべての民族と団結して、人類の素晴らしき理想を実現させるために献身する」と言い放った。

1926年7月9日、ソ連の訓練による「国民革命軍」が勢力を成すと、蔣介石が総司令に就任し、北伐に出陣して迅速に進展した。北伐軍の出兵は10ヶ月間に及び、広州から出発し武漢、南京、上海まで戦い、革命を珠江流域から長江流域まで推し進めた。先鋒は河南まで前進して中国の半分を席巻し、革命勢力が全国を統一するために大きく貢献をした。

北伐戦争は空前規模の反帝国反封建の革命戦争であり、北洋軍閥の統治は打ち砕かれ、全国は表向き統一され、国民党は全国的政権の与党となった。

　孫文が国民革命におよそ40年間力を注いでも未完に終わった事業が、たった2、3年のうちに、大きな成果を勝ち取った。

　疑う余地もなく、共産党の援助がなければ、北伐戦争に勝利することはおろか、中国は「五代十国」式の崩れ瓦解した局面を終わらせることも、主要な精力を経済発展に注ぐこともできず、1927年から1937年に至る民国の「黄金の十年」の基礎もつくることができなかった。そしてさらに初めて国力を集結させ、年平均工業増加率9.3％、鉄道約2万キロの修築、約8万キロの道路の延長、民間航空の12路線の開拓で約1万5000キロの到達といった経済的奇跡を起こすこともできなかったであろう。

1926年、当時国民革命軍総司令についた蔣介石が北伐の軍を率いた

　北伐戦争はまた共産党員が統率した両湖を中心とする全国農工運動を猛烈なスピードで発展させ、武装闘争の展開が極めて重要であることも認識させた。

　孫文は生前思いもよらなかっただろう。彼をひたすら信じて追いかけた人が、北伐戦争の勝利が目前となった時に、革命を圧殺した主犯者へと変貌してしまったのである。

　その人物とは、蔣介石である。

　孫文は第一次国共合作を提言、決定したが、その形は党内合作であった。つまり共産党員は個人の身分で国民党に加入し、同時に自己の共産

第2章　上昇と紛争　　57

党員の身分をも保持した。多くの共産党員たち、たとえば、李大釗、陳独秀、瞿秋白、張太雷、毛沢東は、みな両党に属する党員であった。

蒋介石は第一次国共合作に対して、最初は疑念を抱き躊躇いもあったが、その後積極的に支持し、最後には断固として拒絶した。

蒋介石は同盟会の中で極めて少数の正規軍事訓練を受けた軍人であり、誰が政権を取り仕切っても、すべて彼の軍事上の才能を頼った。蒋介石が孫文の信任を得たのは、第一に1912年1月14日、蒋介石が光復会の指導者であった陶成章を暗殺し、孫文の主要な政敵を拭い去ったこと、第二に1922年、陳炯明が総督府を砲撃した時、蒋介石は孫文の電報を受けて、すべてを顧みずに「永豊艦」に駆けつけ付き添ったことである。「蒋介石がいるから私は安心できる」と孫文は語っていた。

蒋介石は若い頃国民党左派で、ロシア語を学び、マルクス・レーニンの著作及び共産主義に関連ある書籍を読んだ。1923年、モスクワで蒋介石は中国共産党員に入党を勧められたが拒絶した。その理由を、「共産党に参加することは一大事であるから、孫文先生にお伺いをたてるためだ。」と述べている。蒋介石のこの回答に対して、当時のモスクワの中国共産党員は非常に不満で、蒋介石の愚かな忠誠心による行為だと見なし、「中国共産党に参加することは自分が決めるべきことであり、どうして孫文の指示を仰がなければならないのか」と言った。蒋介石はソ連から戻ると、孫文にソ連を批評するレポートを書いて出した。

しかし、1924年から蒋介石は断固として連共を主張する著名な左派となった。彼は当時、「共産主義のない三民主義は偽の三民主義だ」「共産党員がいない国民党は偽の国民党だ」という二つの有名な談話を残した。孫文の言葉の中にまだ「容共」の二文字しか使われていない時、蒋介石は初めて国民党上層部で「連共」を提唱した。

転換が発生したのは1926年。蒋介石はソ連が黄埔軍官学校に派遣した軍事顧問たちと会談し、こう言った。「私はソ連で、ソ連の十月革命の経験を研究したことがあるが、この経験は、革命とはただ一つの司令部で実行できることを学んだ。現在中国革命は二つの政党、中国国民党、

中国共産党があるが、革命はただ一つの司令部があればよい。したがって、国民党に参加しているすべての共産党員は共産党を脱退すべきであり、単純な国民党員になるべきである。」その結果、ソ連の顧問も、共産党もこの要求を受け入れなかった。

国民党が第二回大会を開催した時、共産党と国民党左派の代表はやはり優勢にあった。しかし、国民党中央執行委員、監査委員を選挙する時、陳独秀、張国燾は妥協と譲歩を主張し、結果として36名の中央執行委員のうち、共産党員はたった7席、36名の中央監査委員で、共産党員はたったの1席となり、国民党右派が絶対多数を占めたのだった。

その後、国民党は第二期代表大会第二回会議を開催し、蔣介石は党務を整理する案を提出した。その内容は、共産党員は国民党中央各部部長を担当することはできず、共産党は国民党の共産党員名簿を国民党中央主席に渡し保存する等であった。蔣介石はこのように徐々に共産党内を粛清し、反共への道に進んだ。

1927年、まさに大革命が盛んに発展しようとしている際、蔣介石と汪精衛は政変を発動し、革命を裏切って、共産党員や労働者農民群衆を虐殺した。国民党内部の右派勢力は文書でマルクス主義を攻撃し、国民党内の共産党員が純粋な国民党員になることを要求した。その後、右派勢力は国民党左派の指導者であった廖仲愷を暗殺し、党権と軍権を奪い取った。

国共合作は全面的に決裂し、大規模な大革命は途中で挫折した。国共両党は10年にわたる殺し合いを開始した。

政党の誕生、発展及び政党関係の形成はそのルールがあり、武力や鎮圧によって決定されるものではない。

国共合作の失敗は、単に政党が協力しても政党協力の指導権の問題がうまく解決できないと失敗することを説明している。

国共合作の失敗により、中国の政治形勢は急変し、民主諸党派の形成と発展に広い政治空間を提供した。

国民党内は急速に分化が始まった。国民党左派の傑出した代表であっ

た宋慶齢、何香凝などは率先して、「国民党はすでに革命的政党ではなく、軍閥の道具にすぎない」との声明を発表した。

1927年8月1日、周恩来、朱徳、賀龍、葉挺ら共産党員は南昌で武装蜂起し、紅軍をつくり、武力をもって国民党を批判する闘争を始めた。宋慶齢は上海で南昌武装蜂起を大いに称え「これは征服不可能な民族の高い決意を表している」と言った。彼女はまた「中国共産党はきっと中国の革命勢力で最大の動力となるであろう。」と認識していた。

そして8月1日というこの日、中国共産党員と国民党左派の人々は南昌で協議会議を開き、宋慶齢、鄧演達、何香凝及び周恩来ら25名による中国国民党革命委員会を組織した。

また同日、毛沢東、董必武ら21名の共産党員と国民党左派は『国民党中央執行委宣言』を発表し、当日、南昌で出版した『民国日報』に掲載された。宣言では「武漢と南京のいわゆる国民党本部政府は、みな新軍閥の道具となり、三民主義を曲解し、三大政策を破棄した。総理のために罪を犯す者は、国民革命にとっての犯罪者である。」と強調した。

この時から、国民党は資産階級、小資産階級、労働者階級、農民階級の連盟から、地主階級と買弁資産階級の利益を代表する反動集団にコントロールされるところとなった。共産党は労働者階級と全国人民の根本的な利益の代表として、国民党と対立する政党となった。

国民党左派の傑出した代表であり、かつて国民革命軍総政治部主任であった鄧演達は、憤然と国民党内での一切の職務を辞任した。1927年11月1日、宋慶齢、鄧演達と陳友仁はモスクワで「中国国民党臨時行動委員会」という名義で『対中国及び世界民衆の宣言』を発表し、断固として孫文が提言した「連ソ、容共、労農援助」の三大政策を守り、蔣介石一派と最後まで闘争した。

宋慶齢はこう指摘した。「政治勢力と見なす観点から言えば、国民党はもはや存在していない、ただあるのは農工政策を基礎とする党が、社会主義のために土台を築くことができ、軍閥を打倒して帝国主義の勢力から脱却できるということだ。」宋慶齢は毅然として国民党の旗を捨て、

民族解放実現の希望を新たに中国共産党に託した。これは宋慶齢が階級の立場、及び政治思想において根本的に思想の転換をしたことを示している。

　1928年3月、中国農工民主党は早期組織「中華革命党」が上海で成立した。これは国民党内の民主派によって組織され、主要な発起人に譚平山、鄧演達らが名を連ね、民族民主革命を行い、平民政権を打ちたてると主張し、「第三党」

中国農労党創始者の鄧演達

とも称した。1930年8月、鄧演達は帰国し、上海フランス租界にて全国幹部会議を主催し、黄琪翔、章伯鈞、彭澤民、季方らと一緒に「中華革命党」を改め「中国国民党臨時行動委員会」とした。そして党の綱領を、反帝国反封建で南京反動政府を打倒し、農工を中心とした平民政権をつくると明確にした。1935年11月、中華民族解放行動委員会と改名し、1947年2月に中国農工民主党と改名した。

　1930年8月、楊虎城は鄧演達の上海での行動を聞いて感激し、連瑞琦（かつての十七路軍軍医所所長兼陝西省機関局局長）を内密に上海に派遣して、鄧演達と連絡をとり、共同で反蔣運動を拡大し、鄧演達に2000元銀貨を資金として支援した。当時、楊虎城は西北ですでに5万余名の武装勢力を持ち、10万の選りすぐりの強兵を訓練し、共産党と連合して反蔣の戦いをする準備をした。その際多くの幹部を必要としたが、蔣介石の直系ではなく、国民党左派あるいはまだ公にしていない共産党員を求めた。鄧演達は自ら連瑞琦に、中国国民党臨時行動委員会に加入するように促し、多くの革命同志（多くは黄埔の同級生）を組織して陝西省西安で中国国民党臨時行動委員会地方組織をつくった。構成員は360人余名

第2章　上昇と紛争　61

に達し、責任者は周士第、連瑞琦であった。楊虎城は、「鄧演達は黄埔派、保定派の中で威信があるだけではなく、私のような無名な軍人でも彼に傾倒している。我々は以降、鄧演達と協力しなければいけない。」「鄧演達と共産党はみな蔣介石にとっては強敵であり、我々の力を加えて、三方面の反蔣の力を合わせれば、蔣介石はおそらくすぐにも崩壊するであろう。」と述べた。

1931年8月17日、鄧演達が上海で臨時委員会幹部養成クラスの学生に講義している際、反逆者がイギリス租界の巡査を連れて会場を包囲し、彼は不幸にも捕らわれ、11月29日の夜、蔣介石の命令で密かに殺害された。

毛沢東は歴史書を読み、鄧演達を古代中華民族の英雄であった岳飛や文天祥、著名な共産党員であった瞿秋白、方志敏、著名な愛国者楊虎城、聞一多らと並べて、彼らを「志のために我が身を殉ずる、なんと偉大な人なのだろう。」と称賛した。1961年5月3日、毛沢東は上海で周谷城と鄧演達について話した時、感慨深く「鄧演達先生は大変な人格者で、私は彼が大好きだった。」と話した。

蔣介石はついに北伐戦争に勝利し、「一つの政党、一つの主義、一人の指導者」とするスローガンが生まれた。

1928年、国民政府が南京で成立し、蔣介石は孫文の国民党の「連ソ、容共、労農援助」という新三民主義理論を国民党がまとめたものと曲解し、その他の政党を排除する、「一党治国」を推し進めた。また孫文の「国民革命三段階」理論を利用して、軍政時期から訓政時期に入ることを宣言した。「一党治国」の精神で『訓政網領』を制定し、「訓政の時期に、国民党全国代表大会が国民大会を代表して政権を行使する。国民党中央執行委員会を「訓政」の最高指導機関とする」と定め、ここに国民党の一党専制を確立させた。

李剣農は、1906年に同盟会に加入し、1910年に日本の早稲田大学で政治経済を学び、1911年に帰国して辛亥革命に参加した。彼は『中国近百年政治史』の中でこう評論した。「今後の政治の争点は「法」の問題で

はなく「党」の問題にある。これは暫定憲法が至上であったが、今後は党権至上となるであろう。これまで法律が協議されてきたが、今後は党の規約が協議され、これまでは法の遵守が協議されてきたが、今後は党紀の遵守が協議され、これまで「憲法と法律の伝統」について争われてきたが、今後は「党の伝統」について争われるだろう」。

蔣介石は三民主義を用いて全国を統一し、国民党思想を強制的に推進した。「党をもって国を治める」とする理論と「訓政」の建国方針は、すべて胡漢民が国民党内で先頭に立って主張し、国民党が国家政治生活を絶対的に指導すると強調している。1929年に開かれた国民党第三回大会では、全国人民がただ国民党に服従支持し、三民主義を実行することにより、国民は権利を享受できると規定した。この政治論理によると、人民は赤子、国民党が唯一の母親であり、その他の「主義」をもつ政党が、母親の地位を争うのは違法であり、反革命として必ず消滅されるということだ。このような政治論理は、その他の異なる政治的見解をもつ政党をすべて敵とし、国民党を支持しない公民の生存権利を奪い取ることにもなった。

国民党の歴史上、第三回大会の「作用」は次のようにまとめられる。この会以前は「国民党の蔣介石」であったが、以後は「蔣介石の国民党」となった。

「訓政」という名のもとで、公然と人民の一切の自由権利を取り消した。国民党第三回大会では、国民党は必要な時に、法律の範囲内で人民集会、結社、言論、出版などの自由を制限することが可能であると規定した。

先頭に立って「党をもって国を治める」理論と「訓政」という建国方針を打ち出した胡漢民

第2章　上昇と紛争

党は政治を代表する。党の指導者グループ、ひいては党の指導者個人は直接政府をコントロールし、国民党はいかなる監督や制約も受けない最高の地位にあり、よって一つの党が完全に国家政治形成の局面を制御する。
　「党軍」が国を治める。党が軍隊を制御し、黄埔系が中心となり中央軍を掌握した。また軍権は党権をしのぎ、新たに設けられた軍統、中統などの特務組織は、共産党と他の革命団体を偵察・破壊し、密かに革命者と先進的な人々を捕殺し、国民党内の敵対勢力を攻撃した。最終的に蔣介石権力の「党政軍三位一体」という極端な暗黒の状況を作り出した。
　すべての社会組織を完全に自己の制御のもとにし、民衆団体を整理・制御し、党と政府以外で独立した他の民衆団体や利益集団、たとえば工会、農会、商会などの存在を許さなかった。1930年国民党中常会で承認された『人民団体組織方案』では次のように定められた。すべての人民団体は国民党の指揮を受け入れなければならず、政府の命令に従い、各団体は例会以外のいかなる会議も、現地の高級党幹部及び主管官庁の許可を必要とする。
　歴史には前例がなかった文化専制主義も生まれた。国民党は自己のメディア事業を建築、完成し、メディアの独占を実行し、全ての出版を厳禁し、メディア関係者を迫害して、メディアと世論を完全に国民党の道具にしようとした。国民党が政治を取り仕切るようになって以来、当時のある人はこう指摘している。「もろもろの政治は、すべて党化が前提となった。およそ人民思想と言論は、一切束縛が加えられ、特に民国16年以来、国共分裂以降、思想言論の制限は特に厳しくなった。国民党と主義の異なる他の学説や主義は、決して伝播が許されないだけでなく、研究されることも許されなかった」。
　国民党による白色テロの恐怖の下、共産党主導の書籍あるいは革命的先進的出版物は、通常出版することができなかった。1929年初、国民党は瞿秋白が中心となって編纂した『ボルシェビキ』を取り締まり、刊行物は一時的に『少女懐春』という面白い名前に変わり、意外にも国民党

の検査官にはばれずに、無事に発行することができた。

陳独秀はかつて『国民党四字経』を創作し、中にはこう書いてあった。「党外无党、帝王思想；党内无派、千奇百怪。以党治国、放屁胡説；党化教育、専制余毒。三民主義、胡説道地；五権憲法、夹七夹八。建国大綱、官様文章；清党反共、革命送終。軍政時期、官僚運気；憲政時期、路遥無期。忠実党員、只要洋銭；恭読遺嘱、阿弥陀佛。（党外に党がないのは、帝王思想である。党内に党派がないことは、非常に奇怪だ。党が国を治めるというのはでたらめだ。党化教育はそれこそ独裁だ。三民主義の説明もおかしく五権憲法もまとまりがない。建国の要綱は形式的な文章で党内の共産党の粛清は革命を終わらせる。軍政時期は、官僚化がひどく、憲政時期は道果てしなく終わりがない。忠実な党員も、ただただお金のため、遺言を拝読すると、阿弥陀仏。）」この文章は世に広く伝わり、国民党のイメージはすっかり失墜し、蔣介石は歯軋りして怒った。

青年党は国共両党以外で最も歴史のある党派として、成立以来断固として反共を貫き、国民党と結託した。国家主義を信奉宣伝するため、国家主義派とも称された。しかし、青年党もかつて20年代末、30年代初に、国民党の「党治」に反対する闘争をし、党のリーダーであった曽琦は国民党当局に逮捕され上海で監禁されていた。青年党の早期の反「党治」運動は国民党と根本的な階級利害衝突があるわけではなかった。より効果的に反共防共をするため、国民党と地位を争うだけであった。青年党の反「党治」宣伝と全民政治主張、特に国民党一党専制に対する攻撃は、歴史に注目すべき一筆を残した。

1927年国民政府が成立してから1949年蔣介石が台湾へ逃げる日まで、蔣介石は「党による国治め」、常に「三民主義」と「民主」をスローガンに、「国会開設」「選挙挙行」「憲法制定」などの活動も行ってきたが、すべて世間の目を欺くためのものであった。新軍閥は22年間の争いの中、民族の滅亡に瀕する瀬戸際で各党派からその指導的地位に対する認可も受けたが、統一された完全な国家機構が形成されることはなかった。

各方面への制限は必ず災難をもたらす。

国民党の一党独裁制度は、一党の執政が失敗したのではなく、一党の専政が瓦解したのである。

　中華民族五千余年の文明史から見ると、統一を堅持して分裂を阻止し、進歩を守り後退に反対するのは一貫して中国社会発展の主流であった。「これに順えば則ち昌え　逆らえば則ち亡ぶ」。いかなる政治も例外は一切なかった。

　旧中国半植民半封建社会の錯綜し複雑化した階級矛盾が、中国近代史上に二つの重要な政党—中国共産党と中国国民党をつくった。

　孫文が創始した同盟会から数えると、国民党は共産党より16年早く成立した。当時の国民党は異なる階級によって構成された政治同盟であって、共産党とは団結協力する可能性があったが、階級の利益においては大きなずれもあった。

　共産党誕生前、国民党はかつて近代中国の発展の趨勢を表していた。これは主に封建君主制度を打倒し、中華民国を創立する実践の中に表れていた。「五四」運動以降、中国近代の発展・前進の趨勢は徐々に共産党が代表するようになっていった。

　20世紀の中国という大舞台で、共産党と国民党は疑いようもなく主人公であり、スポットライトの下で彼らは数々の劇を演じてきた。

　共産党と国民党は2度の協力、分裂があり、長期間対峙したこともあった。協力時代は共に敵に向い、生死を共にしたが、分裂時代は戦場で相まみえ、共存することはできなかった。協力と対抗が交互に出現する複雑な態勢は、旧中国の政治において核心的内容となり、その他の党派はただ国共二大政党の政治の範囲内で、自己の選択するしかなかった。

　歴史の発展にはその内に規律が存在している。一つの政党に力があるか否かは、一時の長短で決まるわけではなく、その政党の網領と行動が国情に符合するか否か、大多数の人々の利益を代表するか否かによる。

　中国共産党の中国革命の実際問題に対する認識は徐々に高まっていった。

　1920年11月23日、陳独秀が主となり上海で『中国共産党宣言』が起草

された。この重要な文献は全世界がすでに資本主義時代に入り、中国と外国は例外なくすべて資本主義社会に属するといった観点を提起した。「全世界は資本家の一機関であるとみてよい」「我々は生産と分配の方法から見ると、これらの国家はすべて同じである。すなわち資本主義式である。」と述べている。

1921年7月、中国共産党第一回大会の決議で、共産党は政治闘争において、「永遠に完全な独立の立場に立つべきで、ただ無産階級の利益だけを保護し、異なる他の党派とはいかなる相互関係も築かない。」と規定した。若き中国共産党はこの時、革命の理論と実践、及び革命の条件に対しては深く理解できなかった。中国革命の問題を解決するための実践的経験に欠け、政党理論、統一戦線の策略もまだ未熟だった。

半植民半封建の旧中国は、社会背景が極めて複雑であり、また敵は極めて強大、経済文化も極度に立ち後れていた。いかなる階級、いかなる政党もみな単独では革命勝利を収めることができないことは決まっていた。孫文は近代中国が多くの帝国主義国家によって分裂搾取された事実を軽視したため、彼の政党政治思想はついに実現することはなかった。団結できる全ての力を結合して、頑固な反動勢力を孤立させることが、中国革命の常識的基本方策となった。

1922年7月16日から23日まで、中国共産党第二回大会が上海南成都路輔徳里625号で開かれた。大会では『中国共産党第二回全国代表大会宣言』が承認されたが、そこでは中国社会が持つ特殊な問題が提起され、初めて中国社会の性質的問題を正確に掲示した。すなわち「中国は広大で肥沃な大地があって、無限の物産と数億の安い労働力を有しているため、資本主義列強はしきりにそれらを欲しては奪い合い、最条件の権利を奪いたいと願ったため、中国は今のように国際的に特殊な立場になっている」「中国はすでに事実上、彼らの植民地と化し、中国人民は彼らに狙われた餌のように非常に苦しい境遇にあった」という点で、これらの指摘は中国の社会性質に対する中国共産党員の基本的主張であった。

中国革命は社会主義性質なのか、それとも民主主義性質なのか。中国

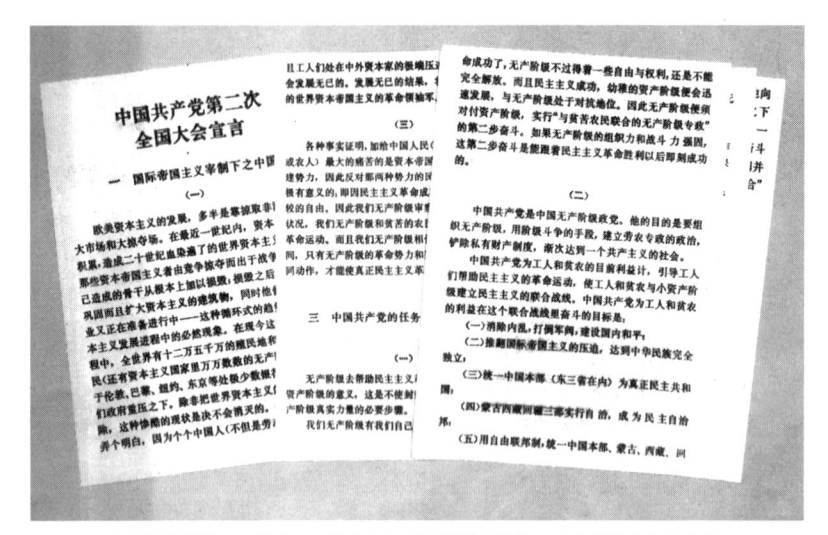

中国共産党第二回大会で可決された『中国共産党第二回全国代表大会宣言』

　共産党はかつて、中国革命とロシアの十月革命の性質は完全に一致し、ともに資本主義制度を打倒する社会主義革命であると認識していた。比較的早くに近代中国の社会的性質を知ったため、中国革命の性質に対しての中国共産党の理解もそれと相まってすぐに変化が生じた。

　中国共産党第二回大会宣言でははっきりと中国社会の各階級において、「労働階級が指導軍である」「中国共産党が無産階級の前衛軍である」とし、各階級の圧迫されている民衆は「共産党の旗印の下に集い奮闘しよう。」と呼びかけた。そして、共産党は全国革新党派と連合し、民主的連合戦線を組織し、封建軍閥を一掃し、帝国主義の圧迫を打倒し、真の民主政治による独立国家建設を党の責任と信念にすべき、だと指摘し、民主連合戦線の建設に対して共同の認識を作り上げた。

　1923年6月12日から20日までの、中国共産党第三回大会で発表された『国民運動及び国民党問題の議決案に関して』では、「中国に現存する党の中で、国民党だけが唯一、国民革命の党であると言え、同時に社会各階級の現状から見ると、国民党よりさらに大きな規模の革命的な党をつ

くることは非常に難しい」とした。そして「党内合作」の形式をもって、国共合作を土台にした基礎的統一戦線を実現すると決定した。国民党の力に対する評価が高すぎて、国民党を国民革命の指導勢力と見なしたため、第一次国共合作は最終的に分裂という形で終わりを告げた。

　自身の幼稚さ、国民党反動派の裏切り、そして内外の敵の強大さとコミンテルンの誤った指導により、中国革命は挫折したが、共産党員は国民党の恐怖の下で依然として高く旗をかかげ、烈士の血をきれいに拭きとり、単独で中国革命を指導する道を歩み始めた。

　1925年6月4日、五・三〇運動の発展を導くために、中国共産党成立後、初めての日報『熱血日報』が誕生した。日報の編集長瞿秋白は文章でこう指摘した。我々民衆は自身に頼り、真なる友人に頼り、皆で力をあわせて奮闘し、国内外すべての敵を打倒し、初めて中国を根本的に解放し、二度と殺戮を受けなくなるという我々の目的に到達できるのである。

　続く1927年8月1日南昌の武装蜂起の後、毛沢東は当年9月11日、湖南省と江西省の境界で秋収蜂起を指導し、転戦と三湾改編を経て、井岡山地区で中国共産党指導の初めての農村革命拠点をつくり、小さな革命の火を点した。1928年4月、朱徳、陳毅は南昌蜂起で生き残った人々と湘南蜂起農民軍を率い、毛沢東率いる応援軍隊と井岡山で合流して農工革命軍第四軍を編成し、朱徳は軍長に、毛沢東は党代表と軍委書記に任じられ、井岡山革命拠点の軍事力を拡大した。

　中国共産党第一回大会は社会主義と共産主義を自らの思想の中で明確にし、中国共産党第二回大会では初めて中国人民の前で、反帝国反封建の民主革命綱要を提起した。この中に共産党員自らの思索も若干含まれていたが、最も重要な部分はやはりレーニンとコミンテルンの多くの主張、啓示と助言からきていた。

　毛沢東は大革命時に、深い考察を通して、中国社会各階級の経済的地位と政治的態度を細かく分析し、農民と資産階級の階級・地位と政治的立場を認識し、中国の命運を握る発言権を獲得し、後に新民主主義革命路線を制定するための基礎をつくった。

瞿秋白

20世紀20年代末から30年代上半期に至って、コミンテルン、連共（ボルシェビキ）、スターリンは中国革命に非常に大きな援助をもたらしたが、それと同時にソ連の経験とモデルを無理に中国共産党と中国革命に押しつけた。当時「ソビエト区」政権の名称、形式、内容、共産党一党のみ存在させる面において、すべてはソ連をそっくり模倣したものであったが、これが中国革命を窮地へと陥れた。特に1934年は「コミンテルン軍事顧問」オットー・ブラウンがやってきて毛沢東に取って代わり、ロシア語で一つ一つの命令を下すため、中央ソビエト区において紅軍を乗せたある汽船は完全に航路を逸れ、ひどい結果をもたらした。

　王明の誤った「左」路線の指導で、客観的に階級戦線の変化とその他の党派の性質を分析することが不可能となり、その他の党派の協力を拒絶したために、統一戦線政策は棚上げとなった。当時の「第三党」は国民党右派との闘争を進行するのと同時に、共産党による中国革命の指導を承認せず、結果として中国革命に不必要な損失を与えた。

　マルクス主義理論の教条化、コミンテルン決議とソ連の経験の神聖化が中国共産党内で流行し、中国革命が挫折した際に、毛沢東は「中国革命を行うのに中国の同志は中国の状況を知っていなければならない。」とはっきり提言し、よってマルクス主義と中国革命の実際の状況との結合を実現させた。

　共産党の指導がなければ、農民は真の革命行動をすることが不可能であった。当時の中国は、政治が社会をコントロールする力に欠けていたが、

社会の自発力は非常に大きかった。共産党と農民階級は親密な関係を構築し、数千年来の政治において一度も重視されたことのなかった農民階級は政治の舞台に引っぱり上げられ、そこで大きな力を発揮した。これは中国社会の秦漢以来、最も重要な変化であり、それは完全に政治運動と政治参与の型を変え、中国社会を新しい道へと導き、最後には国民党の失敗と共産党の成功を導いた。

農村から蜂起して都市を囲い込むという革命の道は、共産党と毛沢東の使命感と予見性を十分に体現していた。

清末の秀才で、国民党の元老であった柳亜子は、同盟会、光復会に参加し、革命文学団体の南社を創立した。国民党第一回全国代表大会の期間、柳亜子は広州で毛沢東と幾度となく接触し、毛沢東が中国革命の事業で非凡な才能の持ち主であることを確認した。1929年、柳亜子が噂で、毛沢東が紅四軍でオポチュニズムから批判され排斥されたと聞いた時、「これは中国革命最大の不幸である」と認識し、悲しみと憤りの中で、彼が自分の感情を詠った七言絶句『存歿口号五首』の一つを記した。「神烈峰頭墓草青、湘南赤幟正従横；人間毀誉原休問、並世支那両列寧（南京の紫金山にある中山陵の周りの草は青く、湖南省の南部の赤旗はまさに縦横無尽に、人間の毀誉について聞くな。今の中国には2人のレーニンがいる）」とある。詩の中にある「神烈峰」とは中山陵がある南京の紫金山であり、「湖南省の南部の赤旗」とは、毛沢東が指導した湖南農民革命運動を指している。「2人のレーニン」とは、彼自らの注釈によるとそれは孫文と毛潤之を指す。毛潤之とは当時の毛沢東のことで、中国共産党中央委員であった。柳亜子は英傑を見抜く眼力があった。

政党政治もまた中国共産党長期革命闘争の中で模索、検証されてきた。

毛沢東はかつて深い感慨を抱き、「長征二万五千キロは統一戦線があったからではなく、党に全く汚れがなかったからだ」と言った。しかし、毛沢東はまた「瑞金時代が最も純粋で混じり気がなかった。しかしその時、我々は非常に困難な状況で、結果として失敗してしまった。だから、真理は混じり気のないものの中には存在しない。」と感じていた。

統一戦線は有効な方法であり、純粋な集団は絶対に必要である。これこそ歴史の弁証法である。

第3章

分裂と覚醒

上海世界書局は1936年12月から1937年1月の間に「戦時常識叢書」全9巻を出版し、すべてに「非常時に必ず読むべし」という字句が添えられた。『戦時後方工作』の巻頭にて、作者の程炎泉は「我が国土には、縦横に敵の残虐行為がはびこり、東北では、3000万人の民衆が奴隷となった。河北、山東、江蘇、浙江、福建、広東……そして他の省の民衆も、毎日、敵の砲火や飛行機の威喝に脅え、平穏な日々を送ることができずにいる。敵は陰険悪辣であり、我々の財産をどれだけ奪い取れば満足できるのかわからない。敵の手段は残酷であり、どれだけ我々を殺害したら気が済むのか知らない。友よ、我々の生命がこんなにも卑しめられ、我々の国がこのような危険にあっていることを目にしたら、我々は確かに奮起しなければならない。自衛を実行し、我々こそ中国の主となるべく、侵略者を追い出すのだ。」と記した。

　国民政府は以前から上海軍民の抗日戦争を毀とうと企み、日本と『淞滬停戦協定』を締結した。この事件により、胡厥文は国民政府の不抵抗政策に憤慨し、もう髭をそらないと決意し「国難が存在したことを記憶し、侵略者を追い払った後、髭をそる。」と言った。彼は約束通り、「九・一八」から「一・二八」まで、更には「八・一三」の日本の侵略者が戦争に負けるまでの、まるまる14年間、髭を延ばし続けた。そして、抗日戦争のためにすべての気力と大きな犠牲を払った。ついに1945年の日本軍の敗戦を迎え、感動し晴れ晴れとした心で「抗日戦争の髭」をようやく剃り落としたのだった。

中国の主な民主諸党派は、多くは抗日戦争時（1937年から1945年）と解放戦争時（1945年から1949年）に成立し、中国社会の先進的な力となっていた。
　民主諸党派の社会的基盤は主に、民族資産階級、都市小資産階級と、それらと関係のある知識人たち及び愛国民主人士で成り立っていた。民族資本階級の軟弱性・小資本階級のルーズさのため、国民党の民主勢力に対する制限と圧迫の政策のため、無産階級が指導する人民大衆の新民主主義革命の道のため、民主諸党派は国共両党以外の統一した政党を組織し、強大で独立した政治勢力を形成することが不可能な状態にあった。民主諸党派では、政治的な有名人物がメンバーとなり、力の分散した、少人数の党派をつくるしかない。そして、民主諸党派は単一の階級政党となることはできず、ただ政治同盟の性質がある政党に留まることしかできなかった。
　周恩来はかつてこう述べた。「各民主諸党派は、どんな名称であっても、政党であることに変わりはなく、すべて一定の代表性がある。しかし、イギリス、アメリカの政党の基準で評価してはいけない。なぜなら彼らは中国という土壌の中から生まれたからである」。
　民主諸党派の反帝愛国主義と民主を実現しようとする政治要求が、共産党の民主革命時期の網領と一致するため、民主諸党派は労働者と農民と革命知識人たちの支持を必ず求めると決めた。
　民主諸党派は成立以来、国民党による分裂、崩壊、迫害にあい、共産党の協力者または同盟者として存在するしかなかった。
　志と信念を同じくしてはじめて意見が一致し、道がなき時はじめて新しい道へと進むことが可能であった。
　共産党と民主諸党派の団結協力は共通の要望であり、中国革命の歴史・発展の必然的要求であった。

1931年9月18日、日本は強硬に軍事政変を発動し、相次いで瀋陽北大営中国軍隊軍営を攻め落として占領した

　共産党と民主諸党派の団結協力が実現することこそ、国民党一党専制が失敗した証でもあった。

　1931年9月18日、日本関東軍は南満州鉄道柳条湖付近の線路を爆破させ、これを中国軍隊の仕業とし、瀋陽北大営中国東北軍駐屯地を砲撃、軍事政変を発動した。2日で瀋陽を占領し、1週間で遼寧を占領し、3ヶ月で東三省を占領して、中華民族は滅びる寸前であった。

　事変を計画した元凶、関東軍大佐であった板垣征四郎は部下に次の様に伝えた。「中国民衆の心理は、安定した生活を理想としている。政治と軍事は、ただ支配階級の一種の職業に過ぎない。政治と軍事において民衆と関連があるところは、ただ税金と治安維持だけである。従って、ここは近代国家とは状況が異なる国であり、結局、これはある自治部落に国家と言う名称が加えられただけにすぎない。そのため、一般の民衆の民族発展の歴史についていえば、国家意識は疑うことなく非常に希薄

である。誰が政権・軍権を掌握して治安を維持しても、大局に影響はない。」

　中国の軍備が後れ、団結力がない状況は、近代以来の中華民族が繰り返し侵略され、国土が割譲されてしまう致命的な弱点となった。

　中華民族はかつてない最も危険な時を迎え、中国の各党派はみな極めて緊迫した試練に直面せざるをえなかった。

　9月20日から、中国共産党は幾度も宣言を発し、各派の政治勢力が以前のわだかまりを捨てて、内戦を停止し、団結して抗日しようと呼びかけ続けた。

　200万人の大軍を率いた蔣総司令は、国民党にとって、日本の侵略は「皮膚病」であって、共産党の存在こそ「心臓病」であると考えていた。そこで「外敵を退けるためにはまず内部を安定させる。」という反動政策を打ち出した。

　そして人々が決して忘れられない事件が起きる。「九・一八」事変の知らせが南京に伝わった際、日本関東軍は2万余名にすぎなかった。蔣介石は「日本軍のこの行動は日常的な挑発行動である」として、対抗の拡大を避けるため、16万名の東北軍に決して抵抗しないようにと電報をうち、張学良に「くれぐれも一時的な感情に左右され、国民・民族を顧みない行動をするな。」と要求した。これが、蔣介石の「外を攘う」の意味であった。

　更に忘れられない事件は、日本軍が東北を侵略した最初の5年、南京政府は紅軍への包囲討伐軍事行動を一刻も停止しないばかりか、鄧演達、楊杏佛らの国民党左派人士さえ殺害した。これが蔣介石の言っていた「内を安んず」の意味であった。

　「九・一八」以降の蔣介石の行動は多くの民主人士を深く傷つけ、国民党内の進歩の力となっていた愛国の情熱は冷めた。彼らは公に蔣介石の不抵抗主義と独裁専制に反対し、ひいては反蔣、容共、抗日の旗印を掲げ、新たな党派団体をつくった。例えば宋慶齢、蔡元培、楊杏佛、林語堂、アグネス・スメドレー、鄒韜奮、魯迅、周建人が発起した「中国民権保

障同盟」、李済深、陳銘枢、蔡廷鍇、蔣光鼐、鄒韜奮が香港で成立した「中華民族革命同盟」などが挙げられる。

　国学の大家である章太炎は国内外を驚愕させた「九・一八」事変に心を痛め、晩年であるにも関わらず、奮起、奔走し、中国は日本に対して正式に宣戦すべきだと呼びかけた。1932年1月13日、馬相伯、張一麟、李根源、瀋鈞儒、章士釗、黄炎培と連名で電報を打ち、国民党当局の不抵抗対策を厳しく非難した。蔣介石は国民が注目するこの民国元勲に対し成す術もなかった。章太炎はかつて、反共として名高かったが、民族の危機が迫った際には、日本への政治的先入観を捨てて蔣介石に手紙を出し、共産党を含むあらゆる党派、団体、個人が連合し、団結して抗日することを望んだ。

　1933年4月、共産党は『中国人民対日作戦的基本綱領』を提言した。宋慶齢らが先頭に立って積極的に提唱した結果、この提言に賛成の署名をした人々は上海のみで10万人に及んだ。

　司徒美堂らを代表とする中国致公党も、反蔣抗日を擁護する声明を発表した。「福建事変」の失敗により、蔡廷鍇は除隊し外国へ逃げざるを得なかった。楊虎城や馮玉祥と陶行知らは蔣介石の迫害を受けアメリカへと逃げた。彼らはアメリカで司徒美堂とその他の愛国華僑の同胞から親切なもてなしと保護を受けた。

　1933年4月、張瀾が先頭に立って鮮英、楊達璋、杜象谷、任乃強らは重慶を出発し、武漢、南京、上海、広州、香港、桂林などの地を経て、相次いで蔡廷鍇、蔣光鼐、李済深、李宗仁、白崇禧、瀋鈞儒、章伯鈞、黄炎培、陶行知ら各方面の愛国人士や軍隊将校と会見した。座談会で、李宗仁は「蔣介石に救国救民の心はないが、共産党にはある。」と述べ、白崇禧は蔣介石が胡漢民、李済深を捕え、鄧演達を殺害し、国民党内の分裂を招き、陰で日本と結託し、人の心を無くしたと厳しく非難した。鮮英は「四川軍は地方勢力を消滅させ統一することに賛成していないが、外国による侵略によって厳しい現実に晒されている今日において、全国が団結して抗日へ向うことを希望する。」と発言した。容共、反蔣、抗

日救国は共通の認識となった。

1935年1月、共産党は長征の途中で「遵義会議」を開き、「左翼」オポチュニズムによる中央指導を終わらせた。同年10月、紅軍第一方面軍が陝甘革命根拠地の保安県呉起鎮に到達し、長征は勝利のうちに終わった。

1935年8月1日、中国共産党駐コミンテルン代表団が中国ソビエト中央政府と中国共産党中央委員会の名義で、『抗日救国の為に全同胞に告ぐ書』、すなわち『八一宣言』を発表し、新たな立場と言葉で内戦を停止し、抗日連軍と国防政府を組織することを呼びかけ、初めて抗日民主統一戦線の構築を提言した。また、致公党を中国の「抗日救国事業に参加を希望する各党派及び各団体」に組み入れた。その夜、中統の南京香鋪営ラジオ局はこの宣言を聞くと、すぐに蔣介石とその他の要員に報告した。この後、国内外の政治の気色は変わり、国共両党に存在していた緊張がある程度解かれた。

1935年11月10日、中国国民党臨時行動委員会は鄧演達の政治網領に従って引き続き戦闘し、香港九龍大埔道で第二回全国幹部会議を開いた。国民党と徹底的に決裂し、「中国国民党」のレッテルをはずすために、中華民族解放行動委員会と党名を改めた。会議で『臨時行動綱領』と『同士に告ぐ書』が可決され、党の政治任務を「中国反帝国反日の民族革命と土地革命」と規定し、この任務をやり遂げるためには、「共産党と協力し、マルクス主義を党の思想の武器とする」と決定し、抗日を推進することを党の中心的な方針とした。これは当時の中国共産党の『八一宣言』に賛同した最初の民主党派であった。共産党はこの党綱の改訂に参与し、執筆したのは中国共産党香港支部の責任者であった廖承志であり、原稿を渡したのは中国共産党太平洋交通網総連絡係の蔡福就であった。

1935年12月9日、国を滅ぼし民族を滅ぼす暗雲が華北にたちこめ、全国に充満した。北平の学生たちは中国共産党の指導の下、抗日救国運動を威勢よく開始した。1ヶ月以内に、彼らは4度市街に赴き、軍警の暴力による妨害や鎮圧も顧みず、「内戦を停止せよ。一致団結して抗日に向おう」「日本帝国主義を打ち倒せ」とシュプレヒコールを高らかに唱

第3章 分裂と覚醒

1935年12月9日、北平の学生が中国共産党指導の下で、勢いすさまじく抗日救国運動を起こした

えた。「一二・九」運動は全国の抗日救国運動を巻き起こし、共産党が確実に抗日民主統一戦線の策略方針を打ち立てられるよう推進した。青年や学生たちは運動を通して、革命事業の新鋭軍となった。

1935年12月27日、上海文化界救国会が成立し、章乃器が起草した『上海文化界第二回救国運動宣言』が可決され、民族統一戦線の構築、内戦の一切の停止、全ての政治犯の釈放等の主張が打ち出された。

1936年、宋慶齢、馬相伯、瀋鈞儒などの著名人が上海で「全国各界救国連合会」を成立し、明確に「各党派が団結協力して、皆で抗日へと向かおう。」と表明した。

民主人士の愛国行動は、中国共産党の大きな支持を得た。中国共産党は前後して馮雪峰、潘漢年を上海に送り、章乃器、瀋鈞儒ら救国会の指導者たちと連絡をとり、彼らに毛沢東と中国共産党中央委員会の抗日民族統一戦線政策を伝え、彼らとの関係を築いた。毛沢東は延安で2度、章乃器、陶行知、鄒韜奮、瀋鈞儒に手紙を出し、労働者の紅軍とソビエト地区の人民を代表して救国会の全会員に大きな敬意を示し、今後の「各方面での多大な努力と更に親密な協力」を希望した。

民族の危険な瀬戸際にあって、団結、抗日戦争、民主主義は共産党と民主諸党派が協力する実質的な共通認識だった。この共通認識がなけれ

沈鈞儒の牢獄に高く吊るされた彼の手書きの「還我河山」

ば、共産党と民主諸党派が協力する歴史の源流はなかった。

　しかし、蔣介石グループはこうしたすべてを無視した。彼らは救国会が組織した抗日集会を「民国に危害を与え、秩序を破壊している。」と中傷した。1936年11月23日早朝、彼らは抗日救国会の沈鈞儒、章乃器、鄒韜奮、李公朴、沙千里、王造時、史良ら7名の指導者を逮捕し、「七君子事件」を引き起こした。

　獄中、看守は一枚の大きな画仙紙を探し、沈鈞儒らに特別に頼み、抗日戦争の詩句を揮毫させ、貴重な書画を記念として残した。63歳の沈鈞儒に最初の一首を揮毫させた。「両目を開いて国土を眺め、辛くても前進せよと叫んだ。その音を聞いて涙を流し、私の心のすべては北方に向かった。勇ましい傅将軍は、先頭に立って指揮し敵の力を抑えこむ。青島を思い出すと、私が以前より尊敬している瀋子の顔が浮かぶ。これからも努力して進まなければならない。国の存続・滅亡は紙一重で変わる。国難の厳しさを見て、我々は様々ないざこざを捨てるべきである。諦めてはいけない。どこからか励ましの声が聞こえてきた。」とこう詠んだ。

第３章　分裂と覚醒　｜　81

そして、この後すぐ、鄒韜奮は題字に「団結御侮（団結して外国の侵犯に抵抗する）」とし、李公朴は「天の道は余り有るを損じて而して足らざるを補う　人の道は則ち然らず　足らざるを損じて以って余り有るに奉ず（天の道は余った所を減らして足りない所を補っている。しかし人の世の道はそれとは逆で、足りない所からさらに奪って余っている所に補っている。）」とする題字を書いた。沙千里は「人の子は仕えられるためではなく仕えるために生まれた」と書き、王造時は「我々は平和を愛すべきで、正義をもっと愛し、強権に反抗するのだ。」と題字に詠んだ。章乃器は「命を捨てる覚悟を決め、世のために戦う」と記し、最後に史良が筆を振るって「敵はここまでひしひしと差し迫っている。抵抗こそが生きる道で、本当の平和を獲得することができる。」と結んだ。
　こうした題字は、字句が精彩であり、観点がはっきりしていた。国を救う意志、愛国の感情は、言葉や表情にあふれ、力強く表現され、子孫のために貴重な精神的歴史資料として残されている。
　「なぜ国を救うことが有罪になるのか！」南京政府の卑劣な行為を、すべての人が恨んでいた。国民党中央委員の于右任、孫科、馮玉祥ら20余名は、蒋介石に連名で電報を打ち、「慎重に処理する」ことを求めた。広西の李宗仁、白崇禧は南京政府に無条件で「七君子」を釈放するよう懇請した。愛国の将校である張学良は蒋介石に「このように専制を強行し、愛国人士に損害を与えたら、袁世凱、張宗昌らと何ら区別はあるのか」と詰問した。
　しかし、蒋介石は相変わらず民族の大義を顧みず、「七君子」を釈放しないばかりか、西安に行き、引き続き陝北革命本拠地を包囲討伐する軍事行動の陣頭指揮を執った。
　西安を守っていた張学良、楊虎城の二人の将軍は、蒋介石への説得が効かない状況下で、1936年12月12日早朝、憤然と兵を送り、蒋介石を拘束した。国内外を驚愕させたいわゆる西安事件である。
　新たな大規模内戦を回避しようとし、12月17日周恩来は毛沢東の親書を二人の将軍に渡しに西安へ行った。大義をわきまえた共産党は、西安

1936年4月、国共双方代表が延安のカトリック教会で交渉し、第二次国共合作の序幕が開かれた

事件の平和的解決を推進し、第二次国共合作のために道筋を作った。

　西安事件の平和的解決は、中国の内戦から抗日への転換点となり、中国共産党の歴史的ターニングポイントにもなった。

　西安事件の平和的解決の後に、国共両党の武力闘争は基本的に終結した。

　アメリカ人記者エドガー・スノーは『中国の赤い星』でこう述べている。「総司令が西安へ派遣した使者・張沖将軍と共産党側の代表である周恩来が交渉した結果は、4、5、6月に大きな変化を起こした。経済封鎖は取り消され、紅軍は外部と貿易関係が成立した。さらに、双方の交通連絡が少しずつ回復した。境界では、共産党の紅星旗と国民党の青天白日旗はシンボルのように一緒に掲げられた。」

　国民党と団結するために、宋慶齢は1937年2月に開かれた国民党第五期中央委員会第三回総会に出席し、『孫文の遺嘱を実行する』という演説をし、忠実に孫文の三大政策を実行してはじめて中国を救えると指摘

第3章　分裂と覚醒　83

した。10年前は再び国民党の仕事への参与はしないと宣言したが、今改めて国民党の党中央委員会に参加したこと、「抗日反蔣」から「容蔣抗日」への重大な転換は、抗日戦争時における宋慶齢の思想の賞賛すべき自己超越であった。宋慶齢の認識は共産党の戦略策略の主張と高度に一致し、黙約に至った。

　会議で、馮玉祥と宋慶齢、何香凝らは『孫文先生による連ソ、容共、労農援助の三大政策を復活させ団結して外国の侵略に抵抗しよう』と提言し採決された。その後、国民党は徐々に抗日へと転変し、共産党が呼びかけた抗日民族統一戦線は一応、形となった。

　蔣介石は協力という形で共に抗日戦線へと参加することを希望した。問題はいかに両党が10年にわたる内戦の怨みを忘れ、互いに信頼を深められるかであった。

　1937年5月31日、蔣介石は周恩来を招いて、考えを提案したが、それは両党の協力をさらに緊密にするため、国民党も共産党もなくし、「国民革命会を立ちあげて、双方が代表を五人推薦」して、新しい政党として「国民革命同盟会」をつくるというものであった。

　蔣介石のこうした主張は容易には実現できなかった。紅軍は改編後国民政府軍事委員会の戦闘序列に従属していたが、蔣介石は共産党部隊が軍委会野戦司令部の直属になることを堅持し、共産党は終始軍隊の独立管轄権を放棄することはなかった。

　蔣介石は共産党を利用したい一方で、共産党を恐れてもいた。よって共産党と話し合いした際、始終二つの心理が存在していた。蔣介石は日記の中で共産党を「紀律は厳しく、方法は精密で、組織は緊密、どんな党派も及ぶものではない」と評価していた。軍事指揮権の帰属問題の未解決にあたって、蔣介石は必然的に共産党を疑っていた。抗戦形勢が一旦緩和したら、こうした勘ぐりは必然的に深まるだろう。蔣介石は、両党の隔たりを有効的に解決することができるのは合併を実現させることであり、「二党に属する」ことに反対した。彼は二重の党籍をもつ共産党員が国民党に忠実であることは不可能だと心配したからである。

しかし、共産党は内戦時の溝が根本にあり、容易に両党の「合併」には応じることができず、また容易に「国民革命同盟会」の立ち上げに賛成することもできなかった。任弼時が述べたように「蔣介石の意図は中国の各党派を自分の制御下におくこと、徐々に共産党を弱めていくことにある。彼は抗戦の勃発前に協力体制を提案したが、これは両党が共同の党をつくり、両党の党員がいずれもよく加入し、両党が選出した同等数のメンバーをもって最高委員会をつくり、彼が主席として最終の決定権をもつ。両党は必ずこの最高機関の決定に従って行動し、共産党はもうコミンテルンとの関係を持たず、すなわち最高委員会がコミンテルンと関係を築くべきである。しかし、彼のこうした提案を、我々は拒絶した。」というのが現実であった。

　毛沢東、及びその他の共産党員は、国民党の抗戦に対して正確な見解を持ち、「国民革命同盟会」を一つの統一戦線組織とすることを提案し、別の党派も参加させ、蔣介石を指導者として擁護した。しかるに、こうした提案には、蔣介石は何度も首を振って答えただけであった。

　共産党の政治への影響は日に日に拡大し、蔣介石はその度に改めて共産党及び抗日に対する主張をじっくり考えなければならなかった。

　1937年2月から9月まで、国共代表は6回の正式な話し合いを挙行し、それは7ヶ月間にも及んだ。1937年9月、蔣介石は『中国共産党中央委員会による国共合作宣言』を受け入れ、共産党の合法地位の基盤を公に承認したが、これは共産党がこれまで力強く主張し組織してきた抗日民族統一戦線が正式に実を結んだものであった。公には10年の長きにわたって分裂し対抗してきた国共両党が、抗日という戦場で再び友党として肩をならべて共に戦うという、第二次国共合作がこうして実現した。

　第二次国共合作は、より広範な抗日民族統一戦線を形成し、全国人民の空前の大団結を促進させ、敵なしと言われてきた日本の侵略者が最終的に人民戦争への果てしない戦いへと陥った。これこそ中華民族が危機から抜け出し、長年の弱質から抜け出し自強へと変わった歴史の転換点であった。

1936年末、日本参謀本部次長西尾寿造中将は10名の将官を率いて京都、名古屋で机上の軍事演習を行った。この演習の内容は、先に中国を攻撃し、その後にソ連戦へ持ち込む内容であった。あらゆる現役と予備役大将がこの演習を観戦した。
　演習はすぐに実戦となった。
　1937年7月7日、日本の華北駐屯軍は8000人にも満たない兵力で、10万の兵力を持つ国民革命軍第二十九軍に対して盧溝橋事件を引き起こし、1ヶ月後華北は陥落した。日本の統治集団は中国がすでに一撃にも耐えられないと認識し、六つの師団で3ヶ月以内に中国を征服できると思っていた。
　中華民族の運命はまた歴史の谷底へと陥った。
　抗日戦争前の10年間、国民党政府の努力によって、すでに老朽化が久しく、散り散りばらばらだった中国は一応形式上の統一を実現し、社会経済は徐々に軌道に乗っていた。しかし、盧溝橋の銃声は、中国人の素晴らしき未来への夢を打ち破り、中国民族は近代化への転換の過程を断ち切られ、国民党政権は戦争で満身創痍となり、統治は解体へと向かった。
　盧溝橋の銃声をきっかけに、中国人民の抗日民族解放戦争が始まり、中華民族は生き返り、祖国の自由を勝ち取る歴史が始まった。
　「七七」事変から1938年10月まで、侵略者は鼻息が大変荒く、16ヶ月という非常に短い期間で九つの省、北平、天津、上海、武漢、広州などの大都市と数多い県城を占領し、首都南京まで迫ってきた。日本軍は平漢、津浦、平綏鉄路沿線と長江下流沿岸、及び珠江三角洲地区の人民を暴力で踏みつけ、華北、華中、華東といった豊かな地区を征服した。東部鉄路線の大部分は日本軍の手に落ち、西部奥地の自動車運輸は沿海の港が相次いで陥落したことによる輸入燃料の喪失のために麻痺状態に陥り、再び人や馬を使った原始運輸方式を取らなければならなかった。
　中国人は空前の災難と歴史の試練に直面し、日々頑強な集団を結成していった。

防衛のために盧溝橋で駐屯している中国軍隊士兵

　国共両党の指導者は頻繁に講話、声明を発表し、西安、南京、上海、武漢、廬山、衡山などで頻繁に会談が行われ、前線の戦局や、両党協力の事項、遷都の計画について緊急に議論され、国家の性質と協力基盤においてかつてない共通認識を持っただけではなく、抗日戦略思想と前途の展望についても、中国政治家の知恵と見聞、自信を共に体現した。
「七七」事変の翌日、中国共産党中央委員会は、すぐに電報で「全中国同胞よ、政府と軍隊は団結し、抗日民族統一戦線の堅い長城を築き、国共両党は親密に協力して日寇の新たな進撃に抵抗せよ」と発表した。
　1937年7月15日、『中国共産党による国共合作宣言の公布』において「孫文先生の三民主義は中国にとって必要不可欠であり、本党は徹底的実現のために奮闘する」と強調し、「現在のソビエト政府を取り消し、民権政治を実行する」「紅軍の名義と軍隊の番号を取り消し、国民革命軍と改編」、と同時に「暴動政策、赤化運動、土地政策を取り消す」、そして「国民党と誠意を持って団結し、全国の平和統一を強化し、抗日民族革命戦争を実行する」と宣言した。

蒋介石は『対中国共産党宣言の談話』の中で、「結局のところ、中国建国の原則は、孫文先生の三民主義である」と述べ、現段階では「全民族の力を集中させ、自己防衛し、敵の暴力に抵抗し、滅亡から救う。中国は国家民族の生存を保障するため抗戦するだけではなく、世界平和を守る国際的信義のために奮闘する」ことが必要であるとした。蒋介石はまた『抗敵全軍将士に告ぐ書』で、この抗戦は、広大な土地をもって敵との勝負を決め、多くの人民をもって敵との生死を決めると言った。
　盧溝橋事件の発生時、国民党中央政府は文化教育界の学者や著名人、党派の指導者を盧山に招いて談話会を開き、国家の大計について協議しているところだった。日本軍が大挙侵攻してくるのは早く、華北の戦争危機は談話会議の焦点となった。蒋介石は講話で、「日本軍が盧溝橋に攻め込んだのは、決して局地的な問題ではなく、中国が存亡の瀬戸際にあることを意味する」と強調した。国民政府は抗戦を決意し、「戦争を求めなくとも戦争に応じるべし」との方針をとった。これは「満州事変」の際にとった「戦争を避ける」方針とは全く異なっていた。
　1937年11月17日の早朝、厳重な安全措置とメディアの封鎖のもと、70歳を越えた国民政府主席林森は1000余名の官吏たちを率いて、中華民国公印ののぼりを携え、挹江門を通過して、深夜に内陸河川に停泊していた装甲軍艦「永綏艦」に搭乗し、南京から撤退した。3日後、前線の兵士将校と中国内外の各界は『国民政府重慶移住宣言』により初めてそれを知った。15日後、中華民国の首都南京は陥落し、30万人の南京市民は日本軍によって惨殺された。
　国民政府が重慶に遷都すると、重慶の各新聞出版社は『連合版』を発行し、当時中国で最も重要な背景、主張、性質が異なる10社の新聞社が一時的に集まった。これは、戦時という中国の特殊な歴史背景の下で、諸党派や各新聞社の小異を捨て大同を求めるという考えによる結果であり、戦時中国のメディア界が国家民族の最高利益の下、先入観を投げ捨て、一致団結し、共に敵に立ち向かったことの現れである。
　1938年5月、毛沢東は『持久戦論』の中で、「抗日勝利を勝ち取る鍵は、

すでに発動した抗戦を、全面的全民族の抗戦へと発展させることだ」と指摘した。

朱徳も『論抗日遊撃戦争』の一文に、「各党、各派、各階級、各宗教の同胞よ、国を愛し、民族を愛する大義の下に団結、組織し、祖国のために戦おう」と呼びかけ、「亡国論」の消極的な影響を制止した。

この時期、全国規模で民族民主運動が空前な発展を遂げ、民族の独立のために争い、統一した中国を建設し、中国を振興させることを己の任務とする民主諸党派や団体が時運によって現れた。こうした変化は、中国の政党政治を活発化させ、国内の政治勢力は各自の戦略地位を求めるのと同時に、新しく増えた政党の主体にもなった。

国共合作という政治の雰囲気の出現は、民主諸党派、先進的団体の抗戦の情熱を高めた。彼らは広く民衆に宣伝し、これは全中国に影響した。

国内各派の政治勢力は空前の団結をし、広く愛国商工業者、及び各界民衆の抗戦への積極性を呼び起こした。彼らはそれぞれ現金を寄付して前線を支援し、抗日革命の根拠地を支援した。

物理及び地質学の博士で、当時国民政府の経済部長兼資源委員会主任委員と鉱工業調整所所長の翁文灝は、中国で最も早く石油が未来の工業で重要な地位となると意識した人物であった。彼は銭昌照と、孫越崎の二人に玉門の実地考察に行かせ、開発企画を作らせた。抗日戦争の期間、玉門油田の規模はだんだん大きくなり、絶えず発展し、日本軍の空爆や油田の大火事、大洪水といった困難を幾度となく経験しても、生産は一度も中断させず、1936年から1945年までの、原油7866万ガロン、精製ガソリン1303万ガロン、灯油511万ガロン、ディーゼルオイル72万ガロンを産出し、これ以外にも大量のパラフィンなどの副産品の生産を実現した。今日から見るとこの産出量はほんのわずかにすぎないが、当時にとってみれば抗日戦争のための大きな物質量の増加だった。抗日戦争時期、四川、陝西、新疆ウイグル自治区及び寧夏、青海の一部の石油はほとんどその供給に頼っていた。

この期間、孫越崎が玉門油田の社長であった。国民党が大陸で負け台

第3章　分裂と覚醒

湾に逃げる前夜、孫越崎は蔣介石の命令を何度も拒絶し、生命の危険を冒しても、3万余名の技術者（そのうちの60％はハイレベルの知識人と留学生）、約70万名の労働者を率いて共産党の傘下に入り、千に近い重工業企業、鉱山をすべて人民に返し、多くの科学技術者は大陸に留まって建設の責任者となった。解放後、孫越崎は民革中央監察委員会主席、政務院財経委員会計画局副局長となった。

　抗日戦争は民族的利益がすべてを上回る戦争であり、少数の敵に投降した者や、栄達を求めて祖国を売った売国者以外、中国人の敵対の境界線は非常にはっきりしており、民族の大義において、臆病な者も勇敢になり何も恐れることはなくなり、けちだった者も気前がよくなった。

　東南アジア諸国、欧米などに暮らす、愛国華僑たちは積極的に各々の、抗日組織の支部機構を立ち上げ、献金を募り、国内の抗日戦争を支持した。

　規模も貢献も最大だったのは南洋華僑籌賑祖国難民総会だった。1941年、全国抗日正規軍300師団約300万人は、毎月軍の食費や給与に4650万元を使った。南洋華僑の献金は毎月1000万元に達し、もし献金を銀行に預け入れ紙幣基金にすれば、国内で4倍の紙幣を発行することが可能であったので、献金額はすなわち4000万元であった。

　司徒美堂は70歳の高齢で、既に職を辞してはいたが、自ら働きかけアメリカ東部に僑社「ニューヨーク全華僑抗日救国資金調達総会」を成立し、辛苦も厭わず奔走し、アメリカ、カナダ、キューバ、ペルー、ブラジル、

孫越崎

パナマなどの国々に呼びかけ、抗日救国を宣伝し、華僑に献金を呼びかけた。抗日戦争期間約330万アメリカドルという巨額な資金が集まった。

1937年7月から1940年10月まで、海外華僑は飛行機を217機寄贈したが、アメリカ華僑はうち50機であった。1937年から1941年年末まで、国民政府の総収入は約226億元で、華僑からの送金は53億元に達したが、これは国民政府の総収入の四分の一に相当し、国民政府の軍費支出の2分の1に及んだ。国民政府への献金を除いて、多くの献金と物資は直接八路軍、新四軍や華南抗日縦隊のもとに送られた。華僑の送金は戦時中の中国経済の中で重要な地位を占め、ある人は華僑を「抗日の長城」と称し、日本政府や学者は抗日戦争期の華僑からの送金の全てを直接「抗日戦費」と称した。

これと同時に、15団あわせて3192名の南洋華僑の運転手、技術者労働者や20万人の雲南各民族の人民が共に汗と血を流し、共にまごころの手を差し伸べあい、ビルマ公路を建設したが、これは華僑史上最も多くの人々が集まって秩序よく組織化され、最も悲惨な経験を持ち、最も深い影響力をもたらした愛国運動となった。ビルマ公路は抗戦時期の唯一の国際道路であり、すべての軍事物資はこの道路を通して輸送されるため、輸送の大動脈であり、抗戦を堅持する生命線であった。

抗日の初期、国共は抗日民族統一戦線を形成した。この旗幟の下、両党は共通の仇と戦い、団結して共に外国の侵略者に対抗した歳月があった。蒋介石の統率のもと、国民党政府は積極的であり、愛国の官兵は強敵を恐れず、血みどろの戦いをし、日本侵略者が言明した「三ヶ月で中国を占領する」とする神話を打ち砕いた。

しかし抗日戦争はこのような一粒の「破滅の種」として、日本の侵略者を壊滅させただけでなく、国民党政権も壊滅させた。

中国人民は抗日戦争にあって巨大な犠牲を払い、世界の反ファシズム的人民の敬服を勝ち取り、中国はソ連、アメリカ、イギリスと並び「四強」とされた。しかし「四強元首」の一人であった蒋介石と国民党の、抗日戦争後期の行いは「四強」の地位にはふさわしくなかった。1944年4月

から12月のわずかの間、世界のその他反ファシズムの戦場と中国の敵の後方の戦場は絶えず進展している状況下にあり、国民党の戦場は湖北、湖南、広西戦役から続けざまに惨敗し、146に及ぶ大小の都市と広範な国土を失い、国民党の無能さが露呈された。それがため、一部の連盟国は蔣介石に目を向けることもなく、中国が「四強」となった後も、中国は何度も国際会議への出席を拒絶され、ひいては中国に関係する業務と計画の協議があっても参加が認められなかった。

抗日戦争が対峙の段階に入ると、国民党の保守派の中では、共産党を消滅させ、先進派を殺害しようとする構想が再び生まれていた。彼らは国共合作の瓦解を企み、公に降伏、分裂させる活動を計画した。抗日軍民が血と引き換えに得た団結は、一段と重い影を落とした。

1939年、国民党は「異党活動を制限する規約」を可決した。共産党は元々友人であり戦友であったが、それが「異党」となり、闘争はここから生まれた。国共両党がそれぞれ独立した軍事指揮系統と散漫な協力体制を取り、この後軋轢が絶えず発生することを決定づけた。

国民党は共産党が管轄している陝西、甘粛、寧夏の辺境の地に対して軍事包囲と経済封鎖を実行するのと同時に、政治の隔離とメディアの封鎖を実行した。蔣介石は一党専制政治を維持するため、世論を欺くことを惜しまず、同盟国をも欺き、共産党指導の抗日部隊に強引にあらゆる罪名を加え、共産党に対し「抗日戦争を破壊し、国家に危害を与えた」と中傷し、かつ反共への軋轢の重点を徐々に華中に転換し、新四軍を「異軍」として目の敵にした。

1941年1月4日、蔣介石は一連の軍事摩擦をでっちあげた後に、安徽省の茂林でまた人々を激怒させる皖南事変を起こした。新四軍は番号を取り上げられ、軍部は捕えられ、軍長葉挺は身柄を拘束され、副軍長の項英は殺害された。新四軍9000余名の兵士のうち、分散して逃げることができたのはわずか2000名に過ぎず、残りの兵士は殺されるか、捕虜となるか行方不明になった。

共産党が指導する「強い忠誠心で国のために身をささげる」抗日軍

隊に対して、国民党当局はかくも残忍悪辣な仕打ちをしたが、まさに天下の大悪であった。アメリカのフランクリン・ルーズベルト政権は蒋介石の「苦心」に「理解」を示したが、アメリカの左翼主義者は共産党に強く同情し、中国の広大な民衆は国に内紛が起こらず、抗日に影響がないことを望んでいた。全国民の厳しい非難の下、国民党当局は空前孤立の境地に陥った。蒋介石は国共の緊張関係を緩和するため、「新四軍問題」を適当に「軍紀」問題として片づけた。

共産党の国際的イメージは長きに渡り国民党の宣伝機構によって魔物化された。共産党の抗日戦争において

1938年夏、周恩来と鄧穎超夫妻が武漢において、アメリカ人記者スノーとの合同写真

責任を果たした政党の形象を取り戻すため、1942年5月下旬、周恩来は重慶でアメリカ記者のエドガー・スノーと会見した際、アメリカ軍事代表団とアメリカの記者が延安を訪問し参観することを心から希望すると述べた。彼はスノーに八路軍と、新四軍の抗戦に関する業績の資料をルーズベルトの顧問キューリーに渡すよう託し、次のような手紙をつけた。「すでに2年強、国民政府のあらゆる補給を得られず、装備は国民党軍隊とは比べものにならないが、中国にいる日本の総兵力の約半数弱を引き付け、同盟国は中国への援助を提供してくれているが、それは当然抗日を貫いている八路軍、新四軍に一部分を与えるべきものである。どんな困難な状況にあっても、共産党は必ず抗日戦争を堅持し、内戦に反対する。」

抗日戦争が発展するにつれ、多くのアメリカ人、中にはアメリカの一部の政界の要人も、共産党指導の軍隊は中国全民抗日勢力の中核である

と気づいた。1943年1月、アメリカの中国大使館二等書記官兼中国ビルマ、インド戦区司令政治顧問であったジョン・サーヴィスが、アメリカ軍は延安、華北と西北の抗日拠点に視察団を派遣すべきだ、と最も早く提言した。彼はそうすることではじめて共産党を理解し、共産党と関連する政治、軍事、経済状況の困惑を解決することができると指摘した。

　抗日戦争後の国共両党の争いは、ただ両者の政治勢力の単独の勝負ではなく、共産党を代表とする、民主諸党派を含めた民主勢力と蔣介石らの保守派勢力との政治的対抗であった。
　西南、西北地区では、国民党保守派はまた民主勢力を虐げ、国民党の敵対者を消滅させる歩調を速めた。民主人士の杜重遠が逮捕され、愛国の知識人馬寅初は拘留され、鄒韜奮の生活書店は差し押さえられた。この一連の事件は、国民党政府が抗日に消極的で、反共に積極的であることを徹底的に暴露した。
　民主諸党派の心には失望と不満の情緒が芽生え、全国規模で共産党と手を携え、空前規模の一党専制の要求を目的とした民主憲政の政治運動を実行し、それは1年の長きに及び、当時の社会各階層に大きな震撼を与えた。
　1939年9月の国民参政会第一期第四回会議を発端にして、共産党と民主諸党派は一体となって共闘し、国民党政府に対して各種の政治的抑圧行為をやめて、各抗日党派の合法的権利を保証するよう一致団結して強く要求した。議長であった蔣介石は国民参政会決議を受け入れることを表明し、1940年11月21日に国民大会を開き、憲法を制定することを決定した。
　大規模な憲政運動は第二の首都である重慶に始まり、最初は規模が小さかった革命が徐々に大きな勢いとなり瞬く間に全国に広がった。中国共産党の提唱の下、憲政運動の波は敵の後方にある抗日の根拠地で迅速に巻き起こり、国民党統治区と西南、西北地区の民主党諸派の憲政運動を鼓舞し促進した。国民党保守派は表面的には憲政実施を約束したが、

実際、あらゆる方法を講じて憲政運動に妨害と破壊を与えた。1940年9月、当局の戦乱で交通が不便になることを理由に、国民党大会の開催の日程を「延期する」ことを発表し、無期限に延ばした。

　一年間にわたる、第一回憲政運動は国民党当局に抑圧された結果となったが、それは各階層の人々を教育し、人々の知識を広げ、民主憲政意識は心に深く刻まれた。この運動は思想と組織において民主諸党派と民主人士を教育し、彼らを鍛え、彼らに国民党保守派が主張した一党専制の正体をはっきりと認識させた。運動期間中、彼らは中国共産党と厚い友情で結ばれ、それが双方の今後の一歩進んだ協力関係の基礎となった。

　1941年3月、共産党の支持と援助により、一部の国民参政員が1939年11月につくった「統一建国同志会」を土台に、中国青年党、国家社会党（後に民主社会党と改称）、中華民族解放行動委員会（後に中国農工民主党と改称）、中華職業教育社、郷村建設協会のメンバー、及びその他の人士が連合でつくった中国民主政団同盟は、重慶の上清寺で密かに「特園」を成立させた。中国民主政団同盟は最初の政治主張を「抗日の主張を徹底的に実行し、民主精神を実践し、国内団結を強める。」とした。そして積極的にメンバーを集めて、国民党統治区の民主憲政運動に参加した。1941年10月10日、香港の機関誌『光明報』において『中国民主政団同盟成立宣言』と『中国民主政団同盟の時局についての主張綱領』を発表した。1942年、全国各界救国連合会が加わり、中国民主政団同盟はついに「三党三派」の政治党派として集結した。1944年9月、中国民主政団同盟は重慶で全国代表会議を開き、名称を「中国民主同盟」と変え、団体会員制から個人が申請して入会できるように変更した。同年10月、『抗戦最終段階における政治主張』を発表し、共産党が提起した民主連合政府をつくる呼びかけに応じた。

　民盟に参加したのは、張瀾、黄炎培、潘鈞儒、左舜生、梁漱溟らの発起人と、李済深、潘光旦、呉晗、費孝通などの著名人、その他に劉文輝、藩文華や龍雲など地方の実力派もまた内密にこの民盟に加入した。

抗日戦争期に、国民党統治区には多くの知識人たちが集まったが、彼らは国民党統治区で抗戦した、民主の進歩的な新鋭軍であり、民族抗戦の重要な宣伝者、戦時民主の重要な探求者、民族文化の重要な保護者であった。

毛沢東は明確に、「知識人の参加なくしては、革命の勝利は不可能だ」「労働者と農民は知識人の手助けがなければ、自己を高めることはできない。仕事に知識人が存在しなければ、党を治めることも、国を治めることも、軍を治めることもできない」と述べた。

中国共産党中央委員会は知識人に対し政治においては導き、道義においては声援し、学術おいては励まし、生活上では関心をよせ、危機にあっては救い出した。

抗戦初期、上海、南京が相次いで陥落した後、多くの知識人たちはその場に留まったまま、抜け出すことができなかった。周恩来は上海の藩漢年に指示して、上海、南京などの非占領地区の文化界人士や民主人士を、戦略的位置として重要だったにも関わらず、まだ戦火に脅かされていなかった広州に移動させた。間もなく広州が陥落すると、この地に集まった知識人たちはまた相次いで香港へと移った。皖南事件後、国民党は左翼文化人の迫害に一段と力を入れていたため、彼らの安全を保護するため、周恩来は南方局部署の指揮をとり、重慶、昆明、桂林など国統区にいる文化人を別々に香港へ分散移動させた。中国共産党によって相次いで安全に香港へ移った知識人は、胡愈之、郭沫若、柳亜子、茅盾、夏衍、巴金、鄒韜奮、蔡元培、杜国庠、章乃器、杜君慧、司徒慧敏、蔡楚生、胡縄、柳無垢、潘西苓、薩空了、許幸之、徐鑄成、任白戈、欧陽予信、林林、戴望舒、楊潮（羊棗）、惲逸群、劉思慕、蕭紅、端木蕻良、金仲華、葉霊風、蕭乾、楼適夷、施蟄存、徐遅、徐達、馬国亮、靳以、葉以群、呉其敏、馬思聡、費穆、厳諤声、呉永剛、続叔章、周鯨文、司馬文森、郁風、周鋼鳴、于立群、姚潜修、葉文津、彭啓一、汪馥泉、林煥平、華嘉、高汾、高灝、黄苗子、張鉄生、姜君辰、範長江、戈宝権、胡風、章泯、丁聡、宋之的、千家駒、廖沫沙、張爾華、于令、于毅夫、黎澍、李

凌、張友漁、韓幽桐、黄薬眠、鳳子、舒強、葛一虹、沙蒙、胡仲持、潘志遠、張明養、賀緑汀、袁水拍、葉浅予、馮亦代、張光宇、張正宇、華君武、余所亜、張諤、胡一声、黄秋耘、李章達、任畢明、梁若塵、林語堂、李凡夫、葉君健、胡寧嬰、王礼錫、李南卓、陳群葇、馬国基、金山、王瑩、梁漱溟、胡考、喬冠華、盛舜などであった。

　1941年12月7日、日本軍による真珠湾の奇襲攻撃によって、太平洋戦争が勃発した。この後わずか18日間で、香港は日本に占領された。この時、香港にいた多くの知識人たちは、日本軍に捕らえられ殺害される危険に直面した。こうした知識人たちを保護するために、中国共産党中央委員会は「どんな代価も惜しまず」救出する命令を下した。日本軍が香港の九龍に向って攻め込んだ当日、周恩来は廖承志、潘漢年、劉少文らに電報を打ち、移動計画、ルートについて、細部にわたって全て指示した。広東地方の党組織と東江遊撃隊は、具体的責任をもってこれら知識人たちが香港から離れるのを護衛し、1941年年末から1942年初め、数ヶ月に及ぶ奮戦を経て、失敗や苦労を重ねながら、知識人たち及びその家族800余名を救出した。その中には何香凝、柳亜子、陳汝棠、李伯球、梁漱溟、鄒韜奮、茅盾、張友漁、胡縄、千家駒、黎澍、葉籟士、範長江、金仲華、喬冠華、梁若塵、夏衍、胡風などがいた。共産党のこうした救出は、国内外各界から広く称賛を得、救出され香港を離れた知識人たちは言うまでもなく共産党に感激し、称賛を加え、「彼らは本当に真摯に我々と深く関わり、生死を共にしてくれた。」と心から語った。

　2度の大移動によって共産党の威信は知識人たちの中で大いに高まり、知識人たちの気持ちはさらに共産党に傾いた。

　黄炎培はかつて日記にこう記した。「共産党の指導者たちの民主諸党派への態度は、誠意をもって相対し、思想をもって対面する。困難を共にして、心から協力する。」

　著名な作家・老舎は抗日戦争勝利の後、妻の胡絜青に「ここ数年、私には他の進歩はないかもしれないが、道理に適っていることと適っていないことの区別ははっきりつくようになった。中国を救うことができる

1945年7月、毛沢東、朱徳、周恩来ら中国共産党指導者たちが延安で、国民参政会参政員を歓迎する

のはこれしかない」と言いながら、ここまで話すと、指で「八」という字を書いた。老舎は自分の本心を言葉で表現したのではなく、国民党統治区の大多数の知識人たちの心の声を代弁した。知識人たちを主体とする民主諸党派が、社会の世論を導き、中国の政治の方向づけに非常に大きく影響して、共産党は最終的に勝利と政権を獲得したが、このことと無関係でなかった。

　完全な統計ではないが、1938年5月から1945年12月まで、共産党と民主諸党派による各種集会は120余回に及んだ。

　当時、重慶、武漢、南京などで仕事をしていた周恩来、董必武、葉剣英、鄧穎超らは、常に民主諸党派の指導者、著名な無党派民主人士たちと共に思想の交流を行い、政局を分析し、闘争の方策について研究していた。

　交流を通して、各界人士は徐々に、反内戦、反独裁が、一党一派の力に頼るだけでは不十分であることを感じた。団結し統一戦線を構築してはじめて、勝利をつかむことができると考えたのである。

1939年7月7日、まさに抗日戦争が勃発して2周年にあたる記念日のことだった。この日、華北連合大学が正式に成立し始式が挙行され、成仿吾校長は毛沢東を招いて演説してもらった。その時、華北連合大学は中国共産党中央委員会の決定によって敵の後方の根拠地に移って学校をつくることが決まっており、2、3日のうちにすぐに出発することになっていた。毛沢東はスピーチで人々に「敵の後方に深く入り、群集を動員して、最後まで抗日戦線をやり遂げる」と呼びかけた。

　毛沢東の講演は盛り上がり、古典小説の『封神演義』の一節を引用し、「当年姜子牙（姜太公）が崑崙山に行くと、元始天尊は彼に杏黄旗、四不像と打神鞭の三種の宝物を贈った。現在、前線へと出発するあなたたちに、私も三種の宝を贈る。これは統一戦線、遊撃戦争、革命団結である」。毛沢東は、これを我が党が人民を率いて18年間、革命を続けた経験によるものだと述べた。この講演の数ヶ月後、1939年10月、毛沢東は『「共産党員」発刊詞』の文で、「統一戦線、武装闘争、党の建設、これらが中国革命で中国共産党が敵に打ち勝つ三つの宝だ」とする著名な論断を述べた。統一戦線は「三つの宝」の先頭におかれた。

「統一戦線」という概念は早くはエンゲルスの『唯物論と敬虔主義』の文中で使用され、1840年10月17日ドイツの『知識界晨報』第249期に見られる。

「統一戦線」という名詞を翻訳すると、英語では「United Front」であり、語義は通常、「連合戦線」や「統一戦線」を意味する。

　中国共産党で最も早く「連合戦線」の概念を使用したのは陳独秀であり、1922年5月23日に『広東群報』で発表した『現在、共産党が労働運動においてとるべき態度』という文章の中であった。毛沢東、蔡和森、惲代英もみな異なる場所で連合戦線あるいは民主連合戦線の概念を使用していた。1922年7月、中国共産党第二回大会では正式に「民主的連合戦線」という言葉が党の文書の中に記されている。

　中国共産党員で最も早く「統一戦線」の概念を使用したのは瞿秋白で

第3章　分裂と覚醒

あり、1925年8月18日に発表した『五・三〇後の反帝国主義連合戦線の将来性』の一文であった。

　いわゆる統一戦線問題とは、実質上無産階級及びその政党がいかに同盟軍を組織し指導するかを指す。

　中国の社会性質と社会構想は、中核勢力としていかなる政党も中国革命と近代化の発展を支えなければならないとし、必ず広範囲にわたって各種の社会と政治勢力に積極的に連合し、広範囲の同盟をつくり、強固な指導の下、十分に中核的作用を発揮しなければならないとした。しかし、「中国無産階級は、彼ら自身が最も自覚した組織的な階級であっても、もし自身の力だけに頼っていたら、勝利することはできないということを理解すべきである。勝利するためなら、あらゆる状況下においても、可能な限りすべての革命階級・階層と団結して、統一戦線をつくらなければならない。中国社会の各階級の中で、農民は労働者階級の堅固たる同盟軍であり、都市小資産階級もまた頼りになる同盟軍であり、民族資産階級はある時期、あるレベルにおいては同盟軍である。これは、現代中国革命の歴史において、すでに証明された根本的な法則の一つである。」とも言っている。

　中国共産党が指導する革命について、これから建設する国家に対する認識や、自身が置かれる地位や役割に対する意図は、共産党が統一戦線の建設によって党の指導を増強し、党の綱要や路線方針政策を実現し、党が中国社会において中心的な地位を固める大事な宝となるようにしたことであった。

　統一戦線を「宝」と喩えたのは、毛沢東が統一戦線の重要性に対して最も通俗的かつ精確的に概括していたからだと言える。中国共産党は統一戦線の創立者であり、統一戦線の中核であり柱であった。

　また、統一戦線を「宝」と喩えたのは、中国共産党が排他主義の影響を一掃したからであり、全党の統一戦線や多党による協力の重要な地位と作用に対する認識を高め、抗日民族統一戦線の発展を促進させ、民主諸党派を団結させ、共同で奮闘し堅固たる理論の基礎を定めたため、長

期的かつ重要な意義をもたらしたからである。

　全抗日戦争の期間、共同の政治主張と同一の利益の要求が土台になって、共産党と民主諸党派は艱難を共にし、相互に助け合い、お互いを支援し、親密に協力してきた。民主諸党派は積極的に共産党が提起した民主、抗戦、団結の三大スローガンを支持し、共産党指導の抗日民族統一戦線の旗幟の下、国民党投降派の分裂行為と国民党保守派の反共摩擦を厳しく責め、共産党と共に抗戦を堅持し、団結を維持して民主を推し進め、最終的に抗日戦争の偉大な勝利を獲得した。

　中国革命と建設の歴史は、統一戦線がただ中国共産党の生存・発展するための基礎戦略であるだけでなく、中国共産党が革命を指導し、社会を組織し、国家を建設する手段でもあるということを表した。統一戦線は中国共産党の指導によって拡大し、中国社会各階級の政治勢力の連合と団結を構築した。中国共産党は統一戦線の発展を通して、徐々に社会と政治の周辺的政党から中核的政党に発展し、中国革命の指導勢力となった。

　統一戦線はまるで巨大な磁場のように、民主諸党派と他の愛国民主人士を団結させ、彼らが政治において歴史的発展を実現するよう促したのである。

第4章
凝集と収穫

1942年末、宋慶齢は重慶の自宅で、延安へ帰る董必武らの歓送茶話会を開いた。周恩来、鄧穎超と馮玉祥、李徳全らが招待された。彼らは党派も信仰もそれぞれ異なるが、抗日の勝利、中国の発展ために真の友となった。李徳全は暖炉の棚の上にかけられた、宋慶齢が農民の家庭を訪問した際に持ち帰った二束の稲穂を指して、まるで金塊のようだと大いに感嘆した。宋慶齢は稲穂を手にとり微笑みながら、「これは金塊よりも貴重なもの。私たちの国は古代より農業大国であり、そして農民は全人口の絶対多数を占め、迎える年が五穀豊穣であって、はじめて人民は良き日々を送ることができる。数億の農民にとって、この豊かな稲穂より貴重なものが他にあるでしょうか。」と言った。周恩来は感激して「孫夫人のおっしゃる通り、人々がそれぞれの仕事をし、ご飯を食べることができる、こんな日が訪れるのは遠い話ではない。毎年、五穀豊穣であれば、人々が幸せに過ごすことができる日はきっと訪れる。孫先生が『建国大綱』で提起した構想は、必ず実現するだろう！　将来、人民が天下をとったら、きっとこの二束の稲穂を新中国の国章に描こうではないか！」と話した。7年後、中華人民共和国が成立し、二束の金色に光る稲穂が新中国の国章に刻まれた。

　1945年2月、重慶で国民党特務が電力会社の作業員であった胡世合を殺害する事件が起きた。『新華日報』が事件の真相を暴き出したところ多くの人々は怒り、多くの民主諸党派、民主団体はメンバーを動員し、積極的に反国民党特務の闘争に参加し、強大な世論勢力を形成し、国民党当局は特務の田凱を銃殺せざるを得なくなった。同時に、郭沫若は民主の自由を保証し、君主独裁制を反対し、団結して抗日戦争を堅持するなど6項目の意見が書かれた『時局に対する進言』を起草し、著名人たちに署名させた。『新華日報』がこれについて報道すると、その影響は非常に大きくなった。これを目にした蔣介石は激昂し、中統の親玉であった徐恩曽、張道藩を呼び出して罵り、彼らに責任を追及し、こんなに多くの著名人がどうしてみな共産党に行ってしまったのか。」となじった。

鄧宝珊は国民党西北軍の将校で、文人の風格を備え、「儒将」と褒め称えられていた。鄧宝珊は何度か延安へ行き、毛沢東、朱徳、賀龍らと会談した。1939年鄧宝珊が歯を悪くしていると聞くと、毛沢東は歯医者を楡林に派遣し彼の治療をさせた。鄧宝珊は延安に行く度に上等な煙草を毛沢東に渡した。1943年5月、コミンテルンが解散を宣言すると、蔣介石はこれに乗じて第三次反共を引き起こした。蔣介石は電報で鄧宝珊に寧夏を迂回して重慶に寄るよう命令したが、彼は命令に反してわざと延安を通り、20日余間、滞在した。毛沢東と鄧宝珊は徹夜で会談し、鄧宝珊は抗日戦争のために団結を堅持し、民主国家を建設しようという考えをより一層明確にした。彼が重慶に着くと、大胆にも蔣介石に「私はあなたをワシントンとして支持したいが、あなたがナポレオンなら支持はしない。」と忠告した。蔣介石は心底腹をたて、鄧宝珊を甘粛省主席にする予定を破棄した。

1945年8月15日、日本の昭和天皇は全国民に『終戦の詔勅』を発布し、この日、日本政府は正式に投降の覚書を提出し、スイスの駐中大使館経由で中国政府に渡した。
　重慶はわいた。最初にこの知らせを聞いたアメリカの士官や兵士はすぐに街中にどっと繰り出して、道行く人々に狂ったように叫び、ビールを振って、飴をまいた。中国民衆は感情を抑えきれず、全く面識のない同胞に握手を求め、抱きあって叫んだ。「日本人が投降した。小日本くたばれ。」全市内のレストランは、朝から晩まで席が空くことはなく、杯を合わせ笑い声が起こった。
　延安もわきたった。洞窟の住居にいた毛沢東も笑い、喜んで筆をとって題字を記した。「抗日戦争の勝利を祝おう、中華民族の解放に万歳。」宝塔山も延河水も笑いで溢れ、秧歌隊も大きく体を躍らせ、完全に人の海に巻き込まれた。
　共産党が率いてきた晋察冀辺区（山西、河北、旧チャハル）と晋冀魯豫辺区（山西、河北、山東、河南）、そして華中、辺境地区の政府は、勝利の号外や宣伝のビラを印刷し、宣伝隊を組織し、黒板新聞を書き、ポスターも貼った。田舎も都市も人々は駆け回り、行商人はナツメや果物をまいた。
　この一日、中国全土の至る所で銅鑼がなり、行進を呼びかけ、夜通し爆竹を鳴らし、灯りが一日中ともり、喜びの声は中国大地に響いた。
　四川の青城山で療養中の軍事委員会副委員長馮玉祥の目からは涙がこぼれ落ちた。「勝利したのに、なぜ涙がこぼれるのか。」と人に問われると、馮玉祥は「これは何千万人の人命、何百万本の手足、大河のように流れた血と引き換えに得たものなのだ。涙を流さずにはいられようか。」と答えた。
　当年の『新華日報』の社論にはこのような人々の心の声が記された。「半

世紀の憤りと、50年の屈辱は、今日という一日で全てきれいに取り除かれた。8年間帰宅できなかった辛苦は、今日という一日で報われた。中国人民は戦争に敗れた日本のファシズム主義者の前に誇り高く立ち、彼らの無条件降伏をしたという事実を受け入れた。今日はなんという一日だろう。我々が歓喜に酔いしれるべきではないと誰が言うだろう。我々が喜んで涙を流すなと誰が言うだろう。」

抗戦時期の馮玉祥

抗日戦争は完勝であったが、それは悲惨な勝利でもあり、中国は3000万余の軍民の犠牲、1000億アメリカドルの損失という高い代価を支払った。

戦争は無情にも中国近代化の過程を狂わせた。あらゆる荒廃を再生させ、郷里を再建させることが、当時の人々の最も強烈な願いであり差し迫った要求となった。

抗日戦争終結後、戦後に復員してきた人々をいかに受け入れるかは、当然ながら国民政府にとって一つの試練であった。しかし、脆弱な組織力、集結力やイデオロギーの吸引力、そしてさらに脆弱な内部派閥構造により、国民党は制度を監督する最低限度の力も欠如した状況で「衝撃的な腐敗」という制御できない状態に陥り、少数の人々の短期間の愉悦は民心を失う悪い結果になった。「かつては7、8年間の陥落を経験した広大な土地は、わずか数十日間という短い期間で、思いもよらず二度目の没落を宣言した。一度目の陥落は「中国軍人」の敵によって、そして今回は「中国政治」の敵によって没落した」、と批評された。

実際、抗日戦争の勝利は、中国の政治情勢が進化するための新しい局

面を迎えた。国際反ファシズム戦争の勝利の後、寡頭政治や独裁統治は軽蔑され、民主政治が、逆らうことのできない歴史の潮流となった。一党専制に反対し、民主を実現して連合政府をつくる主張が、徐々に中国各階層の共通認識と強烈な呼びかけになった。当時の中国は、かつて経験したことがない国際的地位や新しい進歩を踏み出す起点にあり、国共両党の平和協定通りに進めば、平和な民主の道を得ることがほぼ可能であった。しかし革命と反革命の対抗する性質が、この道を進んでいくことが不可能であることを決定づけた。

　中国は結局どこへと向かうのか、多くの人々は一時見通しが立てられなかった。

　1943年初め、国民党は蔣介石の名義で、理論的傾向が非常に強い、陶希聖による著作『中国の運命』を出版した。本の中でイギリスとアメリカの思想とロシア・ソ連の思想の対立を認め、「中国の経済と人民の生活は現実からかけ離れ、中国固有の文化精神に反している。」と記し、「三民主義こそ中国を救う良薬で、戦後にファシズムの実行を宣伝すれば、独裁統治は維持され擁護される」と唱えた。

　蔣介石の論調は当然のことながら共産党員の反対にあったばかりか、国民党内部の明晰な人々にも反対された。張治中は「『中国の運命』が発行される前、外国の友人だけでなく、幹部の多くも、発行する必要がないとする意見を表明していたが、この本の発行後の影響をみても、やはり当初より、断固として反対していた者は見識がある人だった。」と述べている。

　蔣介石の言わんとする「三民主義なくして抗戦はなく、中国国民党なくして革命はない。」という意見に対し、1943年夏、『解放日報』の第一面の全紙面に、陳伯達の『「中国の運命」を評する』という文が掲載された。そこでは「事実はこうである。中国共産党がなければ、三民主義には新しい内容はなかった（まずは民族主義の中にある反帝国主義の廃止の内容があげられる）。中国共産党がなければ、大革命以来、今日に至るまでの中国国民党もなかった。中国共産党がなければ、大革命の局面を

容易に想定でき、6年来の大抗戦の局面をも想定することは難しかったであろう。中国共産党は生来、民族と人民のために利益を求め、人を助け良いことをするのは、そもそも自慢する必要はない。しかし、ただ多くの冷酷な国民党員は中国共産党に対して「恩を仇で返す」手段をとるばかりか、またありとあらゆるデマをとばして中傷し惑わしている。」と指摘している。これは当時、蔣介石の反共思想を批判する際の共通の社会的認識であった。

かつて中共理論を研究し、後に国民党の御用学者に成り下がり、三民主義を専門的に研究していた葉青は、マルクスの「共産主義は資本主義が発達した欧州で生まれ、階級をはっきりと分化しているが、これは欧州社会発展の産物であるがため、欧州にだけ適合する。」という意見は、中国の国情に適するわけではなく、「中華民族とは無関係である」と認識していた。葉青らのこうした攻撃に対して、中国共産党は断固として反論し、誤解と懸念に対して、中国共産党の思想界は辛抱強く次のように説明した。「共産主義は革命発展の将来を段階的に実行するもので、共産主義者は現段階での共産主義を実行しようとは夢見ず、歴史に規定された民族革命主義と民主革命主義を実行する。これが共産党が提起する抗日民族統一戦線と統一された民主共和国を建設する根本的理由である。」

抗日戦争が終わる際、共産党は120万人の党員を有し、面積100万平方キロメートルに、1億人近い人口、華北、華中、華南にまたがる19の解放区をつくり、抗日戦争初期には数万人だった人民軍は120万人にまで増え、民兵は260万人まで拡大した。共産党は敵の後方につくった根拠地で新民主主義を内容とした社会改革を行い、抗日民主政権を築き、小作料や利息の引き下げなどの政策を実行して、人民群集を主人として扱った。抗日の根拠地は、全国の抗日の模範となるばかりでなく、全国の民主の模範にもなり、さらに旧中国と異なる新中国の雛形として、歴史の前進する方向を示すものになった。

1940年、毛沢東は中国共産党が築こうとする新国家、新政権の構想を

第 4 章　凝集と収穫

毛沢東と周恩来が中国共産党第七回全国大会の空き時間に話し合う様子

示す際こう簡単に述べた。「中国の状況は非常にわかりやすい。人民を率いて帝国主義と封建勢力を打倒した者が人民からの信奉を得ることができる。なぜなら人民の敵は帝国主義と封建勢力で、特に帝国主義であるからだ。今日、人民を率いて日本帝国主義を駆逐し、民主政治を実施する者が、人民の救世主となる。歴史はすでに、中国資産階級はこの責任を果たすことはできず、無産階級に頼らざるをえない、と証明している。」

共産党は未来の中国民主共和の選択に対して、資産階級専制の共和国ではなく、いくつかの革命階級の連合による共和国が中国に適応すると考察した。

1945年、毛沢東は『連合政府を論じる』を発表し、国民党の専制を廃止、民主連合政府を築くと主張した。

1945年4月、共産党は第七回全国大会を開き、毛沢東は開会のあいさつで『連合政府を論じる』と蔣介石の『中国の運命』を共にとりあげ、中国の二つの運命であると発言した。共産党の政治主張は民主党諸派に

積極的に受け入れられた。

中国共産党第七回全国大会の期間中、国民党第六回全国大会が5月5日から21日まで重慶の復興関（浮図関）中央青年幹部学校で開かれた。大会の中心議題は共産党の問題で、断固として国民党一党の専制を貫き、連合政府を排斥し、抗日戦争を妨害して、国家に損害を与えたという罪名を共産党に加え、内戦の準備を始めるということだった。

二つの前途、二つの運命が現れた。各派は国共両党の狭間でその政治力を平和と民主、内戦と独裁、どちらへ向けるのかという選択を再び迫られることとなった。

中国は国土が広く、人口も多く、時勢は複雑で、政治は微妙、戦後の中国は一時、党派が入り乱れ、政党政治の気勢があがり、民国初期以降、党派政治のピークを再び迎えた。不完全な統計ではあるが、戦後初期には105もの大小の党派が生まれた。

1940年代、中国社会は三大政治勢力—国民党、共産党と中間党派が併存する局面を迎えた。

抗日戦争の戦火が燃え盛る最中、政治家たちはすでに戦後の国家の再建について考慮していた。当時、一般民衆、とりわけ知識人たちと青年は国民党に対して非常に不満を持ち、政治の民主への呼びかけは日々高まっていった。こうした背景のもとで、国共二大政治勢力の間に「左」でも「右」でもない多くの人々と政治代表者が存在していた。彼らは「第三方面」とも「第三勢力」とも称された中間党派であり、中国政治の民主化と憲政建設に大きな貢献を果たした。

中間党派には、1923年に成立した古くからの政党—中国青年党、1934年に成立した国家社会党（1946年に中国民主社会党に改名、すなわち民社党）、1941年に成立した民盟、戦後すぐに成立した民建などが含まれていた。中間党派の多数は知識人たちが主体で、名声も社会的地位もある代表的人物が中心となり、個人の名声や魅力でまわりに影響を及ぼし、組織として発展した。彼らの社会基礎には、その多くが商工企業界や知識界に

頼り、公には、政治上では多党派による議会制や内閣制を実行し、経済上では私有の財産制を確保して「新しく」「改良された」資本主義を築き、思想上では自由主義を、行動上では平和的改善を、問題解決においては民主を目標としていた。

　中間党派の、戦後の国内外の形勢に対する見方は、現実のものとはかけ離れていた。理論上彼らは、欧米式民主とソ連式計画経済によって、民主政治と経済平等に移行できると思い込んでいたが、これはただの空想にすぎず、実際に彼らは国共の間に立って両者の関係を取り持つことで自分の地位を獲得し、中国の発展の道を計画しようとしたが、自身が主張した自由主義理念と国共間武力争いという現実の巨大なギャップの存在を忘れてしまっていった。

　中間党派が戦後中国の政界において自らの場所を確保し、一次的に活躍ができたのは、国共が政治闘争をしている最中に共に支持者を必要としたため、中間党派に活動空間ができ、中間党派の地位があがったからである。国共双方とも中間党派の支持を得ようと努めていたが、自己の政策は中間党派に左右されることはなかった。

　中間党派は自身の利益や各党の政治主張も異なり、政治の分岐が存在していたが、なかでも、とりわけ民盟が一番目立っていた。民盟成立時は三党三派、すなわち青年党、国社党（民社党）、中華民族解放行動委員会と救国会、職教派、郷建派、盟員と、各党派党員は二つ以上の党派に属することができた。三党三派の政治主張は時に一致しておらず、その中で青年党は比較的国民党に偏り、第三党、救国会は比較的中国共産党に近い傾向にあり、民社党、職教派、郷建派の態度は比較的中立であった。

　周恩来がかつてこう指摘した。「中国の民主運動は歴史の発展によって武装闘争となるのが主な形式である。大革命後に、ただ二つの全国的に大きな政党が存在するようになって、20余年に渡る闘争と戦争を経て、中間道路が第三の道路となることは不可能であることは日々証明されていった。民盟は抗日戦争の、特に政治協商の縁によって、客観的に一時

であるが全国で第三の党の地位となり、多くの指導者は中産階級の考え方を代表して、国共対立の網要以外に、第三の道を探しだそうとした。しかし、実際に闘争に及ぶと、特に内戦が再び起こると、民盟はただ共産党か国民党のどちらかに寄る選択の道しかなく、それ以外の道はなかった。」

情勢が発展し、民盟のメンバーは絶えず分化して、政治姿勢は中国共産党により近づいたため、国民党には不満が起こった。全面内戦が勃発する直前、蔣介石は特別に「民盟を見逃すべきでない」指示した。特に羅隆基、瀋鈞儒、章伯鈞に対して「攻撃すべきだ。」と判断した。態度が比較的温和な黄炎培に対して、蔣介石は陳立夫、陶希聖、杜月笙らを派遣して抱き込み、中間党派に国民党政策を了解、支持してもらおうとしたが、失敗に終わった。

戦後の国内外の情勢の発展に従い、中国を中間路線に導こうとする楽観的な考えはもはや存在せず、中間党派には、国共武力の闘争の中で進退のよりどころを失い、ついには残酷な政治の現実を目の前にして、政治的選択をせざるを得なくなった。青年党と民社党は国民党に向かい、民盟及び民建らは絶えず共産党に近づき国民党から離れた。共産党は国民党との闘争において、重要な同盟軍を獲得し、広大な統一戦線を形成することになった。

著名な自由主義者の知識人でもあった儲安平は「もし政府に不満があるなら「左」傾で、正直に言うと、この20年間、国民党のこのような統治の下で、まだ「左」傾していなかったら、その人は悪者ではなくとも、とんだ馬鹿者だ。」「国民党に不満をもち、国民党に反対し、国民党を心底恨めと誰がみんなに強要しているのか。それは他の誰でもなく、国民党自身である。」「共産党が武器を捨てなくても誰にも同情されないだろう。国民党のこうした政治のやり方では、武器がないどころか発言権もなく、生存の保障すらない。」「現在一般人は、民盟はかなり左傾で、共産党のしっぽになったと言うが、こうした批評は、私は価値がないと考える。およそ先進的な政治集団なら、当然比較的左傾になり、世界の大

延安

勢がこうであるからだ。」などと述べた。

　著名な史学家であった胡縄は総じてこのように総括した。「中国革命はなぜ勝利できたのか。一つは当然武力闘争に頼ったからで、もう一つは統一戦線に頼ったからである。多くの中間派が参加し、政治勢力は変化した。つまり、人の心が決定的な役割を果たしたということだ。国民党も1931年後、必死に中間派の人々を丸め込んだが、長期に渡ってついてくる人は少なかった。」

　資産階級共和国方案は中国では通用せず、中間党派がもつ自信は瞬く間に消え、彼らは国民党に傾かなければ、共産党に傾くしかない。中間の道を進むのは無理なことであった。

　共産党の大黒柱となっているのは延安である。民主諸党派はまさに延

安に中国の希望を見出した。

　延安は中国歴史上ずっと帝国の心臓部であり、南にある西安は十の王朝の古都であり、北にある楡林は遼、西夏、金、元など各少数民族と漢族が政治的交戦をしてきた辺境地帯である。明清両時代に陝北は手薄な辺境から安定した内陸へと変化し、帝国の礎をつくった。

　延安には三つの山が鼎立し、清涼山、鳳凰山と嘉峰山に分かれ、三つの山が重なる所に延河が流れ、その支流の南河は都市をそれぞれ通り抜けて、まるで隠れた龍と伏せた虎がいるようで、変化に富んだ壮大な景色であった。1935年延安はあらゆる困難と危険を乗り越え、九死に一生を経た中国労農紅軍を迎え、この時から中国革命の聖地となった。

　抗戦期間、民主諸党派は「延安」と「重慶」を比較し、認識に変化が生じた。それは、共産党は秩序ある反逆者から民族利益の擁護者へと変化し、国民党およびその政権の合法性にはかつてない厳しい疑問の目が向けられたということだった。民主諸党派から見ると延安での抗日の声は、最も情熱的で、最も興奮し、最も人々の心を揺さぶった。そうでなければ、土地は痩せ民は貧しく、食糧が不足している延安に、全国各地から約4万人の優秀な知識人たちが集まるはずもなかった。

　延安に到着した政治評論家である梁漱溟のような民主派人士であっても、陳嘉庚のような海外華僑界のリーダーであっても、衛立煌のような反共将軍、ないしアメリカ人記者や兵士であっても、短い人は1週間、長い人は数ヶ月間で、偏見をすべて捨て、延安を最も熱烈に賛美し支持する者になっていった。作家の丁玲は『七月の延安』で、「ここはどんなところだろう。これは楽園だ。」と書いている。彼らを引きつけたもの、彼らを変えたものは何だったのだろう。

　1945年7月、黄炎培、褚輔成、章伯鈞、冷遹、伝斯年、左舜らの6名の参政者は延安を訪れた。有名な「窰洞での対談」であり、ちょうどこの時期に表明したものであった。毛沢東は黄炎培から「中国の王政交替のサイクルからいかにして逃れるのか。」と尋ねられると、毛沢東は「我々はすでに一つ新しい道を見つけ出している。その新しい道こそ民主であ

第4章　凝集と収穫　115

る。」と答えた。

　延安は旧称を膚施といい、自身の皮肉を大衆にささげ飢えを救う、という意味があった。この特別な名称は、「人民のための奉仕」という最も大事な意味を直感的に反映している。つまり、「身の危険も顧みず、強暴を畏れない。」ことを意味する。中国共産党はここで中華民族と中国革命の知恵を集め、マルクス主義の真理を結合して、天地開闢以来の毛沢東思想を創造したが、その中核的内容は人民のための服務であった。毛沢東はここで次のように述べた。「人民とは我々の菩薩である。共産党員は念仏を唱えるかのように人民のことを思い、人民の悩み苦しみを心にかかげるべきだ。」と。

　延安で、毛沢東は庶民の教育家の晏陽と初めて「政治とは何か」について議論した際、政治の問題は主に人民に対する態度である、と話した。そして、胡耀邦と議論した際、いわゆる政治とは、我々の仲間を徐々に増やし、敵を徐々に減らしていくことである、と述べた。

　延安で、共産党は劣悪な生存環境の中で、民主選挙、「三三制」、そして村民自治などの形式を通して、人民群衆を固く自分の周りに団結させ、その民主建設の成果に人は誰もが粛然として襟を正した。辺鄙な農村で、字が読めない農民がいる、中国で最も民主を実行する条件が整っていない場所ではあるが、多くの成果が実った。

　延安では、厳しい予算の監督体制と民主参与システムがつくられ、辺境地区政府ではゆすりも、強奪もなく、党職員の清廉潔白さは極東でもまれに見る程であった。民主によって辺境地区政府は四方が封鎖され、貧しい軍備で苦しい環境にあっても、生産を促し、農業税として穀物を徴収し、財政予算の均衡を保った。

　延安で十の"無し"という奇跡がつくられた。これは、一・汚職官僚がいない、二・金持ちの地主がいない、三・賭博がない、四・遊女がいない、五・妾がいない、六・乞食がいない、七・徒党をくんで不正をはかる者がいない、八・無気力な者がいない、九・衝突を起こす者がいない、十・戦時に金を儲ける者がいない、ということを意味した。

延安では、毛沢東の食事は普通の人と同じで、毎日15gの塩、25gの油、アワを食べた。党の指導者として心が広く反対意見も聞き、いつでもあらゆる職業の者たち、異なる階級の人々がやってきて話し合い、問題を反映し、建議を提起し、智慧をふるってくれることを歓迎した。アメリカのニューヨーク『タイムス』記者のスティアが延安を訪問して、10日後に「私は延安を訪問中、共産党が常に唱えている「人民のための服務」を身にしみて感じた。もし11日間、延安に滞在すれば、私はきっと一人の共産主義者になったであろう。」と感慨深く言った。

共産党は深く人民群衆の中で基盤を作り上げ、人民群衆は中国共産党の指導とリードを切に期待していた。

延安は、強大な武装ではなく理想を頼み、自己の実力ではなく自己が示した手本を頼り、それゆえに共産党は抗日戦争の勝利後に山海の如き大きな力を勝ち取った。

偉大な精神はいつも、時空を超越する力を持っているのだ。

正式に連合政府を成立させ、抗日戦争8年後、全国が再び戦場とならないように、共産党と民主諸党派は多大な努力を払った。

1943年5月、コミンテルンが解散を宣言すると、蔣介石は一時軍事手段をもって中国共産党の問題を解決しようとしたため、国共関係は皖南事件の後、再び緊迫した。

1944年年初、戦局の変化に伴い、ここ1年中断していた国共の交渉が再度始まった。毛沢東は民主政治の問題を徐々に交渉の内容に取り入れるようになり、国共の交渉の性質や方向が変化した。

1944年8月17日、毛沢東は周恩来の指示を仰ぐ董必武の電報に「張（瀾）、左（舜生）と諸党派による連合政府について相談すべきだ。」と指示回答した。

林伯渠は共産党内で最も早く孫文と協力することを主張し、第一次国共合作を組織した重要な一人であり、かつての中国共産党駐陝西省の代表であり、国民参政会参政員であった。1944年9月15日、林伯渠は中国

共産党中央委員会代表として、重慶で挙行された第三期第三回国民参政会議で国民党一党専制政治を排除し、民主連合政府を樹立すると主張した。

　連合政府は中国共産党が10余年に及ぶ武装割拠を経験した後に、初めて国民党に中央政府権力の再分配の政治要求を出し、国家政権をめぐる国共間の闘争を、形式上、そして実質上更に高い段階まで押し上げた。この主張が出されると、世では非常に珍しいことに、人民が多方面にわたり擁護した。民主運動が盛んになり、中国共産党は人民にとって、中国の未来の希望であり、これは歴史の必然であった。

当時アメリカ駐中国大使に就任したヘンリーと蔣介石らの合同写真

　パトリック・ヘンリーは、アメリカ大統領特使であり、後にアメリカ駐中国大使となったが、中国滞在中の主要な使命は国共両党の関係を調停し、共産党とアメリカの対話を継続させることであった。しかし、彼は中国の歴史と現実に対しては認識が薄く、一知半解であった。1945年2月13日、ヘンリーは周恩来に随行して蔣介石と会った。蔣介石は連合政府の意見を受け入れず、ひいては「連合政府をつくることは政府を打倒することであり、党派会議は不当な権利を分ける会議だ。」と言った。

　1945年8月14日、中華民国外交部長宋子文とソ連外交部長のモロトフはモスクワで『中ソ友好同盟条約』に署名した。2時間後、蔣介石は毛沢東に電報を送り、「期日通り重慶にご光臨頂いて、共に国家の重要な計画について協議する。」と頼んだ。これは蔣介石がヘンリーの意見を聞いたことを、スターリンがほめたたえ、毛沢東を抑えようと公の場で示したため、ソ連の介入を心配する必要はなく、安心して毛沢東を重慶

に招いて交渉することが可能になったからである。これを受け入れるか否かは関係なく、毛沢東は板挟みになるだろう。もし拒絶すれば、平和的交渉の誠意がないことを意味し、重慶に来るならば、我々は時間と場所を得て、交渉の機会を利用し、国民党軍は華北、華中に移動する。ヘンリーの意見は蔣介石の考えに適し、電報を送り、毛沢東に一日も早く来るように催促した。

その1日前、毛沢東は延安の幹部会議で『抗日戦争勝利後の時勢と我々の方針』という講話を発表し、「国民党はいかなるものか。その過去を見れば、その現在がわかる。その過去と現在を見れば、その将来を知ることができる。真っ向から対抗し、一歩も譲らない。」と述べた。中国共産党中央委員会は党内に、蔣介石は「毛沢東を重慶に招いて、完全に裏切るだろう。」と通告した。

8月20日、蔣介石は再び電報で毛沢東を招き、「抗日戦争8年、全国の同胞は非常に苦しい日々にあって、一旦解放されたが、安心させ励ます必要があるので、時間を虚しく延ばしてはいけない。大戦が今、終結を告げ、内戦が再び起こることは容認できない。あなたがたが国家の危急を思いやり、人民の苦しみを憐れに思い、共に努力して、国を建設することを切望する。いかに抗戦の勝利の結果を建国に導くかは、あなたがた一行にかかっている。共に国の大計を定め、利益を得るのは、個人だけではない。このように再び電報を打ってお招きするので、ぜひとも快諾頂きたい。」と伝えた。

同日、スターリンは「フィリポフ」と仮名で直接電報を打ち、延安の中国共産党中央委員会に「貴党は国内の平和を維持すべきで、中国は再び内戦を起こすことはできない。もし再び内戦が起きれば、中華民族には滅亡の危機が訪れる。」と伝えた。数時間後、スターリンは直接、毛沢東に電報を送り、「世界は平和を望み、中国もまた平和を望む。蔣介石は自ら再三あなたを重慶に招いて国について話し合うと提案している。もし、どこまでも拒絶するのなら、国内、国外の各方面からの理解を得ることはできないだろう。もし内戦が勃発したら、戦争の責任は誰が背

負うのか。」と述べた。スターリンは最後に毛沢東に「すぐに重慶に行って蔣介石と会談を持てば、あなたの安全はアメリカ、ソ連の両方が責任を持つ。」と付け加えた。

毛沢東は世界ファシズムの大勢がすでに決まったことを鑑み、特にイギリス、アメリカ、ソ連は同盟条約を締結したので、「必然的に中国政治の前途に影響するから、国共両党は必然的に長期的に協力していく予定である」とし、「この国際的情勢の有利な機会に乗じ、私が蔣介石に会いに行き、国共の根本的な関係が改善されれば、大きな利益となるだろう。」と決めた。

8月24日、毛沢東は蔣介石に返電し、蔣介石と「平和建国の大計について協議する。」と表明した。

重慶は霧が多く、山や河川も多い。そこには表現しがたい歴史の深遠な哲理が隠れており、民族の危急存亡の秋に、天下の興亡の証人となることが運命によって定められていた。

1945年8月28日午後3時、毛沢東はヘンリーと国民党政府の代表である張治中の随行で、周恩来、王若飛は共に特別専用機「宋美齢」号で重慶に向かい、国民党当局と交渉した。蔣介石は毛沢東が来ることに、「恩恵と威光を行使し、戦わずして中国共産党を屈服できる。」とする妄想があった。キリスト教を信奉していた彼は、毛沢東が重慶に到着した後の日記に「予測通り毛沢東が重慶に来た……まさに神様のおぼしめしだ。」と記している。

詩人の柳亜子は毛沢東のこうした行動について「大した度胸だ」と褒め称えた。陳嘉庚は非常に懸念し、電報で毛沢東に出向く必要がないと働きかけたが、毛沢東が重慶に到着後、陳嘉庚は香港の『華商報』に「還政於民、謀皮於虎；蜀道崎嶇、憂心如搗。(政治の決定権を民に返す相談は、虎に皮をよこせと言うようなものだ。重慶への道はとても険しく、胸を打たれるように心配だ。)」と題辞を書き記した。

重慶で交渉を続けている日々の中で、蔣介石は7回宴席を設けて毛沢東を招待した。

1945年8月28日、毛沢東、周恩来が重慶に向かう前にヘンリー、国民党政府代表張治中との写真

　国共の幹部は宴会の席で頻繁に杯を合わせても、両党は交渉会議の席上では激しく争い、その焦点は軍隊の改編と解放区承認に関する問題であった。

　毛沢東は心から平和を望み、蔣介石と計11回の対話を重ね、それぞれ一般的な問題に対する意見交換、緊急問題についてと平和建国の『双十協議』を成立させた。

　重慶で、毛沢東、周恩来は国民党と国家と民族の未来について難しい協議をしたばかりではなく、時間を多く利用して広くあらゆる方面の人々と接触した。

　重慶の特園は嘉陵江周辺に位置し、著名な民主派人士・鮮英の公館であり、また民盟と民革の前身の一部分、三民主義同志連合会の誕生の地でもあった。鮮英は国民党当局に脅されていたにも関わらず、よく中国共産党代表と各界民主派人士を公邸に受け入れて活動していた。ここは民主運動の大本営となり、中国共産党南方局の責任者であった董必武は

第4章　凝集と収穫

鮮英公館。上は馮玉祥による題字

　ここを「民主の家」と称えており、郭沫若、馮玉祥はそれぞれ「民主の家」と横額に書いた。周恩来、董必武、王若飛らはみな特園の常連であり、張瀾、黄炎培ら100余名の社会的著名人はここで政治について議論し、国家の大計のために奔走した。

　国共両党の交渉時、中国共産党代表団の対外的活動の場として、毛沢東は3度自らが特園に出向き張瀾と会った。

　8月30日午後3時、毛沢東は8月25日の中国共産党中央の『目前の時勢に対する宣言』中の6項目の緊急措置について詳細に張瀾に説明した。解放区の民選政府と抗日軍隊を認め、八路軍、新四軍、華南抗日軍が日本軍の投降を引き受ける地区を確認した。そして、売国奴を厳罰に処し、傀儡軍を解散させ、公平かつ合理的に軍隊を編成し、各党派の合法的地位を承認し、人民の自由の権利を保証し、すぐに各党諸派の代表人物を会議に招集するという内容だった。張瀾は賞賛の声を次々にあげ、「非常に公正だ！　蔣介石にまだ良心が残っているのなら、意見を受け入れ実行すべきだ。どういう出方をするのか、見る値打ちがある。」と述べた。

9月2日正午、張瀾は民盟の名義において特園で毛沢東、周恩来、王若飛、瀋鈞儒、黄炎培、冷遹、鮮英、張申府、左舜生らを招待し盛大な宴会を催した。毛沢東は特園に入るや否や、嬉しそうに「ここは、「民主の家」で、私は家に帰ってきた。」と大きな客間で語った。そして、毛沢東は「今日、我々は「民主の家」に集まり、今後、我々は共に努力し、「民主の国」で暮らそう。」と皆を激励した。宴会が終わる時、特園の主人は記念の冊子を取り出し、毛沢東はそこに「光明在望」の4文字を残した。

　9月15日午後、毛沢東はふらりと特園を訪れ、張瀾に国共の交渉の状況を紹介し、その鍵は解放区の人民政府政権と人民軍隊の問題であるとした。張瀾は誠意をもって毛沢東にこう語った。「「五四」以後、北洋軍閥の統治から抜け出すために、人民も政治に意見することができるようにした。私はかつて呉玉老（すなわち呉玉章）と共に川北で地方自治を普及したことがある。政権、軍権が人民にとっていかに重要なのか、深く知った。国民党は民心の欠片も省みないから、全国人民は希望をあなたがたに託しているのだ。あなたたちが主張すべきものは、必ず主張し続けてください。中国のためにきれいな地を残すためにも。」毛沢東は何度もうなずいた。張瀾はまた毛沢東に、「すでに話し合いがついていることに関しては、それを公開すべきだ。蔣介石が今後自分の発言を覆さないようにするためにも。」「あなたたちに不都合があるなら、私が国共双方に一通の公開状を書きましょう、こうした問題を全国人民の前で広げ、全国人民の監査と支持を受け入れられるように。」と申し出た。毛沢東は張瀾を「よく国家を利する方法を知っている人だ。」と褒め称えた。

　毛沢東は宿泊していた桂園で広く国民党支配下の西南、西北地区の商工界、文化界、新聞界、婦女界など社会の各方面の著名人と会見し、重慶に駐在している多くの国の大使館員とも会い、有識者たちの共産党指導の中国革命への理解、同情と支持を強固にし、国民党区域における共産党の統一戦線の役目をかつてなく広く深く推し進めた。

　郭沫若と懇談した際、郭は思わずオメガの時計を腕からはずして、両

重慶での交渉終結後、毛沢東が重慶から延安へ戻る前、送迎してくれた張瀾と別れの握手をかわす

手で毛沢東に渡した。大革命時、郭沫若は広州中山大学文学院院長の任にあったが、後に国民革命軍総政治部秘書長、総政治部副主任となった。当時、毛沢東は国民党中央宣伝部代理部長として、両人は交流を始め、2人の友情は並のものではなかった。8月28日飛行場に毛沢東を出迎えに行った際、郭沫若は毛沢東の腕には時計がないことに気づいた。郭沫若は毛沢東の清貧で、苦難に満ち、重慶では緊迫した険悪な日々を過ごし、分刻みで動いているであろうと深慮し、腕時計がないことが大変不便であると思って、ついに懇談中にこのような行動をとったのである。めったに贈り物を受け取らない毛沢東であるが、この時は贈り物を受け取った。毛沢東はこの腕時計を31年後の1976年9月の逝去まで身に着けていた。

毛沢東はまた「中国民主革命同盟」(「小民革」とも称する。)の指導者である王崑崙、屈武、侯外廬、許宝駒、譚惕吾らと、10時間にも及ぶ会談をした。そして、そこで一席を設けて招待された左舜生、何魯之、常燕生らは重慶にいる青年党の中央委員であった。毛沢東は青年党の責任者であった曽琦とも会見し、民盟と青年党の問題について話し合った。

梁希、潘菽ら九三学社の創始者と会見した際に、潘菽が「どうしてすでに解放した一部の地方を国民党に譲るのか。」と尋ねると、毛沢東は体を起こして、椅子のそばで二歩後退しながら言った。「一歩譲るのはいい、二歩譲るのも大丈夫だ。」そして大きい手を高くあげて振りながら反撃する仕草をして言った。「それ以上は不可能だ。」と話すと皆は納得して笑った。
　民社党の責任者である蔣匀田と会見した時、毛沢東は率直に「正直に話すが、我々のこの数十万挺の武器装備がなければ、我々は生存できないし、あなたたちもまた相手にしてくれないであろう。」と語った。つまり、これは武器を持たずに素手で立ち向かう中間派が国共武力闘争という現実においては苦しい立場にあることをリアルに説明した。
　毛沢東はまた宴席の機会を利用して国民党の上層部と接触した。中には保守派もおり、于右任、戴季陶、白崇禧、何応欽、呉稚暉、孫科、陳立夫らと会見し、彼らに「平和建国」の主張を受け入れるよう何度も促した。
　重慶に滞在している間、毛沢東は何度も国内外の記者と会見した。『大公報』の責任者であった王芸生が提起した「共産党は別のかまどを築いてはいけない。」という問題に対して、毛沢東は「我々が別にかまどをつくるわけではなく、国民党のかまどに我々がご飯をつくることが許されるからだ。」と答えた。毛沢東はまた『大公報』社の従業員に「人民のために奉仕する」という字句を書いた。
　10月8日夜、張治中は毛沢東を国共交渉の成功を祝う盛大な酒宴に招待した。毛沢東は宴会で宋慶齢、馮玉祥及び多くの民主党諸派と無所属の著名人と会い、彼らに中国共産党の平和、民主、団結方針を大いに宣伝し、「和を以て尊しとなす。」と強調した。「我々の今回の話し合いは、一時の協力ではなく、長期的な協力である。一次的な団結ではなく、永久的な団結である。」「平和、団結、民主、統一の大原則のもと、必ず新中国を建設することができる。」と毛沢東のこの発言はひとしきり喝采を浴びた。

毛沢東が重慶での交渉期間にアメリカ第14航空隊の3名の士兵と会見した

　会談の期間、蔣介石と毛沢東は何枚もの貴重な集合写真を残した。当時歴史の一場面を撮影したのは、アメリカの雑誌『ライフ』の記者と、中国側は蔣介石の御用カメラマンの胡崇賢であった。蔣介石は曽家岩の官邸の門前で毛沢東と一緒に写真を撮り、毛沢東は自ら蔣介石の右側に立っていた。この時、官界の位置関係をよく知っていた胡崇賢は即座に毛沢東を蔣介石の左側に立たせ、すぐにシャッターをおした。このことを、蔣介石は胡崇賢の「機智による」と認めたが、実際、中国の礼儀では左に立つものが身分が上で、主催者を意味する。毛沢東は当時客であるので、その場で右側に立つのが礼儀にかない、適切であると判断した。しかし、蔣介石は西洋の礼儀にのっとっていて、自分が中国人だったことを忘れていたのである。
　10月10日、国共双方は桂園で『会談紀要』（つまり『双十協定』）に署名し、表面的には円満に協議が達成された。

毛沢東と蒋介石の貴重な一枚

　『双十協定』は実際問題の解決にはならなかったが、ある程度の制限はできた。第一に、国民党が再び内戦を起こしたら、全国、全世界の前に道理が立たなくなる。第二に、共産党の地位はすでに国内外の人々に認めさせたが、これは歴史上とても重要な問題であった。第三に、共産党の努力によって、国民党は各党派の地位を認め、各党派は一致して「共産党があるからこそ、彼らの地位が存在する。」と感じた。

　重慶での交渉は43日に及び、毛沢東は蒋介石の微かな笑みの中に、深く隠された決戦前の、人に告げることができない陰謀を感じた。そして、蒋介石も毛沢東のほがらかな性格の中に、これまでと同じ自信に満ち溢れた勝算を感じ取った。

　『双十協定』を結んでまもなく、国民党軍隊は更に大きな武力闘争を引き起こし、強硬に2ヶ月間で30もの解放区都市を占領した。人民が切望した安定の願望は傷つけられ、平和民主運動は再度発展した。

1946年1月10日、政治協商会議が重慶で挙行される

　次々と重なる力の前に、蔣介石は『双十協定』の協議通りに政治協商会議に同意することを迫られ、やむを得ずこれを招集した。これは新民主主義革命時期に国民党が催した、共産党と各中間党派及び社会的に名声のある人々が共同参加し、平和と政治協商をもって中国の前途と運命を解決する唯一の会議となった。

　政治協商会議は1946年1月10日に開幕、1月31に閉幕して、22日にも及んだ。会議に出席したのは国民党、共産党、民盟、青年党と無所属人士の代表計38名であり、主な議題は政治の民主化と文民統制の問題であった。共産党と民盟などの党派は会議においてすべての重大な問題になると、いつも事前に意見を交換して、相互で協力した。結果として国民党の代表は仕方なく共産党の主張を受け入れた。

　政治協商会議で成立した協議とは、内戦を避けて確認し、平和建国する方針及び政治の民主化、文民統制、党派の平等合法政策についての再確認であった。また、国民党政府は必ず連合政府に改組することも確認

した。こうした連合政府はまだ新民主主義の特徴を持っていなかったが、蒋介石の独裁政権に対するある種の否定であり、その中に表れている党派の平等協商精神が人民の心に不滅の印象を残した。

　政治協商会議は各党派が共同で国の大事を議論する組織形式をつくり、協議を通して重大な問題を解決する民主の形式を打ち立てた。これは中国の政治史上初めての試みであり、「多党協力制」は実際のイメージと形を持つようになった。この会議で、共産党と民盟は「自ら定員の枠を譲る」ことと、重要な問題を事前に意見交換する「君子協定」の二つの美談を残した。

　国民党政権は一途に一党独裁を追求し、人民階級の反対にあった。そればかりか、欧米式の資産階級でさえも、国民党の強権のもとで民主制が実行されることを許さなかった。

　案の定、政協会議の勝利をめでたく祝う銅鑼や太鼓は鳴りやまなかった。アメリカ政府から数十億アメリカドルに相当する戦略物資援助を得た蒋介石は全面的に内戦を勃発させた。

　民主統一、平和建国の試みは水泡と帰し、共産党と民主党派が積極的に勝ち取った平和民主建国の方案は幻となった。国民党は、政治危機から脱却し、政治の進歩の歴史を実現する好機を逃した。

　1946年5月、中国共産党中央委員会は周恩来を南京に遣わし、国民党政府との交渉に臨み、内戦停止を要求し、平和、民主、統一、独立を主張した。

　アメリカ駐中国大使のスチュアートは国共双方に頼まれ仲裁に入った。周恩来は外事担当の王炳南に依頼し、明代成化年の五彩花瓶をスチュアートに記念として贈ったが、この五彩花瓶には「八仙過海　各顕神通（各自がそれぞれ本領を発揮する）」という伝説が描かれていた。当時、国共両党は勝負が決まっておらず、まるで海を渡る八仙と同じで、各々が海上で力を発揮していた。

　南京での談判闘争は複雑を極めた。民主諸党派は全体的に共産党と一致団結して、共に内戦に抵抗したが、一部の民主党派人士は平和的解決

1946年6月23日、平和懇願団の一部の代表たちが汽車に乗る前に撮った合同写真。馬叙倫（前列一番右）雷潔瓊（前列右から二番目）

を求める気持ちが強く、交渉が平行線のまま進展せず、内戦の勢いが日々拡大していくという状況において、いわゆる「折衷案」を提案し、同盟者の中では動揺する者もいた。

　時局は厳しくなり、いかに民主諸党派と団結し、いかに民主諸党派同盟者に民主の立場を堅持させるか、いかに動揺している民主人士に有効的に人民解放戦争に協力してもらうか、これらは共産党の重要な任務となった。

　南京での交渉の期間、共産党は民主諸党派の提案と主張を非常に尊重した。国民党政府との交渉も、アメリカ代表団との交渉も、周恩来は交渉の後はすべて民主諸党派、民主人士に状況を説明し、彼らと共に時局を分析し、意見を交換した。また書簡という形式を通して、民主諸党派に継続して平和、民主のために奮闘することを要求し、同盟者の動揺については強く批判した。

　国民を災難から救うために、1946年6月23日、民盟、民進、民建ら52

の党派団体は「上海人民団体連合会」を成立し、馬叙倫、雷潔瓊、胡厥文ら9人を代表として選出し、南京に赴かせて平和を請願させた。

　人々は全く予想できなかった。手に武器を全く持っていない上品で礼儀正しい請願のためにやってきた代表団が、南京に着いてすぐ、多くの国民党特務に四方から襲われ殴打されたのである。

　「下関大惨事」の証人となった雷潔瓊は当時のことを回顧してこう語った。「我々が汽車から降りてすぐに、下関駅で国民党特務に殴られ負傷した。当時、中国共産党の毛沢東、朱徳はすぐに電報で我々に対して慰問を表明し、我々は非常に感激した。」雷潔瓊はまた「鄧穎超姉さんが病院に見舞いにいらして、私の衣服についた血痕を目にすると、自分のコートを脱いで、私にかけてくれた。」とも話した。

「下関大惨事」は全国人民の巨大な義憤を巻き起こし、国民党の暴行に対する抗議が全国で迅速に展開された

　民主諸党派が受けた迫害は、蔣介石の平和交渉の仮面をはぎ取り、内戦を主張し、残虐に人民革命運動を鎮圧した反動的側面を一層見せつけた。また同時に、民主諸党派人士と平和を愛する人士に対する教訓の役割も大きかった。国民党反動派に平和を懇願するということは、侵略者に刃物を捨てさせることと同じ、所詮、不可能なことである。自ら行動を起こして、内戦反対の人民運動に飛び込むことではじめて内戦を阻止することができるのである。

　病床にあった馬叙倫は、周恩来の手を強く握り、「中国の希望はあな

第4章　凝集と収穫　│　131

たがたに託すしかない。私は過去に、軍隊の兵士も、武器も減らせと言っていたが、今は、あなたがたは兵士も武器も少なくてはいけない。」と述べた。

　この大惨事は同時に共産党に警鐘をならし、民主人士の保護を重視する必要があった。周恩来は「今後、友人の安全と健康を我々は責任をもって保護していかなくてはならない。」「救済に関しては多くの経済と物質の支援をし、政治面に関してはいつも関心を寄せるべきだ。」と言った。

　しかし、「下関大惨事」の後、国民党統治区内で民主勢力を鎮圧するファシズム的行為はなくなるどころか、むしろ前より一層ひどくなった。

　1946年7月、国民党政府は人を驚愕させた「李聞虐殺事件」を引き起こした。

　李公朴、聞一多はいずれも民盟中央執行委員会委員、昆明民主運動の重要な指導者であった。彼らは強く国民党発動の内戦に反対し、共産党が提案した連合政府の成立と平和民主建国の主張に賛成し、何度も国民党一党専制の終結をよびかけたため、国民党特務のブラックリストに載っていた。7月11日夜、李公朴は夫人と外出し、10時頃、家に帰る青雲街学院坂で、国民党特務に刺されて重傷を負い、翌早朝5時に逝去した。臨終にあたって彼は「恥知らずめ」「私は民主のために死ぬ」と大声で叫んだ。聞一多は、李公朴が暗殺されてから96時間も経たない、7月15日午後5時30分に、長男の聞立鶴を携え昆明西倉坂まで行き、西南連大の宿舎からそう遠くない場所に到着した際に、尾行していた暗殺者に殺害され、聞立鶴も重傷を負った。

　「民は死を恐れないのに、あなたがたはなぜ死をもって恐れさせるのか。」血の海に倒れたのは共産党員と民主人士であったが、目が覚めたのは多くの革命民衆であった。

　「李聞虐殺事件」は全国人民と世界の平和愛好人士の怒りを掻き立てた。延安、重慶、成都、上海などの全ての地で追悼大会が催され、国民党の暴挙を厳しく非難した。ハーバード、コロンビア、ニューヨークなど大学の教授、アメリカ、カナダの2000余名のプロテスタントの牧師も、皆

1946年10月17日、国共双方の交渉する代表者たちと第三方面人士による、上海呉鉄城公館前で合同写真。前列左から張君勱、陳啓天、瀋鈞儒、邵力子、周恩来、左舜生、郭沫若、李維漢、曽琦、呉鉄城

　激しく抗議した。1947年5月以降、国民党統治区の学生運動は抑えきれないほどの勢いで各大都市に波及し、青年学生の政治腐敗や先行きの見えない現実に対する不満を露わにした。国民党政府は逮捕、監禁、殴打、殺害など暴力行為で丸腰の学生を鎮圧したが、学生運動はかえって徐々に拡大し、社会全体の同情は皆学生に向き、国民党政府は孤立状態に陥った。

　政治協商会議の協定によると、まず政府の改組をし、国民党一党専制を廃止して、その後各党派の連合政府が主催で国民大会を招集しなければならない。しかし、政府が改組されておらず、各党派による連合政府が成立していない状況で、国民党は国共の和平交渉の入り口を閉ざし、共産党と社会各界人士の強烈な反対も顧みず、一党独断をすすめ、1946

1946年11月16日、周恩来が南京で国内外の記者会見を行い、国民党当局が一方的に「国民大会」を開き、国共和平交渉の門を閉ざしたことを激しく非難した

年11月15日に国民大会を強硬に招集し、政府の改組、憲法の制定を誘いの餌に、民主諸党派を丸め込み、共産党を孤立させようとした。

　この時、国民党が招集した国民大会に参加するかどうかが、各種政治勢力が国共両党間の闘争の中で、どちらに味方するかを決定付ける分かれ目となった。

　会議の前、国民党は共産党を除く第三方面の人士に「国民大会」に出席する人員名簿を提出するように求めた。民社党の張君勱、青年党の李璜の働きかけによって、第三方面の一部の人士は蔣介石に手紙を書き、「国民大会」の出席名簿を提出しようとした。周恩来はこの知らせを聞いた後、董必武、李維漢、鄧穎超と第三方面人士の会議に出席し、感情をこめ、道理を説いた。章伯鈞、潘鈞儒、張申府は団の勧告を受けて、名前を消した。

　「国民大会」開会後、周恩来代表は中国共産党を代表して厳粛に声明を

出した。「蔣介石が強行して開催した「国民大会」及び、強行して制定した蔣介石憲法はすべて非合法で無効である。民盟、民建、民進、九三学社及び救国会、三民主義同志連合会など各民主諸党派は次から次へと態度を示した。およそ「国民大会」の決定は、一概にも承認することはできない。」との態度を示した。

　かつて民盟の中央副主席であった葉篤義はこう振り返った。周恩来は当時民盟の友人に対して「我々共産党の代表は早くからこれが蔣介石の偽の平和だと理解していた。我々は本来南京を訪れたくなかった。しかし、我々は友人が騙されるのを恐れ、そして、友人たちが失望するのを恐れたので、赴いたのだ。」と言った。

　これは重大な政治の試練であった。民主諸党派及び無所属人士は抗日戦争勝利後も中間的な立場を堅持してきたが、偽の国民大会に参加することを拒絶し、国民党のグループに加わることも拒絶して、蔣介石の国民党と明白に境界線をひいた。彼らは共産党に同情、支持、接近する過程で、共産党は中国革命の指導者で、もっとも頼りにできる友人であり、民主諸党派と先進勢力は共産党と人民の側に立ち、新民主主義革命の勝利を勝ち取ることこそが、歴史の進むべき道であると認識した。

　全面内戦勃発後、国民党政府の腐敗は日ごとに増し、抗戦時期に持っていたあの微かな奮闘精神も完全に喪失していた。1967年、蔣介石は大陸で負けた教訓を語った。「当時の党内はバラバラで、党員は監督の責任を負うことができず、特に党の幹部は、実際の責任を負うこともなく、汚職と腐敗が党内の至る所でおこり、お互い腹をさぐりあって暗闘していた。」政治、経済の腐敗は人民の国民党に対する失望を高め、失敗という時限爆弾が埋められているようなものだった。

　「反飢餓、反内戦、反独裁、反迫害」。人民解放戦争に協力すべく、国民党統治区内の青年学生、労働者と民主党諸派は、反米、反蔣の「第二の戦線」を切り開いた。

　蔣介石は九三学社の張西曼を湖北省主席にしようとしたが、張西曼は政治的見解が不一致であることを理由に拒絶し、積極的に学生運動に参

1946年11月14日、周恩来と中国民主同盟責任者の梅園新村での合同写真。左から周恩来、鄧穎超、羅隆基、李維漢、張申府、章伯鈞、瀋鈞儒、董必武、黄炎培、張君勱、王炳南

加し、何度も公の場でスピーチを行った。そのため、張西曼の自宅は特務の捜査に遭い、張西曼は立法委員などの職務を解任させられ、国民党の党籍も除籍させられた。田漢作、李済深による『張西曼墓誌銘』には「権位不動、威武不屈、反帝与反封建、四十年如一日；風雪万里、追自由之光芒、埋骨於此、山岳皆香。（権力や地位に動じず、武力や権勢に不屈である。反帝国と反封建、40年は一日の如し。猛吹雪の中、自由の光を追い求め、ここに骨をうめれば、山岳は香る。）」とある。

　壊滅の危機に瀕した国民党政権はさらにファシズムへと傾いていった。1947年5月、中央社は偽造の『中国共産党地下闘争路線網領』を公布し、オブザーバーの談話を発表した。「民主同盟及びその化身の民主建国会、民主促進会、三民主義同志連合会などの組織は、すでに中国共産党に制御され、その行動も完全に中国共産党の意志に従い、すでに中国共産党の暴動の道具となった。」6月、「最高裁判所」は「内乱罪」という罪名

1947年10月27日、国民党政府は強硬に民盟を「違法団体」と宣告し解散を強行した。民盟に代って中国共産党の財産は管理され、提出せざるを得なかった。潘鈞儒は強暴を畏れず、危険を顧みず、自ら馬思南路73号に出かけ国民党警察局の人員に一つ一つ確認しながら手渡した。これは国民党が民盟を「違法団体」と宣告した報道と、当時の馬思南路の屋敷の状況に関する報道である

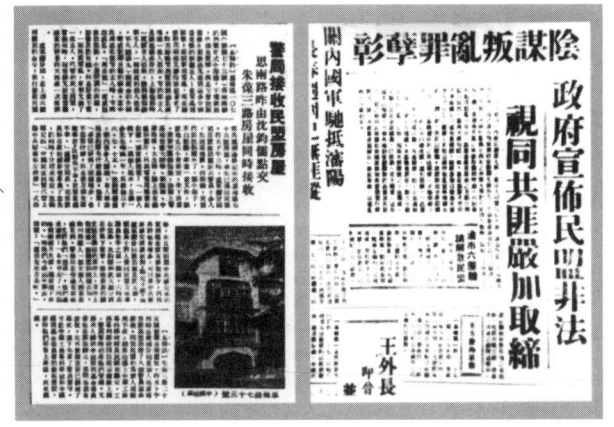

で毛沢東を指名手配し、7月には中国共産党は違法の「反動的党派」として審判を下された。

　同時に、国民党中央政府は、民主党派上層部に対しては「しばし我慢し、その場をしのげ。」と、下層部には「一律すべて殺せ」と密かに命令した。

　司徒美堂はアメリカ各地の洪門代表と上海に戻り「五洲洪門懇親大会」に参加したが、国民党特務が騒乱をおこし、致公党を民治党に改めるよう無理強いした結果、党内に分裂がおこりはじめた。司徒美堂は怒りがおさまらず、一部始終を新聞に掲載し香港に赴き、蔣介石勢力の反対派となることを宣言した。この度の帰国で、司徒美堂は国民党高官の「五子登科」(家、お金、車、金、女性)の様々な醜態を見て悲嘆にくれ、記者に「もし民主勢力によってこれを阻止することがなければ、国家は沈んで未来永劫回復することはできない。」と言った。

　1947年3月、蔣介石は南京、上海、重慶などで交渉の連絡を担当していた中国共産党の代表や職員を全員撤退させた。中国共産党代表は撤退前に、南京、上海、重慶などの家屋、財産の全部を民盟に預けた。民盟本部は南京梅園新村30号の中国共産党事務所に転居し、民盟の一部の責任者もまた上海馬思南路にある中国共産党事務所に移った。

　中国共産党代表団が国民党統治区から撤退した後、民盟は国民党の主

な攻撃対象となった。10月、国民党は軍隊を派遣し、白日の下で民盟本部に突進し、民盟を「違法」だと発表し、メンバーを『後方共産党処理方法』に基づいて処罰した。山雨来たらんと欲して風楼に満つ（山に雨が降ろうとしていて楼閣に風が吹いているようだ）。国民党政府の威圧の下、11月6日、民盟中央主席の張瀾は「中国民主同盟本部解散公告」を発表し、民建、農工党などは余儀なく地下にもぐった。

しかし、情勢が進むにつれ国民党は徐々に不利な状況に追い込まれていった。1948年『観察』第2巻第14期ではこのように記されている。「青年学生が極限に達しているだけでなく、一般の中年の人々も心情や思想に変化が生じている。元々政府に対して失望していた人は、徐々に政府に対して絶望し、元々政府に絶望していた人は、ついに政府に対しては「何も望まなく」なり、元々関心のなかった人は、今となっては「左」傾化し、元々少し「左」傾化だった人は、今では少しずつ「左」傾がひどくなってきている。元々中国共産党を絶対的に敵視してきた人は、今となっては中国共産党を理解しようとするようになり、元々中国共産党をあまり好きでない人は、今となっては徐々に中国共産党に同情を示すようになった。」

1948年3月29日、国民党の偽国民党大会の反動的本質を明るみにするために、北京の各大学と天津、南開など五校の先進的な学生たちは、北京大学民主広場で「黄花崗革命烈士記念大会」を挙行した。当時、装甲車が隙なく学生たちを待ち構え、5000余名の軍隊警察や特務は虎視眈々と機会をうかがっていた。九三学社の許徳珩、袁翰青、樊弘ら3名の教授は、ためらうことなく家族に永遠の別れを告げ、正義のために命を投げ捨てる犠牲の精神をもって、招きに応じてスピーチし、抑圧されている階級に対して団結して、平和的革命の方式で政権を人民の手中に取り戻すよう、公の場で呼びかけた。

許徳珩は有名な「放言家」で、かつて孫文に大胆にも直言した。1919年8月、許徳珩と張国燾、劉清揚、康白情ら全国学連の代表が孫文の上海の住まいを訪れた際、思いもよらず守衛に「大統領は今日、面会の予

定はない。」と言われた。許徳珩は「我々は革命の先駆者を訪ねてきたのであり、大統領に面会を求めているのではない。」と答えた。その後、孫文は彼らと面会して、五四運動を評価し、学生たちに拳銃500丁を提供し、学生たちを武装させたいと表明した。会見中、許徳珩は孫文に「口答え」し、こう言った。「五四運動の成功は、全国各界の群衆が学生に働きかけられたことにあるが、辛亥革命と護法運動の問題は武装闘争をあまりにも重視し頼りにしすぎて、民衆に十分働きかけなかったことにある。」と。抗日と解放戦争中、許徳珩は政府の腐敗を露見させ、団結して抗戦することを呼びかけ、「最も人民のために発言する参政員」と称され、蔣介石にとって最も頭の痛い一人となった。記念大会で、許徳珩は偽りの国民党大会を反対する演説をし、広く教師や学生の熱烈な賛同を受けて、場内は歓呼の拍手が鳴り響いた。

　しかし、現実は厳しかった。蔣介石の独裁統治の下、あらゆる平和運動、合法運動、改良運動を行っていくことは、すべてが現実離れした幻想であった。

　次から次へと巻き起こる民主運動にあたって、新しい民主諸党派の組織も次々と成立し、一部の中間党諸派は制度の改革を行った。

　1943年、抗日民族統一戦線を拡大させるために、周恩来、潘梓年は「自然科学座談会」の同志に、積極的に更に多くの科学技術作業者や文化教育に携わる者たちを団結させ、「中国科学従事者協会」を成立させるよう助言した。この協会には竺可楨、李四光、任鴻雋、丁燮年、厳済慈ら100名余りの著名な科学者が参加した。

　同年、許徳珩、税西恒、潘菽、黄国璋、黎錦熙らは「民主科学座談会」を発起し、「五四」の反帝反封建、民主、科学の精神を発揚し、団結して、民主的に最後まで抗戦すると主張した。1945年9月3日は日本が調印した降伏書が正式に発動する日であったが、「民主科学座談会」は座談会を広く招集し、永久的な組織をつくって、団結し奮闘することを決定し、「九三」という日にちの組織名をつけ、これが「九三学社」の前身である「九三座談会」と称された。1946年5月、許徳珩、褚輔成らは重慶で九三学

社を発起・成立させ、独裁に反対し、民主を勝ち取り、内戦に反対する、という和平を勝ち取る政治主張を提起した。

1945年10月、周恩来、董必武らの啓発と励ましを受け、譚平山、王昆侖、朱蘊山ら国民党民主派は重慶で三民主義同志連合会を成立し、一党専制政治の終結、民主連合政府の樹立を要求した。メンバーはみな長期の闘争の歴史を歩んできた古くからの国民党員であり、党員としての年数が長く、キャリアがあり、地位も高く、影響も大きかった。孫科、馮玉祥、李済深は熱烈にこれを支持し、龍雲、劉闢輝は賛助を表明した。

1945年12月、黄炎培、胡厥文、章乃器、李燭塵、施復亮、孫起孟を常務理事とする民主建国会が重慶で成立され、政治、経済、社会の発展に対する主張を打ち出し、民主と建設を要求した。民建（民主建国会）は抗戦後期に下準備を始め、抗戦勝利後の具体的な計画準備を立ち上げた。主に二手に分かれて準備が開始され、一方は黄炎培を代表とし、中華職教社と、商工界と密接な関係にある文化教育界の中上級クラスの知識人たちを中核とした。もう一方は胡厥文を代表とする遷川工場連合会のメンバー及び彼らと関係のある民族工商業者であった。民建の成立に参加した孫起孟はかつてこのようなエピソードを語っている。「胡厥文が何度か私に話してくれたのは、抗戦時期、民族工業家は抗戦の支援のために巨大な犠牲を払ったが、民族工商業は支持を得られなかったばかりか、かえって当局の種々の制限を受けていた。民主の先進的な政治がなければ、救国の夢を実現することはできない。元々共産党は民族資産階級と敵対していると考えていたが、後に共産党は資本主義を恐れぬばかりか、中国の具体的条件の下にその発展をさせようとしていることがわかった。そして、その理由説明も誠意があって単純であり、私のように元々、政治に対してたいして興味がない人でも政治の舞台に飛び込み、民主建国会の発起に参加し、かつ積極的に新民主主義革命に参加することになった。」

1945年12月、馬叙倫、陳巳生、王紹鏊が常務理事となった中国民主促進会が上海で成立され、「民主の実現」「政治を人民に返そう」など

八大網領が発布された。抗戦勝利後、馬叙倫、王紹鏊、周建人、許広平、雷潔瓊、傅雷らは常に一堂に会し、当時の政治情勢について議論し、国家と民族の活路を見出そうとした。当時、王紹鏊の家に滞在していた中国共産党の上海地下組織の書記であった劉暁は状況を理解した後、東方連合営業会社の社長という肩書きを持つ地下党員の梅達君、趙朴初に、馬叙倫をはじめとする文化、教育、出版界の民主人士の指導者と連絡をとるように指示し、王紹鏊をはじめとする商工界愛国人士と中国民主促進会を創立した。

李済深

　1946年3、4月の間、李救深、何香凝、蔡廷鍇、李章達らが発起人となって香港で中国国民党民主促進会が成立され、革命の三民主義の実現と、独立、自由、民主、幸福の新中国建設を行動の最高規範とする声明を出した。

　1947年4月29日から5月1日に至るまで、長期間の計画準備を経て、中国致公党第三回全国大会が香港で招集された。会議では共産党指導の人民民主統一戦線に参加することが決定し、陳其尤を副主席に選び、実際に致公党の指導を担当させた。これを標識とし、中国致公党は旧式の政党から新民主主義への道を進むことになった。

　陳其尤は、1911年に中国同盟会に加入し、1925年10月に致公党に加入した。1933年9月に陳炯明がこの世を去ると、陳其尤が実際に致公党の仕事の責任を負うこととなった。1935年、蔣介石が「粤軍の旧友」という名義で、陳其尤を廬山に招いて会見し、陳を香港駐在の私人代表に委任した。1937年、全面的に抗戦が始まると、陳其尤は国民党政府の香港

特派員に任命された。

　1938年まさに中国が抗戦で最も緊張が高まっている時期に、アメリカ大統領ルーズベルトの財政顧問Aの・ショーヴァンとアメリカの財団は巨額の資金を中国に貸す準備をしたが、孔宋一族を介さない、ピンハネを免じることが先決条件となった。陳其尤は事情を知ってから蔣介石にこのことを電報で知らせ、孔宋一族の香港での秘密情報を摘発することを決めた。孔祥熙はこのことを知って、辞職をもって蔣介石に陳其尤を処罰するよう脅迫した。陳其尤は蔣介石の上座の客から罪人とされ、思想に大きな変化が生じた。釈放された後、陳其尤は重慶に移住し、同郷の旧友で、『新華日報』の医薬衛生顧問の共産党員・黄鼎臣と出会った。黄鼎臣の影響で、陳其尤は中国共産党指導の新民主主義革命に対して更に深い認識を得て、思想の面での新しい飛躍をみた。1946年初め、重慶から香港に帰った後、陳其尤は新たに致公党を徹底的に改造し、立て直すことを決めた。「今後は中国共産党路線こそ中国を救うことができる。本党もまた中国共産党路線を進んではじめて、前途がある。」と表明した。

　1946年4月末、黄鼎臣は陳其尤の招きを受けて、香港で開催された致公党中央幹事会会議に出席し、陳其尤は黄鼎臣に「国民党は致公党をうまく丸めこもうとしているが、致公党は断固として国民党に反対する。」と語った。黄鼎臣は致公党に共産党指導の新しい民主主義革命に参加することを薦めながら、「中国は歴史の転換期にあたり、中国致公党はどこに進むべきかという問題に直面している。革命と反革命の生死を賭した闘いにおいて、中間党派は中立を保つ余地はない。」と指摘し、致公党に第三回全国大会を開催することを推した。陳其尤はこれに深く賛同を表し、かつ自ら黄鼎臣に致公党に加入するよう勧め、致公党を改組する取り組みに参加させた。

　1947年11月12日、台湾民主自治同盟準備会第一回会員代表会が開かれた。この日は、孫文の生誕記念日（1866年11月12日）であり、台盟創立の初期の盟員たちは暗黙の了解でこの日を台盟の創立記念日にし、革命の栄光、革命家に対する永遠の記念とした。創立初期は秘密裏に地下闘

争を行っていたので、実際の創立地は香港であった。その時に台湾島で活動した台盟の重要なメンバー、例えば、蔡乾、林正亨、傳世明は台湾当局の残酷な迫害の威圧下にあり、主なメンバーの謝雪紅、楊克煌、蘇新らは台湾「二・二八」武装蜂起の参加者で、台湾当局の指名手配を受けて香港に結集した。

1947年11月18日、香港『華商報』「台北通信」によると、台湾民主自治同盟準備会は、国父の誕生日に本省北部の某地において、当準備会第一回会員代表会を開き、この同盟の網領、規程草案が議決され、政局のスローガンや、公告などが発表された。聞くところでは、当同盟は本省全体の人民を団結し、台湾省の自治権を勝ち取り、全中国人民の民主連合政府樹立の闘争に賛同することを趣旨とした。当同盟員たちは断固として台湾民主自治のために闘争し、人民への奉仕のために努力することを表明した。当同盟が台湾省内外の各地に広く活動を展開し、同盟の早期成立を促進していたと聞いた。

1947年11月、三民主義同志連合会、中国国民党民主促進会とその他の国民党民主人士は、香港において国民党民主派第一期連合代表大会を開催した。この年の春の終わり、李済深は息子がアメリカに留学に行くのを見送るとかこつけて、突然香港に現れ談話を発表し、政局に対する自分の意見を示したが、その中の第7条は孫文先生の革命精神へ立ちかえり、中国国民党を改造し、各党派が協力して建国するという主張だった。これは国民党内の一部の民主派が正式に蒋介石の南京政府と決裂する前兆であった。

抗戦後期、国民党民主派は相次いで三民主義同志連合会（民連）と中国国民党民主促進会（民促）を創立させた。同時に、情勢の必要に基づいて、国民党民主派の組織連合を提案し、準備しはじめた。一体、孫文の伝統を守るなら党の名前を何にすべきか。人民党あるいは別の党名に改名することはできない。「連共（ボルシェビキ）」の方法を学び、「国民党（民主党）」とするのも分かりにくい。そこで最後は「中国国民党革命委員会」という名称に決定し、朱蘊山は孫文直筆の「革命委員会をす

1948年1月、民革の一部の人士による香港での合同写真。前列左から、朱蘊山、柳亜子、蔡廷鍇、李済深、張文、何香凝、彭澤民、王葆真

ぐに成立して、あらゆる非常事態に対処すべきだ。」という言葉を見せて、この命名の由来を説明した。1948年1月、民革は宋慶齢が名誉主席に、李済深を主席に推挙して、新民主主義革命網領の基本原則に完全に賛成することを宣言した。

1948年1月、民盟第一期中央委員会第三回全国大会が香港で開催され、民盟の指導機構を回復させることを決定し、瀋鈞儒、章伯鈞が代理主席に当選した。民盟新本部は次のように呼びかけた。民盟は絶対に解散することを認めず、中立の態度を取ってもいけない。今後共産党と誠心誠意協力し、必ず革命の手段をもって、国民党の反動集団の統治を徹底的に打倒するために闘争しなければならない。第一期中央委員会第三回全国大会を機に、民盟は徐々に政治と実践の面で、中国共産党指導を受け入れる道を歩き出した。

民主諸党派のメンバーには広く社会や政治に影響力をもつ代表的人物が少なくなく、彼らの中には国民党の陣営から分化してきた人も少なくなかった。

民主諸党派は最初から温和な改善派の政党として現れた。歴史的チャンスもなく階級の限界もあり、彼らは国家組織をコントロールする原動力に欠け、革命の主張と気迫も乏しく、組織力も能率も高くなく、自身の建設能力も欠けているため、共産党と国民党以外で成長していくことは難しかった。

　民主諸党派は理想と抱負、道徳と良知を心に抱き、自身の目標を実現させるために、限られた政治的空間の中で、双方が認め合うことができ、能力と気迫があり、支持、団結することができ、自己の政党を指導して共に進歩し、共に前進する仲間についていくことが必然であった。

　誰が純真で、誰が反逆者か、誰が光で誰が陰か、簡単には是非を判断することはできなかった。

　民主諸党派の各メンバーは10年足らずの時間の中で、一つ一つの真相を目の前にし、共産党に同情、支持、接近することから、徐々に政治の共同認識、共通の感情を持ち始め、共通の価値を追求し、積極的に共産党の指導を受け入れ、多党協力を実行するようになったのは、百余年に及ぶ歴史の発展の必然的な趨勢であった。彼ら多くの人々は辛い自我との闘いを経、心から望んで風雨の洗礼を受け、血の代価を払った。反帝国愛国と民主を勝ち取り、国民党独裁に反対する闘争の中で、民主党諸派は国民党政府と不撓不屈の苦難の闘争を繰り広げた。

　10年の内戦は、「包囲討伐」と「反包囲討伐」であり、共産党はついに遵義会議の後に成熟した。ここに至って、大革命の失敗の痛みはもうなくなり、根拠地をなくした悲しみと、共産党の武装が弱くなった憂慮はもう消えて行った。長征の意志、瓦窯堡の知恵、西安事件の策略と国共合作してあたった抗日戦争、民族を滅亡から救い出した壮大なシナリオがあった。そして三大戦役の奇跡と蒋王朝を葬り去る気勢があった。

　移り変わりこそ人の世である。人民解放軍が戦略的侵攻の段階にいたるにつれて、解放区の建設は大きく前進し、共産党の人民の歴史に対する主導権の制御と舵取りは、今までになく堅固で、そして自由自在であり、さらに高まる闘志は中国の様相を変えていった。

中国共産党中央委員会が河北平山県西柏坡での所在地

1947年10月10日、毛沢東は自ら『中国人民解放軍宣言』を起草し、「労働者、農民、兵士、学生、商人等の被抑圧階級が連合し、各人民団体、各民主党派、各少数民族、各地の華僑とその他愛国者が民族統一戦線を構築し、蔣介石の独裁政府を打倒し、民主連合政府を成立させる。」という宣言を打ち出した。2ヶ月後、毛沢東はこれが中国共産党の最も基本的な政治網領だと強調した。

　1947年10月10日、農民の長きに渡る土地要求を満足させるために、共産党は『中国土地法大網』を発布し、新旧の解放区の土地改革を大きく推進し、国民党統治区においても広く政治的影響を与えた。

　中国革命が勝利を勝ち取る前夜、アメリカと蔣介石は出来る限り混乱状態を作り出し、裏で腹黒い政治家を養成し、共産党と戦うことを企てていた。この時、民盟は蔣介石に「違法団体」と宣布され、やがて解散公告を発表せざるを得なかった。共産党指導者は心配し、「中間党派がなくなった」と憂慮した。

　1948年年初の民革の成立、民盟の復活に伴い、中国共産党中央は最新の情勢の変化に基づいて、「中間党派がなくなった」という判断を捨て、民主諸党派は中国共産党の味方に引き入れるべき革命同盟軍であると考えた。3月15日、毛沢東はスターリンへ宛てた手紙の中で、中国中央政府の成立と自由資産階級の代表を吸収して政府に参加させる考え方を提出した。共産党は民主諸党派に対して正確な政治的位置づけを見出していた。

　人類の歴史の発展は、多くの状況の下で必然と偶然が交錯した結果で

ある。

　西柏坡、ここは太行山麓の小さな山村で、中国共産党中央委員会が北平に入って全中国を解放した際の最後の農村指揮所であり、万人に注目された。

　1948年の「五一」メーデーの目前であった。毎年のこの時期、中国共産党中央委員会は新華社を通して宣言とスローガンを発表することになっていた。当時の新華社の社長の廖承志は、ちょうど軍隊を率いて太行山の奥にある渉県の東西戌村に駐屯していた。彼は中央に「五一で中央はなにかしゃべるのか。」と簡潔な電報を送った。4月30日、中国共産党中央委員会の毛沢東、劉少奇、朱徳、周恩来、任弼時の五大書記が小さな民家に会し、関係部門がつくった「五一スローガン」について討論していたが、廖承志の電報は彼らの笑いを誘った。国民党の反動統治は崩壊寸前、対外的に共産党員の政治主張を公布し、新中国政権の青写真を打ち出すタイミングであった。

　「五一スローガン」の初稿は全部で24条あり、毛沢東の机に送られてきた。毛沢東は筆をとって、第5条の「労働者階級は中国人民革命の指導者であり、解放区の労働者階級は新中国の主人公であり、さらに積極的に行動し、より早く中国革命の最終的勝利を実現しよう。」という箇所を次のように修正を加えた。「各民主党派、各人民団体及び社会の各界で活躍する著名人の諸君、すぐに政治協商会議を開催せよ。人民代表大会の招集について討論、実現し、民主連合政府を成立せよ。」第23条「中国人民の指導者、毛沢東万歳」を削除し、第24条「中国労働人民と抑圧されてきた人民の組織者で、中国人民解放戦争の指導者、中国共産党万歳」を「中華民族解放万歳」に修正した。修正後の「五一スローガン」は全部で23条あり、当日、陝北の新華社が正式に対外的に公布した。5月1日、『晋察冀日報』の一面に「五一スローガン」を載せられた。

　はなはだ皮肉だったのは、まさに「五一スローガン」が発布されたこの日、国民党は南京で「行憲国民大会」を開催し、蔣介石、李宗仁がそれぞれ国民党政府大統領と副大統領に就任したことである。憲法制定の

第4章　凝集と収穫　147

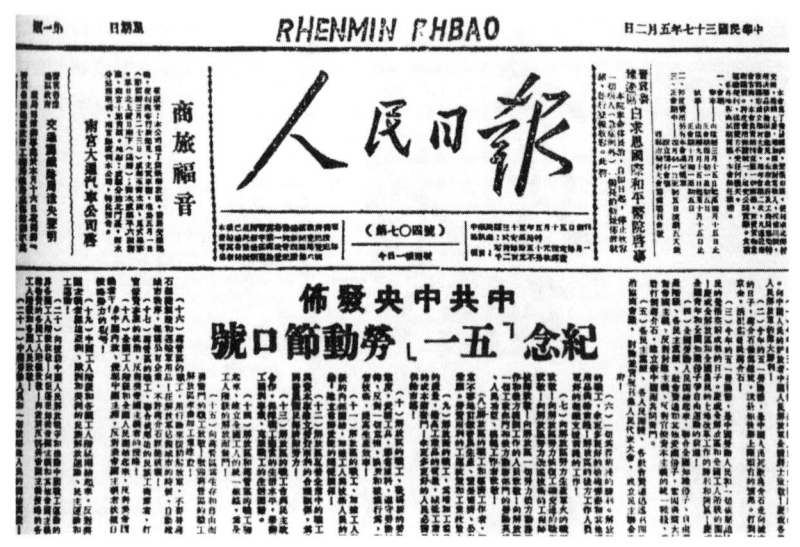

1948年5月2日、『人民日報』第一面全文で発刊された「五一スローガン」

　国民党代表大会と憲法施行は、国民党が「訓政」から「憲政」へと移行したことを示し、表面上は「政治を民に返す」としているが、実質的には断固として一党独裁を堅持していた。蔣介石は自らも今回の選挙は「金銭は浪費し、政治のムードと革命道徳は、急激に低落し、救う方法はない」と、国民党の威信が失墜し、民意も全くなくなったことを認めている。
　一方の政党は中国共産党を包囲討伐し、民盟を取り締まり、民主諸党派の指導者を次から次へと遠く香港に逃亡させるように迫った。もう一方の政党は、先頭に立って革命階級、民主諸党派と無所属の人士を積極的に誘い集め、民主連合政府を創建し、共に独立、民主、平和、統一した新中国を建設した！　両者は対照的で、誰が独裁か？　誰が民主的か？　言わなくても明らかではないか！
　5月1日、この日毛沢東は民革中央主席である李済深と民盟中央常務委員の瀋鈞儒に手紙を送り、具体的に政治協商会議の日時、場所、参加党派と原則、実施の段取りなどを提示し、中国共産党中央の「五一スローガン」第5条の更なる補充をした上で、中国国民党革命委員会、中国民

主同盟中央執行委員会、中国共産党中央委員会に今月中、三党連合の声明を発表することを提議し、参加を呼びかけた。

「五一スローガン」はすぐに民主諸党派人民団体と無所属民主人士の熱烈な支持を得た。

1948年5月1日、台湾民主自治同盟は香港で『新台湾叢刊』第6巻を出版し、1巻のトップに、「新華社陝北三十日電」の新華社通信が「中国共産党中央委員会公布記念五一メーデーを記念するスローガン」を掲載した。二本目のタイトルは『高らかに響く呼びかけ』であった。これは最も早く「五一スローガン」を発表し、熱烈な反響を受けた新聞と雑誌である。

1948年5月5日、民主諸党派と民主人士が毛沢東に「五一スローガン」に賛意を示す電報を送る

1948年5月4日、陳嘉庚はシンガポール華僑を代表して毛沢東に電報を打ち、共産党中央の「『五一』メーデーを記念するスローガン」に賛同し、一日も早い新政治協商会議の開催と、連合政府の成立を希望した。

1948年5月5日、中国国民党革命委員会の李済深、何香凝、中国民主同盟の瀋鈞儒、章伯鈞、中国民主促進会の馬叙倫、王紹鏊、中国致公党の陳其尤、中国農工民主党の彭澤民、中国人民救国会の李章達、中国国民党促進会の蔡廷鍇、三民主義同志連合会の譚平山、無所属人士の郭沫若らは香港において連名で毛沢東に電報を打ち、「『五一』メーデーを記念するスローガン」に完全に賛成すると伝えた。このスローガンは「人民の時勢の要求に適し、特に我々の本来の目的に合致している。」と述べた。彼らはまた共同で国内外の各メディア、各団体と全国同胞に電報を打ち、

中国共産党中央の「『五一』メーデーを記念するスローガン」に賛同すると公に表明した。

1948年5月8日、香港で民主諸党派と無所属民主人士は「目前の新情勢と新政治協商会議」と題して、座談会を続けて開催した。郭沫若、鄧初民、翦伯賛、馬叙倫、章乃器、馮裕芳、方与厳、李伯球、瀋鈞儒、章伯鈞、譚平山、黄薬眠らも相次いで演説したが、彼らはみな、中国共産党「五一」スローガンは各党派を団結させ、広く民主勢力の力を動員して、革命の勝利を促進し、重大な歴史的意義を備えているとの一致した見解を持っていた。

1948年5月19日、香港『華商報』は『中国共産党の「五一」の呼びかけは台湾同胞の要求に一致しており、台湾民衆連盟はこの電報に賛同する』と題して、「台湾民衆連盟」の電報を発表し、「台湾独立」を強く反対する政治態度を表明した。

1948年5月23日、民主建国会は上海で密かに中央常務、理事監事会議を開催し、満場一致で、中国共産党の「五一」スローガンに賛同することが可決され、章乃器、孫起孟を香港駐在代表に推して、「中国共産党香港駐在責任者及びその他の民主諸党派香港駐在責任者と関係を保つ」決議を可決した。

1948年5月24日、香港『華商報』は『中国共産党五一スローガン　座談しあっているだけはではなくもっと行動すべきだ、とする中国民主促進会発表宣言』を発表した。

1948年6月、香港在留婦人界の何香凝ら232名は共同で「五一スローガン」に賛同する声明を発表し、6月4日、香港在住の各界人士の馮裕芳、柳亜子、茅盾、章乃器、朱蘊山、胡癒之、鄧初民、侯外廬ら125名は共同で声明を発表し、中国共産党の「五一スローガン」に賛同した。

1948年6月9日、10日、香港『華商報』は『致公党が五一スローガンに賛同することを宣言──国内外の同志がさらに努力し、中国共産党が指導する新民主革命を擁護する』と連載した。

1948年6月16日、香港『華商報』は『民主同盟は声明を発表し、新政

治協商運動を速やかに展開し、四つの基本認識で民主独立を勝ち取り、7項目の具体的主張で反蔣反米を強化する。』と発表した。

1948年6月17日、香港『華商報』は『農工民主党は群衆を団結し闘争を推進し、努力して新政治協商会議の開催を勝ち取る』と発表した。

1948年6月25日、香港『華商報』は『新政治協商運動を推進させる——国民党革命委員会は同志に孫文の遺訓を受け奮闘を継続するよう呼びかける』と発表した。

1949年1月26日、九三学社は国民党統治区の北平の『新民報』で『中国共産党の「五一」スローガンと毛沢東の八項目の主張宣言を擁護する』と発表した。

民主諸党派と無所属人士は積極的に中国共産党の「五一スローガン」に応じ、最終的に中国共産党の指導を受け入れることを選択した。これは民主諸党派の歴史において重要な出発点となった。

政党の誕生から新中国が成立するまでの間、民主諸党派は順調に彼らの困惑期を歩きだし、最終的に完全に彼らの立場を確定した。これは中国の民主党諸派の立場と観点を徹底的に変化させた一つの飛躍であった。

中国共産党中央が「五一スローガン」を発布した時、大多数の民主人士はまだ南方にいた。

上海、この極東で最も繁栄した都市に、宋慶玲、張瀾ら著名な民主人士たちが住んでいる。香港、この美しいヴィクトリア港は、民主人士の政治的避難所となっていた。

「五一スローガン」は新華社の電波にのって世界に発信され、香港にも到着した。香港は自由な港であり、また政治の舞台でもあった。辛亥革命の時期、孫文はここで興中会の本部をつくり、広州を奪取する策を立てた。国内革命戦争の間、共産党は香港を秘密の抜け道にし、広西左右江の武装蜂起を指導した鄧小平は、5度香港を経由した。抗日戦争期間、白求恩ら外国の志願者は香港を経由して内地地方に入って抗戦を支援し、宋慶玲ら国内外の著名人たちの「保衛中国同盟」も香港で設立さ

抗戦時期、「保衛中国同盟」中央委員会主席の宋慶齢（右から四番目）と八路軍駐香港事務所主任の廖承志（一番右）らの香港での合同写真

れた。1946年中国内戦が勃発し、内陸地方の商人たちは次々と香港に逃げ、多くの民主人士もまたここへ避難してきた。抗戦以来、香港は国共両党が海外華人や国際的な援助を受け取る場所となり、抗戦と建国理念を宣伝する基地となった。1938年中国共産党中央は香港で八路軍の事務所を設立し、中国共産党南方局の直接指導を受けた。1947年、新華社香港支社が成立され、中国共産党の香港における正式事務機構として統一戦線の任務を行った。

　新政治協商会議の準備において、主要な問題はいかに解放区以外、特に香港にいる民主諸党派の指導者及び無所属民主人士代表を安全に、かつ早急に解放区へ護送するかであった。1948年秋、上は中央から、下は地方まで、南は香港島から、北はハルピンに至り、中央が直接手配し、中国共産党華南局と香港工作委員会が具体的な責任を持ち、この偉大な「プロジェクト」が開始された。周恩来の総指揮のもと、綿密に策略を練り、

1948年10月、東北解放区に到着した一団目の民主人士。前列左から二番目、譚平山、左から三番目の瀋鈞儒、左から五番目の蔡廷鍇、後列左から三番目の章伯鈞

念入りに手配し、忙しくても慌てず、ミスなくプロジェクトは進められた。

　1948年8月2日、周恩来は大連にいる銭之光に電報を打ち、彼を解放区の救済本部の特派員の名義で香港へ行かせ、香港支局の方方、章漢夫、潘漢年、連貫、夏衍ら責任者と合流して、香港在住の民主人士を解放区へと護送した。

　香港から東北あるいは華北解放区まで、途上は国民党統治区で大きく仕切られており、そこは国民党反動派に厳しく封鎖され、陸上交通は極めて危険であり、海路を行くもまた香港イギリス政府の妨害や破壊、そして台湾アメリカ・蔣介石の海空軍の妨害など危険を伴った。中国共産党香港支局は周恩来の綿密な計画に従って外国汽船を借り、なんとか敵の海上封鎖線をすり抜け、何度かに分けて民主人士を護送した。

　1948年9月から、7団の民主党派と文化芸術界代表人士が船に乗って北上した。

　第一次北上団の主要メンバーには、瀋鈞儒、譚平山、章伯鈞、蔡廷鍇

第4章　凝集と収穫　153

と彼の秘書である林一元らがいた。

　第二次北上団の主要メンバーには、馬叙倫、郭沫若、丘哲、許広平親子、陳其尤、翦伯贊、馮裕芳、曹孟君、韓練成らがいた。

　第三次北上団の主要メンバーには、李済深、朱蘊山、梅龔彬、李民欣、呉茂蓀、彭澤民、茅盾、章乃器、洪深、施復亮、孫起孟、鄧初民、王一如、魏震東、徐明ら20余名がいた。護送任務は更に慎重になり、特に李済深を安全に香港から逃す計画は困難が多く、手間と労力を費やした。

　第四次北上団の主要メンバーには、柳亜子、陳叔通、馬寅初、包達三、葉聖陶、鄭振鐸、宋雲彬、曹禺、王芸生、劉尊祺、徐鋳成、趙超構、張伯、張志譲、鄧裕志、潘体蘭、傳炳然と柳、葉、曹の夫人、包啓亜、鄧小箴らがいて27名であった。

　第五次北上団メンバー数は最多で、合わせて250余名、その中には、李達、周鯨文、劉王立明、李伯球、周新民、黄鼎臣、楊子恒、譚惕吾、陽翰笙、史東山、曽昭掄、費振東、汪金丁、羅文玉、厳済慈、潘其震、狄超白、胡耐秋、黎澍、徐伯昕、薛迪暢、蔵克家、丁聡、特偉、于伶、李凌、張瑞芳、黎国荃らがいた。

　第六次北上団メンバーは黄炎培と夫人の姚維鈞、俞澄寰、盛丕華と彼の息子の盛康年がいた。

　第七次北上団メンバーの大多数は北平の文代会（文学芸術工作代表大会）の出席者として招かれた代表であった。

　上述した7団の民主人士と文化精鋭以外、中国共産党香港工作委員会が個別に送り迎えをし、貨客船の一等席に乗って北平に到着したのは、何香凝と廖夢醒の親子、胡愈之、李章達、陳邵先、陳此生、陳其瑗、夏康達、林植夫、盧于道、黄琪翔、銭昌照、許宝駒、千家駒、馬思聡、呉羹梅、楊美真、郭大力、薩空了、金仲華、欧陽予債、劉思慕、庄明理、王雨亭らであった。

　中国共産党広東省委員会党史研究室に保存されている統計を照合すると、1948年9月から1949年9月に至るまで、民主人士と文化界の人物を連れて北上する任務は大小20回余りに及び、護送した人は1000余名、その

1949年8月28日、毛沢東、周恩来、張治中らが北平駅で上海から来た宋慶齢を迎える様子

うち民主人士は350余名いた。

　1949年5月初め、上海の張瀾、羅隆基は突然国民党特務に拘束監禁され、5月終わりに上海で解放された。張と羅は中国共産党の地下工作員に救出されて幸運にも難を逃れ、6月24日に和史良、郭春濤、王葆真らと一緒に上海から北平に到着した。

　中国共産党中央政府と毛沢東は、特別に宋慶齢に北上して新政治協商会議に参加してもらうよう誠意を込めて招いた。1949年8月28日、宋慶齢は鄧穎超、廖夢醒の同伴で、北平への専用列車に乗り、毛沢東、周恩来、林伯渠、董必武及び、李済深、何香凝たちは自ら駅まで迎えに行った。

　毛沢東は海外華僑勢力との団結も非常に重視した。1949年1月20日、毛沢東は南洋華僑のリーダー陳嘉庚と、アメリカにいる致公党の元老で、アメリカ華僑のリーダー司徒美堂に、一日も早く帰国して会議に参加するように電報を打った。海外で誉れ高いこの2人の華僑のリーダーは、電報を受け取った後に、毛沢東の厚意に感銘を受け、ためらうことなく帰国して会議に赴いた。

　1948年秋、各党派の主な指導者、愛国工商界のリーダー、著名な無所属民主人士と愛国華僑の代表は、全国各地及び海外から次々と解放区に到着し、中国共産党の指導者と共に国の大事について協議した。

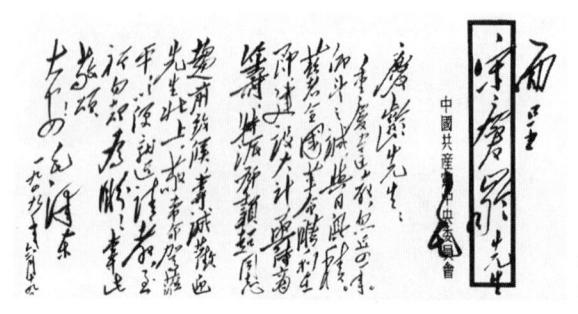

毛沢東が宋慶齢に宛てた自筆の手紙

　この数百名に及ぶ民主人士の大多数は指導的な人物であり、各界で彼らの代わりになりうる人物がいないというほど巨大な影響力をもっていた。全国各方面の民主の力が一つに融合すると、新政治協商会議が全中国人民を代表するという性質をそなえ、説得力を持って事実を全国に告げることができる——新政治協商会は本質的に1946年に国民党が招集した旧政治協商会と区別され、これより誕生した民主連合政府は、疑う余地なく全中国最大多数の人民の支持と擁護を獲得することができた。

　民主諸党派と無所属民主人士の多く、特に民革、民盟、農工党の多くの指導者とメンバーは、過去の社会関係と歴史的背景から、国民党軍の数多くの将校と様々な関係があった。国民党軍を瓦解させるために、彼らは中国共産党の指導あるいは協力の下で重要な力を発揮した。李済深はかつて扇動活動を積極的に行っていた実績があり、国民党の実力派である傅作義、閻錫山、程潜らに自ら手紙を書き、人を遣わせてこっそり手渡した。彼らが機会をみて武装蜂起するか、或いはしばらくの間力を温存し、蔣介石のためにこれ以上命がけで戦うことがないことを希望する、という内容であった。四川、西康、雲南、貴州、広東、広西、福建、浙江などの国民党統治区にも同様に工作員を送って反蔣武装グループを組織させ、山岳地や沿海の地形を利用して積極的にゲリラ戦を展開し、国民党後方の反動統治を動揺させ、人民解放戦争と力を合わせた。

　民主諸党派はまた、彼らの国民党政府内での公の職務と社会関係を利用して、重要な軍事情報を収集し、中国共産党の地下組織を通して人民

解放軍に提供し、人民解放戦争の勝利のために非常に大きな推進作用を果たした。

　民主建国のプロセスの中で、たくさんの民主人士が新中国の誕生のために自分の貴重な生命を捧げ、新中国成立の前に倒れた。彼らは永遠に人民、歴史に深く刻まれるだろう。

　1946年9月、民革の主要な指導者の一人であった馮玉祥は国民党反動派の内戦独裁政策に反対したため、水利に関して考察する名目でアメリカへ行くことを余儀なくされた。「五一スローガン」発布後、馮玉祥は1948年7月31日に家族全員でソ連船籍の大型定期客船「ヴィクトリー号」に乗って、ソ連を経由して帰国する準備をしていた。しかし、船は1ヶ月ほど航行した後、黒海を航行中に突然火災に遭い、彼は救出されることなく1948年9月1日不幸にも亡くなった。享年66歳であった。新中国を一日も早く誕生させるために一生闘争に身を投じた老将軍は、新中国成立の前に犠牲となった。毛沢東、朱徳は馮玉祥将軍の家族に電報を打って哀悼の意を示し、「馮将軍は民主革命のために身を置き、国家建設のために功をたてた。」と称えた。

楊傑

　1948年8月27日、新疆のイリ、タルバガタイ、アルタイ地区の革命指導者・アフメトジャン、イスハークバイク、アバソフ、ダレルハーンと中国ソ連文化協会のスタッフ羅志（漢民族）の5人は、ソ連のアルマトイに寄り、新政治協商会議に参加するために北平に向かう途上の飛行機事故で犠牲になった。毛沢東は弔電を打って、哀悼の意を示した。

第4章　凝集と収穫　157

1949年5月18日、民建の上海「臨時工作委員会」の常務幹事、民盟メンバーの黄競武は密かに中央銀行行員に指示して国民党が金銀を台湾に密輸するのを阻止したために、殺害された。

　1949年9月19日、民革中央執行委員、民連中常務委員、民革と民連西南地区の責任者であった楊傑は昆明から香港へ至り、新政協会議に出席するために北平へ向かう準備をしていた際、香港のマンションで国民党特務に殺害された。楊傑が殺害されてから3日目、中国人民政府協商会議第一回全体会議が北平で正式に開催された。荘厳で盛大な会議において、中国共産党代表団は、主席団が大会の名義で中国国民党革命委員会と楊傑の家族に弔電を送ること、欠席した楊傑を特別に代表の名に連ねる臨時動議を提出した。

　上述してきた人物以外にも、新政治協商会議に参加するために、新中国創立のために犠牲を払った民主諸党派人士はまだ多く存在した。不完全ではあるが1949年10月の統計によると、3年間にわたる解放戦争の中で、民革の周均時、王伯与、李宗煌、孟士衡、曹立中ら数十名、民盟の楊伯愷、于邦斉、王伯高、何雪松、張国雄ら100名余り、農工党の曽偉、虞健、劉啓綸、黎又霖ら100余名の党員は、地下工作或いは軍事活動に従事して貴重な生命を捧げ、共産党員と共に血を流した。この血で結ばれた戦いの友情は、民主諸党派と中国共産党の親密な関係を更に深いものにした。彼らは皆中華民族の英雄であり、彼らの生命と血で民主建国の信念は守り抜かれた。

　民主諸党派は解放戦争と新中国誕生のため重要な貢献を果たし、民主諸党派は歴史上輝かしい一ページを飾った。

　多くの風流人、また多くの社会団体党派が、歴史という長い河の流れの中で、あるものは風に逆らい波を搔き分け、帆を立てて渡ろうとするも失敗して沈み、大波が砂を浚うように消えてなくなった。

　中国青年党と中国民主社会党はかつて民主革命の時期に中国の政治舞台で活躍した二大党派だった。しかし、歴史の大波に沿って進んでいくことができず、最終的に僻地の片隅に居を構え、台湾に逃れる結末を迎

愛国華僑の陳嘉庚（前列一番左）が抗戦時期に南洋華僑帰国慰問団を率いて重慶に到着する

えた。
　青山は遮りおおせず、畢竟東に流れゆく。歴史は無情であると同時に最も公正である。
　独立、統一、民主、自由の新中国は、朝日のごとく出現した。

　蒋介石はどうして負けたのか。国民党はどうして負けたのか。
　国民党とはどんな党か、国民政府とはいかなる政府なのかを深く知ることではじめて、国民党と政治の主導権を争った共産党がどんな党なのかを深く理解することができるのである。
　陳嘉庚は、業績が卓越した華僑の実業家であり、その上ゆるぎない愛国者でもあった。1938年10月、陳嘉庚はシンガポールから重慶の国民参政会秘書局に電報を打ち、汪精衛の日本に対して和議を求める行為を叱責する電報の文面の一案を送った。そこには「日本が我ら国土から出ていく前に、公務員がいかなる人々と勝手に和平条件について話をしようと、その者は売国者で国賊である。」とあった。この提案は鄒韜奮に「古今東西最も偉大なる提案である。」と称された。1940年、祖国の抗戦軍民を慰労するために、陳嘉庚は自ら南洋華僑募金会を組織し、慰労団を

第 4 章　凝集と収穫　│　159

抗戦時期、スティルウェルはアメリカ大統領フランクリン・ルーズベルトを代表して蔣介石に勲章を授ける

率いて帰国し、重慶や延安などの地で慰労考察をした。陳嘉庚は帰国前には断固たる「蔣介石擁護派」であり、「蔣委員長は中国内外4億7000万人皆から推戴される唯一の指導者である。」と公言していた。しかし重慶と延安を近い距離から観察した後に彼は深く感激しこう語った。「国民党中央委員は皆、要職についているが、公事にかこつけて私腹を肥やし、汚職が蔓延して、生活は豪華奢侈である。そうした人々は現在4、50歳で、良い事を行う訳でもないが、早死にする訳でもなく、あと2、30年は要職にあるだろう。中国の救世主はどこにいるのだろう。」「昔は国事に憂いて悲観的であるだけであったが、民国29年延安に至った後、政治、軍事に限らず私が見聞きしたもの全て予想外であった。観察後の感想はというと、それは無限の興奮、嬉しくて喩える言葉がみつからないほどだ。別世界のようであり、まるで霧が晴れて青空が見えてくるような気分だ。以前は建国に人材がいないと憂慮したが、今ここで初めてわかったのは、悪名を蒙っていた共産党員こそ人材であるということだ。よって国民党政府の負けは当然であり、延安の共産党の勝ちも当然であった。」陳嘉庚は中国の「救世主」は、毛沢東であると強く認識した。

スティルウェル参謀長はアメリカによって中国戦区に派遣された、蔣介石の側近で信任が厚いアメリカ軍事顧問であった。スティルウェルはいつも日記の中で蔣介石を「ピーナッツ」と呼んだが、彼は1943年1月19日の日記でこのように記している。「金銭、影響力と職責はリーダーが唯一考慮すべき事柄である。陰謀術策、人をだますこと、虚偽の報道で、彼らは得ることができるものなら何でも手に入れようとする。彼らが唯一無二で考えていることは、戦争をさせることであり、彼らの「勇敢な戦い」について偽の宣伝をすることである。「リーダーたち」は人民に対してさっぱり関心がない。意気地もないし、弱さは際限なく広がり、金銭のゆすりは限りなく、私欲に走って脱税し、全く愚かで無知な参謀機構は、派閥闘争をコントロールすることもできず、ただ民衆を圧迫し続ける。彼らが救われる唯一の方法は人民が感覚を持たず服従することである。知識人たちと金持ちは自らの子供たちをアメリカへと送り出しているが、農家の子供たちは家を離れたら死ぬようなもので、配慮も、訓練も指導もない。そして我々は今このような立場にある。ただこの腐敗した政権を支持し、その名前だけの首脳を賛美するしかない。あの賢明な愛国者であり戦士でもある「ピーナッツ」。おお、神よ。」

　あるアメリカ人記者は当年中国を訪問した後にこう話した。「蔣介石の統治集団の官僚の多くは留学生と、財産も地位もある人の子孫である。彼らは大衆から離れているところで、外国語を話し、イエスを敬い、中国の国情への理解は少なく、底辺の人民の苦難も理解できない。彼らの政策は、多くは中身のないスローガンだけで、実際問題は解決することはできない。彼らの国を治める理念は西洋から得ており、中国の国情には適合しない。アメリカ政府の一部の人々は、蔣介石はあてにならず、官僚は非常に腐敗し、かつ団結せず、闘志もないことを早くより予感していた。そして、軍隊の多くは軍閥から転換されてきたもので、戦時は各自の勢力を温存することを考えていた。しかし、共産党の軍隊は非常に清貧であったが戦闘力があった。蔣介石は巡り合わせが悪く、個性と気質、抱負、度量、勇気など各方面において、毛沢東の相手ではなかっ

た。」

　アメリカの学者ジョン・キング・フェアバンクの『中国回想録』では、民衆の生存の需要と共産党政治の優勢との一致性をはっきりと指摘した。ジョン・キングは1943年の中国内地の主要な話題は物価と革命であると述べ、こう言った。「私は証明できる。以前は共産党に強く反してアメリカ寄りだった自由主義知識人は、今では共産党と同じ意見を打ち出し、大多数のアメリカ人もまた彼らと期せずして意見が一致した。」「私は長い時間を費やし想像してきた。私が中国に力を注ぐとすれば、このように混乱した局面において何ができるのだろうか。結論は徐々に明らかになった。つまり、私がしたいことはまさに中国共産党が今、していることだ。急進的でなければ成功できない。」中国には「ただ革命の唯一の活路が残された。」「私が1944年にワシントンへ持って帰った主な信念とは、中国の革命運動は中国の現実生活の中の内在産物である…このような信念はある意味、まるで私の真の信仰かのようになった。」「1943年から、私は革命が中国で起こるのは免れないことなのだと考えた。1945年から1946年の都市経済の崩壊、国民党政権の一目瞭然の腐敗と人民への鎮圧は私のこの考えをよりゆるぎないものにした。」共産党の政治優勢が歴史を変えられた理由は、それが人民の願望を反映したことにある。国民党が失敗したのは、その根本の理由が民意に背いたことだった。まさに「国家の基本が揺すぶられても、民意が最も重要である。」

　イギリス人記者のジャック・ベルデンは、解放戦争期間に辺区に深く入って取材し、1949年に『中国は世界をゆるがす』を出版した。書籍の中で彼はこう述べている。「蒋介石政権は抑圧的であり、この点は疑問の余地もない。彼の政権は厳格な統治を実行し、合法的でもなく、公正でもなかった。」

　各々皆違った角度からの指摘から、蒋介石と国民党の失敗の原因を総括することができる。

　第一に農民を捨てたことにあり、農民の衣食と土地取得の要求を満たさなかった。第二に民族資産階級を捨てたことにある。第三に経済政策

の失敗とインフレにある。第四にひどい汚職腐敗があり、民心を失ったことにある。第五に一党独裁政治、個人の独裁にある。国民党の派閥闘争は直接に党の「分裂」と「崩壊」を引き起こした。

抗戦勝利後、アメリカ人はアメリカの形式に従って中国で連合政府が成立されることを望み、民主党諸派は中国で連合政府が成立することを希望した。共産党も当時は連合政府の成立に賛成した。当時共産党は中国共産党中央政府の所在地の延安から江蘇の淮安に移し、南京の国民政府の任務に参加しやすくしようと考慮していた。しかし蔣介石は一党独裁政治、個人の独裁に固執した。

蔣介石は1950年の日記で13条の反省を書いたが、その中の最後の1条に、大陸での執政は22年に及んだが、最も根本的な失敗の原因は、三民主義、特に民生主義の宣伝をしっかりしなかったことだと記している。

蔣介石はかつて党政の研修を行い、講義の初日に、彼はテーマを決めてアンケート調査を行った。その中の一つの問題は、どうして我々国民党はいたるところで共産党に追いつけないのか、どうして大学教員はみな国民党に反対なのか、という内容であった。蔣介石は共産党の七大規程を読んだことがあるが、その中の『党員と群衆』、『上部と下部』の二節は全部日記に書き写し、「大いに役立つ内容だった。本党は奮起して追いかけなければならない、さもなくば党はなくなる。」と語った。

蔣介石は孫文に背いて方向を見失い、最後になっても何が中国の発展の道なのかわからなかった。

ple
第5章
成長と憧憬

1949年初、章乃器・李済深・茅盾・馬寅初ら30余名の民主人士は東北解放区を視察し、一同で『中国共産党がなければ中国はない』を歌った。「共産党がなければ中国はない。」というこのフレーズを聞き、日頃から几帳面な章乃器が「結局、先に中国が存在し、後に共産党が存在する、これに「新」を加えると道理が適い新旧中国の違いを表明できる。」と解釈した。彼のこの話はその場にいた人々の賛同を得て、彼の提案通りに歌ってみると非常におさまりが良く、気迫と誇りも増大し、詩と曲が調和した。その後すぐに章乃器は毛沢東に会い、毛沢東は彼に「あなたの素晴らしい提案によって、我々はすでに作者に歌詞を「新中国」とするよう変更させた。」と告げた。

　1949年3月、アメリカの『タイム』誌の表紙には毛沢東の肖像が掲載され、肖像の右側には民主統一という四つの文字が添えられた。しかし、中国の南方は依然として国民党の統治下にあった。

　1949年9月、司徒美堂は香山双清の別荘で毛沢東と会見した。そこには急な坂道があるため、毛沢東は司徒美堂の年齢と体調を考慮して、ジープではなく手輿で迎えに行くよう言いつけた。警備員は出来合いの手輿を探すことができなかったので、毛沢東は自分の藤製でできた椅子の両端に2本の天秤棒に似た木の棒を結びつけて手作りの御輿を制作し、担ぐ時は安定させて動かないように良く言い含めた。司徒美堂は感動し「我々のようなこうした人間にも共産党は『「御輿を担いでくれる』のだから、共産党を舞台にあげるのだ。」と言った。毛沢東は真剣に「我々は今後長い期間共にあり、我々は皆御輿に座ることもあれば、御輿を担ぐこともある。」と述べた。

　1957年毛沢東がモスクワを訪れた時、宋慶齢が代表団の副団長であった。モスクワから帰国する際、毛沢東は宋慶齢を一等席に座らせ、自分は二等席に座った。宋慶齢は「あなたは主席なのだから、一等席に座ってください。」と言うと毛沢東は「あなたは国母なのだから、あなたが座るべきだ。」と答えた。

1954年『中華人民共和国憲法』には「辛亥革命は民主共和を創始させ、民主共和は辛亥革命から深く人々の心に入り込み、民主共和を変えようとする人は基本的な民意や法律に背くこととなる。」とするフレーズがある。
　民主とは、人類文明の進歩の理想的追求であり、近代社会の重要なメルクマールである。
　民主とは、中国革命の偉大なる旗印であり、近現代中国人がどうしても手に入れたい願いそのものであった。
　晩清近代以降、中国は歴史的に列強による統括支配の局面にあって、独立という大きな希望のために、中国人民は自ら真偽、善悪を斟酌し、想像を絶する困難や苦難を経験せざるを得なかった。
　1640年、イギリス資産階級の革命が勃発し、欧米諸国に資産階級の民主主義が出現したが、これは中国とはずっと無縁であった。
　20年代末、共産党が江西で中華ソビエト共和国政権を創建すると、資産階級の伝統的概念と中国の国情に合わせた民主の在り方を提議した結果、中国人民は初めて民主の面影を目の当たりにすることとなった。
　共産党は中国革命の過程において一貫して民主を自己の努力目標とし、早くから国家のモデルと価値観念を吸収するだけでなく、単純な追従をやめ、国内外の環境の変化や政権の仕組みと組織形態を絶えず調整し、革命を通して新しい現代国家建設の道を歩み始めた。
　抗戦期間中、共産党が制定した選挙制度の規定は、満18歳以上であり、抗日と民主に賛同する中国人なら、階級・民族・男女・信仰・党派・教育レベルに関わらず、均等に選挙権と被選挙権が与えられた。人々は平等に、直接的無記名の選挙を通じて自分が信任する役人を選出した。共産党の各クラスの組織が候補者を指名する際、自分の党員を推薦するばかりでなく、同時にまたその他の抗日党派や無党派人士も推薦した。選

挙期間中、各抗日階層、各抗日党派と団体の立候補者は次から次へと選挙活動の演説をし、自己の政見、主張と抱負を表明した。

1941年5月2日、延安の『解放日報』が『人民の権利の適切な保証』とするタイトルの社説を発表し、我々の「革命運動は人民が争った偉大な運動であり、民主か否かを判断する尺度は、人民の政権・人権・財産権、及びその他の自由権利から見ると現実に適合できる保証を得られるか否かというところにあり、これらが保証されない限り、民主であるとは言えない。」と述べた。

李鼎銘は、幼年より母の兄弟から教えを受けた。その人物は国民党の著名な将校であった杜聿明の父であった杜良奎であった。李鼎銘は経史子集及び医学経典の著作を繰り返し勉強し、地理・数学・天文・気象に精通していた。毛沢東は長征で関節痛を患っていた時、西洋医学で治療していたが効果がみられなかった。李鼎銘は積極的に毛沢東を診療し、すぐに4回分の漢方薬を処方し、毛沢東に「1回飲めば、腕をあげることができる。2回飲めば、腕は動き始める。3回飲めば腕は自由になる。4回飲めば、あなたは鉄棒ができるようになる。」と自信を持って言った。毛沢東が4回目の薬を飲み終えた際に奇跡が起こり、腕の痛みは完全に消え、自由に動かすことができた。その後、毛沢東は病気になると李鼎銘に診察させた。

毛沢東が指名して、李鼎銘は陝西甘粛寧夏回族自治区の辺境地区政府の副主席となった。彼は各拠点に「三三制」の抗日民主政権の提案をし、「共産党主導」と「多党派参与」の政権を作り、実際に後の中国共産党指導の多党協力と政治協商制度の雛形となった。「三三制」は中国民主政治形式の新機軸となり、中国の国情に合わせた政党制度を模索する段階において「極東の民主の種」と称された。

1949年1月1日、二つの元旦祝辞が中国を震撼させた。

国民党の『全国軍民同胞へ告げる書』には蒋介石の署名があるが、実質陶希聖によって起草された。蒋介石の祝辞には、やるせない気持ちが見え隠れし、「反乱を鎮められなかった」失敗を認め、すでに北方の広

大な領土へ解放を進めていた共産党に「講話の申し出」を希望していたが、条件は現行憲法の維持と中華民国法規の維持と国民党軍隊の維持であった。それらが叶わないときは、国民政府は共産党に対して「最後まで渡り合う」というものであった。

共産党の『最後まで革命を進行する』は、毛沢東自筆の起草であり、溢れんばかりの誇りに満ちていた。祝辞には「中国人民は偉大な解放戦争で最後の勝利を勝ち取り、この一点に関しては、現在我々の敵でさえ疑う余地はない。1949年、革命に反対しない一派をも参加させ、人民革命の任務を全うすることを目的にした政治協商会議を招集し、中華人民共和国の成立を宣言し、共和国の中央政府を組織する。中国共産党の指導のもとに、各民主諸党派や各人民団体の代表にふさわしい人物が民主連合政府に参加する。」とあった。

その年の第一日目、どこにいようと、どんな階級に属していようと、全中国が総変換されることを国民の誰もがはっきりと認識した。

新政治協商会議の準備活動は、当時の国家政治の主要なテーマであった。それは共産党と民主諸党派による長期の革命協力の実践がもたらした自然な結果であり、また処理がうまくいったことで、共産党と民主諸党派の関係のキーポイントとなった。

最初の任務は、民主諸党派の疑惑と警戒心を取り除くことであった。1948年後半から1949年前半までの一時期、なぜ民主諸党派は革命勝利後の共産党に対して不信感を抱く必要があったのだろうか。その理由を、以下に分析しよう。

1949年1月6日から8日まで、中国共産党中央委員会は政治局会議を招集し、任弼時や朱徳が新中国成立後の民主諸党派の経費の問題を提出した。これは一つの現実的な政治問題であり、中国共産党と民主諸党派の協力は長期的に存在し発展していくか否かに関連があった。毛沢東は1月8日の会議において、民主人士に対しては重要な問題であり、我々は彼らと協力するとともに、国家から給与を与えることに関して公開し誠意を尽くすべきだとの結論を出した。

1949年3月5日から13日まで、中国共産党第七回第二次全国大会が西柏坡で開かれ、専門的な協議がなされ「我が党と党外の民主人士は長期的に政策について協力し、全党は必ず思想と任務によって確定していかなければならない上、我々は必ず同じ党派ではない外部の多数の民主人士を、自己の幹部と同じように接しなければならない。彼らと心から率直に問題を相談して解決し、彼らに仕事を与え、その職務における地位と権利を持たせて成果を出させる。彼らと仲良くした上で、彼らの誤りや欠点は真剣に適切に批評し論争することによって、彼らと団結する目的を達成する。彼らの誤りや欠点を大目に見ることは正しくない。彼らに対して許容しない態度や、いい加減な態度をとることも誤りである。」と決定した。共産党と民主諸党派が協力すべき関係にあるのは明確となった。

　共産党が誠心誠意、協力的な態度を示したことから、1949年1月22日、各民主党諸派の指導者は共同で『目前の情勢に対する意見』を発表し、新政治協商を招集し、新中国を建国し「共産党中央政府の指導の下に、微力を捧げ共通の政策を進める。」ことを示した。

　民主諸党派は抗戦に勝利したため、旧政治協商から新政治協商に至るまで、一貫して最終的に共産党の指導を受け入れ、比較・鑑別・選択の一連の過程を経験した。共産党は長期にわたる勇壮無比な闘争を経るうちに民主諸党派と肩を並べるようになり、徐々に各民主諸党派と無党派民主人士に公認され、その指導的地位を確立していった。

　民革は「中国の無産階級政党は、中国共産党の指導の下にあるからこそ、革命は途中で挫折しない保証が得られる。」と示した。民盟は毛沢東に書簡を送り「心からあなたの党の指導を受けることを願い、新民主主義建設の偉大な事業においてあなたの党と密接に協力することに、民盟は責任を持つ。」とした。致公党は「中国共産党は、中国革命において最大限の貢献をし、最も勇敢に闘った。今回の新政治協商会議の開催において、我々は疑うことなく共産党が指導者であり招集者である。」と認めた。民進の指導者である馬叙倫も、共産党を新政治協商の「絶対

1949年1月31日、北京平和解放。2月3日、中国人民解放軍が挙行した盛大な入城式。写真は北平各界民主人士と人民群集に歓迎される解放軍の入城の情景

1949年3月25日、毛沢東・朱徳らが中国共産党中央委員会機関と人民解放軍本部を率いて北平に入る際、民主諸党派責任者と民主人士が西苑空港で出迎えた様子。左から潘鈞儒・朱徳・董必武・李済深・陳其瑗・郭沫若・黄炎培・毛沢東・林伯渠・馬叙倫

的な指導者である」と認めた。

　1949年1月31日、人民解放軍は800年余りの歴史を有する文化都市、北平に平和的に駐在する運びとなった。

　1949年3月25日、北平西苑空港には北平各界の民衆及び各民主諸党派、人民団体や無党派民主人士の代表が集結し、共産党中央委員会や中央政府の軍事委員会総本部が北平に入るのを出迎え、閲兵を行った。

　葉剣英や彭真の付き添いの下、毛沢東・朱徳・劉少奇・周恩来・任弼時や他の指導者たちは、出迎えに集まった160余名の各民主諸党派や人民団体の指導者や民主人士の歓迎を受け、心からの祝福を受けた。

　皆は互いに挨拶をかわし、過去を懐かしんで語り合い、絶え間なく談笑し、再会を喜びあった。

　毛沢東は短い演説をし、「皆さんと我々は互いに真心をこめて深く交わり、困難を共に切り抜けよう。今後、共産党はこれまでと同じように、皆さんと共に新中国を建設していく。」と表明した。

　1949年春のある日の午後、香山に居を構えていた毛沢東は車に乗って城内へ出向き、北平師範大学の校長であった湯璪真、文学院院長の黎錦熙、地理学部主任の黄国璋、労君展・許徳珩夫妻と、友情を深め心ゆくまで語り合った。言語学者の黎錦熙は、毛沢東が青年期に長沙の湖南省立第一師範学校で学んだ頃の歴史の教師であった。地理学者の黄国璋は毛沢東の同郷で、一貫して九三学社の組織任務の責任を負っていた。労君展は長沙の周南女子学校にて学んでいた時期、かつて毛沢東とともに蔡和森が組織していた「新民学会」に参加した。1936年晩秋から初冬にかけて、紅軍の長征が初めて延安に到達し、国民党軍の封鎖によって延安の物資が不足したことを知った彼女は、北平高校の教師であった夫の許徳珩と共に自らの貯蓄をおろして東安市場に出向き、12個の懐中時計に10数個のハムと30足あまりの布靴を買って、人に託して延安にいる毛沢東のもとへ届けさせた。

　毛沢東は、彼らの新中国の文化・科学・教育事業の発展についての意見を聞いた後に「共産党以外の党派もあって良かった。民主諸党派は中

国共産党の友人である。ことわざにも『家では父母に頼り、外に出たら友人に頼るものだ』と言うではないか。」と喜んで述べた。

　会談の間にすっかり夜になり、毛沢東は随行者に言いつけて、一番近い西単のレストランにて二卓の宴席を設けさせた。皆は多くの料理を目にして、これが何を意味するのかわからなかったが、その時、毛沢東は「あなたがたが皆、九三学社の社員であることから、九三学社の私の友人たちもお招きしたところ、皆来てくださった。」と感謝の気持ちを述べた。その場には、教育者の董渭川、化学者の魯宝重や九三学社と関係の深い友人たちが皆駆けつけていたのである。彼らは思いがけず毛沢東との会見の機会を得て、その幸運を非常に喜んだ。その席上、ある人が主席の健康と長寿を願って乾杯しようと提案すると、毛沢東は手を振って制止し、「席についている皆さんは全員が教員であるし、私もまた教員である。ただ教える科目がそれぞれ異なるだけだ。今、私と皆さんは新中国のために『長期的に肉体労働』をしている。我々の主人は誰か。大地主でも資本家でもなく、それは人民、4億5000万の中国人民であって、我々は全身全霊で彼らのために働くのである。」と言った。

　毛沢東はこの談話で、すでに中国民主政治の青写真を描いており、民主諸党派は「積極的に参政し、共同で新中国を建設したのだ。」と語った。

　当時、中国共産党中央委員会の統一戦線部部長であった李維漢は、「これは民主諸党派の地位の根本の変化を示し、彼らは再び旧中国反動政権下の野党になるわけではなく、新中国人民民主専制政治の参加者として、中国共産党の指導下で、共産党と共に国家の管理と建設の歴史的重責を負った。ここから、各民主諸党派は新しい歴史の道へと歩みだしたのだ。」と言った。

　1949年8月5日、アメリカ国務院は、中国関係の白書『アメリカと中国の関係』を発表し、アメリカの中国への侵略政策は完全なる失敗であったこと、中国革命における反対と干渉は民主諸党派による「民主個人主義」に存在すると明確に表明した。共産党は続けて『さよなら、ジョン・レイトン・スチュアート』と『なぜ白書について討論するのか』『友誼』

1949年6月15日から19日、新政治協商準備会議第一回全体会議が北平で開かれ、写真は常務委員による集合写真。左から譚平山・周恩来・章伯鈞・黄炎培・林伯渠・朱徳・馬寅初・蔡暢・毛沢東・張奚若・陳叔通・瀋鈞儒・馬叙倫・郭沫若・李済深・李立三・蔡廷鍇・陳嘉庚・烏蘭夫・潘雁冰

それとも侵略か』など6編の文章を発表し、アメリカによる対中国帝国主義の本質の政策を深刻に暴き、国内の一部の知識人たちはアメリカへの幻想を批評し、理論的に中国革命の発生と勝利の原因を解き明かした。

各民主諸党派もまた白書の批判を展開し、厳粛に「民主個人主義者」を分析し、民主諸党派はすでに思想的に過去とは一線を引いていることを表明し、更に一歩進んで共産党指導の新しい党派関係がすぐさま実現することを示した。

1949年6月15日から19日まで、共産党と各民主諸党派や無党派民主人士及び各人民団体など23の団体の代表134名が、新政治協商準備会議第一回全体会議に参加した。

新政治協商準備期間中、社会的に由来が不明な、少なからぬ党派の団体が、こうした民主諸党派になりすまして、政治協商会議に参加したがった。こうした党派の団体は、解放戦争期間に革命に対して少し貢献し

1949年9月19日、毛沢東と劉伯承・陳毅・粟裕が一部の民主人士を北平の天壇に招待する様子

た経験はあるものの、民主運動の歴史とは実質的に関係はなかった。ごくわずかな反革分子や、あるいは政治的にチャンスを狙っている人々が臨時に集まるなど、組織には様々な人がいた。すべての革命に参加し奮闘してきた人々は歓迎するが、反革分子が参加することは決して許されないという原則に基づいて、民主人士とチャンスを狙ってきた人々は明確に区別された。

　新政治協商会議に参加した各党派は全部で14団体あり、中国共産党と、香港で「五一スローガン」に対して公にこたえた中国国民党革命委員会・中国民主同盟・民主建国会・中国民主促進会・中国農工民主党・中国人民救国会・三民主義同志連合会・中国国民党民主促進会・中国致公党の他に、九三学社・台湾民主自治同盟・新民主主義青年団の3党派と、これ以外の無党派民主人士も一つの単位として参加した。1949年11月、中

1949年9月21日から30日、中国人民政治協商会議第一回全体会議が北平で挙行される

国国民党革命委員会・三民主義同志連合会・中国国民党民主促進会は、統一して中国国民党革命委員会を組織し、同年12月に中国人民救国会は解散を宣言した。新中国には、中国共産党の他に八つの民主諸党派が形成され、無党派民主人士もここでは有党派のグループの一員となった。

　共産党は天下をとっても自惚れることなく、他の各界、各党派代表と平等に協議した。共産党はまた100万の傭兵を得てもおごり高ぶることなく、自分の主張を他人に無理強いすることもなかった。共産党は各方面の力を集めて、協議して建国し、政権の開国への道を共に享受して創り上げた。潘鈞儒は自らの目で、共産党には大きな党として驕りがないことを確かめ、代表の定員の分配を民革・民盟の人数と同数にした初めての試みに対して、極めて感慨深く「これは確かに有史以来、初めて出会った民主政府・民主精神である。」と述べた。

　解放戦争の勝利の砲声が鳴り響くに従い、1949年9月21日夕刻7時に、中国人民政治協商会議第一期第一回全体会議が中南海の懐仁堂で開催された。全国各地（まだ解放区になっていない地域も含めて）、及び海外の各界代表634名が、民主の下に集まった。彼らの中には政治の指導者も

いれば、建国時の指導者もおり、科学の巨匠、そして芸術に優れた者や、社会的に名声のある者、そして青年でも非凡な才能を持つ者もいた。

　大会では大音量で『中国人民解放軍進行曲』が流れ、場外では54発の礼砲が打ち鳴らされる中、厳かに開幕し、全体代表の者たちは興奮を抑えきれず、起立して熱烈な拍手を送り、それは5分間以上鳴り止むことはなかった。

　会議では、まず周恩来による大会準備の報告を経て、89名の主席団の名簿が採択された。朱徳が主席として大会開幕の宣言をし、毛沢東に開幕の言葉を託した。続いて劉少奇・宋慶齢・何香凝・張瀾・高崗・陳毅・黄炎培・李立三・賽福鼎・程潜・司徒美堂がそれぞれ発言し、閉会した時はすでに11時をまわっていた。竺可楨は日記に、人物ごとの発言時間を正確に記録していた。毛沢東は18分、劉少奇は14分、宋慶齢は12分、何香凝は15分、高崗は18分、陳毅が5分、黄炎培11分、李立三16分、セイプディン・エズィズィは翻訳も含めて16分、張瀾11分、程潜が9分であり、華僑代表として84歳の司徒美堂先生は翻訳を含めて13分であった。

　中国共産党は、第一次全国政治協商会議を組織して主導し、そして誕生したばかりの中華人民共和国の指導者ともなったが、当時は共産党の代表である毛沢東・劉少奇・周恩来らも他の党派や団体の代表と同じように座席を設けて、壇上ではなく、静かに会場内に着席していた。

　宋慶齢は「今日という一日は、中国にとって巨大な原動力となる。中国の人民は、革命の原動力となって前進する。これは歴史の飛躍的な発展であり、巨大な力によって新中国が誕生する。我々が今日の歴史的地位に至ったのは、中国共産党の指導のおかげである。これは唯一の人民大衆の力を備えた政党である。孫文先生が提唱した民族・民権・民正の三大主義の勝利の実現であり、最も頼るべき保証を勝ち得たのだ。」と演説した。

　黄炎培は演説中に感情をほとばしらせつつ「我々群衆の興奮は頂点にあり、共産党の毛沢東による指導の下、地球の数億年から続く大きな歴史の一部となり、最も偉大で最も栄光に満ちた足跡を記録した。それは、

中国人民政治協商会議の開幕である。我々が中国人民政治協商会議を行っている期間中を喩えるならば、地球上の東半分の大陸に新しいビルを建設していくようなものだ。この新しいビルの名前こそ、中華人民共和国である。この新しいビルには五つの大きな入口があり、すべての入口に大きな二つの文字が掲げられ、それは独立・民主・平和・統一・富強なのである。」と述べた。

　9月24日、許徳珩が会議上で強調したのは「この会議に参加した人々には、各民主諸党派・軍隊・各人民団体・各区域や各民族の代表も含まれる。階級区分においては、労働者・農民・民族資本家・小資本家階級の知識人たちである。中国革命の歴史から見ると、戊戌の政変・辛亥革命・五四運動から1925年の大革命以来、参加してきた人々や指導者たちである。代表の年齢は92歳の長老から21歳の青年までいた。思想面では、唯物主義の哲学者から科学者・文芸家・政治家、そして信仰の篤いキリスト教信者・仏教信者・回教信者がいた。居住地の区別では、遠い地の果てから危険を冒してまで帰国した海外華僑、また国内の辺境から来たミャオ族・イ族・リー族・チベット族の同胞までいたのだ！　こうした様々な所属の異なる人々、異なる地域や環境に属する人々が一致団結して旧中国を放棄して新中国を建設するという目標を掲げ、自由に、そして民主的に打ち解け、前例のない結束力を発揮して、中国共産党の周囲に団結したのである。」という点である。

　74歳の高齢で痩せて長いひげをなびかせていた瀋鈞儒や、新政治協商会議の4世代の中で唯一、光緒帝・孫文・袁世凱・蔣介石・毛沢東ら「中国5名の第一人物」と会見したという伝説的人物であった張元済、「四川北部のトップの地位にあった」張瀾・李済深といった「老神仙」と称される人物たちが演説を聞いて感激して涙を流すと、無数の若い後輩たちの感動をも引き起こし、「新政治協商会議」に至るまでの道のりが実に並々ならぬものであったことを皆が痛感したのであった。

　1949年9月29日16時15分、何代も半世紀にわたって心血を注いだ偉大な書物『共同綱領』が完成し、建国者による全国民への誓いとして正式

に成立した。7000余字の『共同網領』はこの会議の最大の精神と智慧の結晶であり、新たに生まれたばかりの共和国が備える憲法の意義を示す重要な文献となった。

　この網領の当初の名前は『新民主主義の共同網領』であった。準備の過程で深く関わり責任者として起草した周恩来は、政治協商のような新しい民主政治形式には永続的な存在が必要であると強烈に感じ、ここで大会が招集される前の第四次準備常任委員会上で提出された新政治協商会議の名称を「中国人民政治協商会議」と定めた。人民民主国家における統一戦線として、社会主義時期にあっても党外人士と統一戦線をはり、各民主諸党派が統一して協力する組織でなければならなかったのである。そして最終的に『中国人民政治協商会議共同網領』と命名されたのであった。

『共同網領』の第一および第二稿で政党制度の問題に触れていないのは、新政治協商準備会議が招集された後に多党協力が明確に実行され、政党制度として『共同網領』が起草され提出されたからである。各民主諸党派が、確実に長期的に協力しなければならなかった。そして民主諸党派には、各階級の人民代表大会および各クラスの民主連合政府の職務も権力もあった。

　政治理念においては、共産党は断固として自身の政治思想を基礎とし、各民主諸党派による民族独立国家を平和的に建設する政治的希望を参考にした。政治制度において共産党は、各民主諸党派と社会で徳行のある人々と同じく共同で国家を統治し、民主諸党派のエリートと有識者の政治的な影響を十分に発揮させ、政治的行為においては各党派が厳格に『共同網領』を守って人民の利益を根本とした。

　各党・各派・各愛国社会階層はこの網領を擁護し、共産党の指導を希望して受け入れ、この網領の中から各自の利益と訴えを探し出したが、これは昔の政府にはなかった価値観の表れであった。

　第一期全国政治協商会議が招集され、中国共産党が指導する多党協力と政治協商制度の確立が示された。

第5章　成長と憧憬

中国政党制度はかくして新制度を確立し、旧制度を徹底的に淘汰し、早いうちからその最終形態を実現したのである。

なぜ多党競争と一党独裁ではなく、多党協力を目指したのか。なぜ指導者がいない党と多党協力は行うべきではなく、ただ一党指導の多党協力ならば良いのか。なぜ国民党が指導する多党協力は行うべきではなく、共産党が指導する多党協力ならば良いのか。以下、その理由を解明していこう。

中国政党制度は、反植民地・反封建制度の国情と新民主主義革命の規律が決め手となり、民族独立と人民解放という、この二つの重大な歴史的任務を実現するために「この状況から判断してつくられた」ものであった。これは中国の歴史上でも型破りであり、世界の歴史上にもこれまでなかった状況である。

多くの党が作られ、ただ寄り集まっているというだけの社会は、手のひらを返すように単純な構造であった。しかし、多くの政党が存在する場においては、それにふさわしい政党制度を確立することはきわめて困難で、不可能であった。

共産党は1944年から1949年まで、中国の将来を担う政権組織作りの段階で、多党協力による連合政府においても、政治的立場を明確に打ち出すという具体的な運用モデルを示した。そのため、毛沢東は「中国の民主革命は、いくつかの政党が連合して進行しても、やはり共産党が指導者となる。」とはっきりと宣言したのである。

各国の既成の政党制度とは異なり、人類の文明が発展していくような多様性が体現されたのである。

中国共産党統一戦線戦略および中国共産党の指導のもと、革命的な力を生み出し発展させていくことで、国家運営の基盤が中国共産党と各民主党諸派の協力によって構築されることになった。

民族独立の争いにおいては、国家の建設と近代化の発展過程で、中国が強大な力をもって指導的中枢とならなければならない。中国革命の成功と国家が誕生する過程においては、この一党制度の選択に決定されな

ければならない。このような政党制度を堅持し発展させることにこそ国家および国家制度が合法性を保持し、国家の発展に必要とする制度と政治的基礎が得られるのである。

　1949年8月9日、費孝通は北平の各界代表会議に参加した後に「私が会場に踏み込むと、非常に多くの人々、中には制服を着ている者もいれば、仕事着・シャツ・チーパオ・スーツ・丈の長い中国服を着ている者、またある者はスイカを半分にしたような形のつばなし帽をかぶっていた。ここには、一目ですぐに身分の違いがわかる人々が集結していた。彼らが一つの会場で共に問題の討論に参加したのを目の当たりにしたのは、私の生涯で初めてのことであった。これは何を意味するのか。私の眼には、会場の前に掲げられた「代表」の大きな二文字が飛び込んできた。「代表」とは、北平在住の種々多様な人々の代表であり、イギリスやアメリカのどの会議のどの総選挙なら、このような各階層から代表を選ぶことができるか試しに聞いてみたらよい。」と感慨深く述べた。

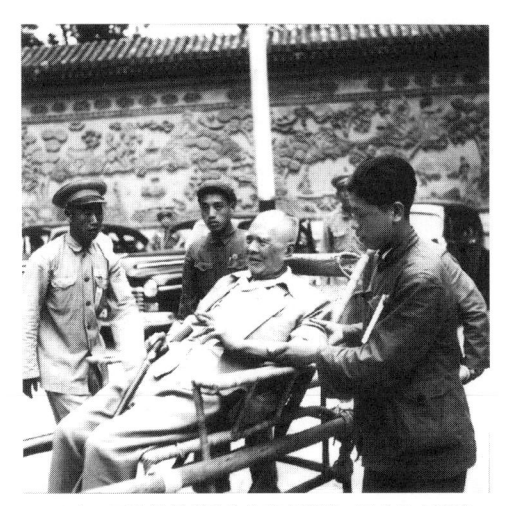

1949年、司徒美堂が政治協商会議第一回全体会議第二次会議に出席する際、御輿風につくった藤製の椅子を、周恩来の指示で全国政治協商会議の秘書が制作し、司徒美堂の足とした様子

　新中国成立前夜の、政治協商会議の全体代表として招待された盛大な宴会にて、毛沢東は何度も祝杯をあげ、話に花が咲き、きつい湖南なまりを操っては「我々のこの一卓にどんな人々が集まって来ているのか。無産階級の李立三、無党派人士、文学家の郭沫若、民主教授の許徳珩、前清の翰林であった商工界の陳叔老、そして婦人界の廖夫人と華僑の陳嘉庚先生、司徒美堂先生など。これが統一戦線の勝利である。」と言った。

第5章　成長と憧憬

毛沢東のこの発言は、わずか数語の簡単な表現だが、共産党が主張する国家が人民の国家である点と重ねて強調し、ある単独の党派の国家ではないことが首尾一貫した思想をもって語られたのであった。
　和やかな雰囲気の中、修羅場もあった。民意に順応してきた伝作義将軍が、共産党員に対しても直言して憚ることなく「我々国民党は二十数年もの間、政権政党であったが、あなたがた共産党なら当然、同じような心配を早くから繰り返すことはないであろう。しかし、40年後、50年後はどうなのか。」とする厳しい問題を突き付けたのである。
　毛沢東はこの時のことをずっと心に刻んでおり、黄炎培に「人民によって政府が監督されれば、政府の気も緩むことはない。人民が責任を持つ。そうすれば、政府が滅亡するようなことはない。」と語っている。
　共産党は国内外の歴史の経験を汲み取って、自身の民主実践に基づいて民主政治体制を確立し、これが「人民代表大会制度」となった。劉少奇はかつて「人民代表会議制度とは、資産階級議会制度とソビエト制度の経験によって提出された。」と述べ、この選択を『共同網領』に記した。第一期全国政治協商会議第一回全体会議は、実質的に人民代表の職能を代行し、網領を制定し、中央人民政府を選択することとなった。
　この会議において『人民政治協商組織法』『中央人民政府組織法』『人民政治協商共同網領』『首都・紀年・国歌・国旗』の4条の決議案が可決され、政治協商全国委員会委員と中央人民政府委員会が選出されたことは素晴らしい成果であった。
　この時、毛沢東が中華人民共和国主席に、朱徳・劉少奇・宋慶齢・李済深・張瀾・高崗が中華人民共和国副主席に選ばれた。
　第一回中央人民政府委員会は63名から組織され、非中国共産党党員が50％を占め、56名の政府委員のうち、民主諸党派や無党派人士は27名で50％近くを占めた。この構成からも共産党と民主諸党派、そして無党派人士の協力によって国家権力が運行することが定められ、人民民主の基本理念と行動様式が実践され、多党協力と連合政府の特質が存分に体現された。

1952年4月、中国共産党北京市委員会書記の彭真が人民英雄記念碑の設計方案について張瀾（一番右）、李済深（左から三番目）らから意見を受ける

　1949年9月30日夜6時、毛沢東は政治協商会議に出席した全委員を率いて天安門広場に出向き、人民英雄のために建てられた記念碑の土寄せをした。これは北京という空間の主軸線に、封建五朝世代から延々と続く血脈が切断された象徴となった。
　8年後、記念碑が完成した。記念碑の正面には毛沢東が自ら揮毫した大きな八つの文字が、きらびやかな金文字で彫り込まれ、背面には周恩来が何度も原稿を修正した碑文が刻まれた。民盟中央政府の常任委員であり、彫刻と塑像の大家である劉開渠と建築学者の梁思成の2人が、この天安門広場を飾る最高の建造物の総合企画と周辺レリーフの主要な設計を担った。
　この建造物は40メートルの高さを有す壮大なものである。アヘン戦争以降、国のために犠牲となった数千万人の烈士たちを記念した偉大な石碑が建てられた。
　記念碑の前に立つと、人々は感情を抑えきれずに革命のために犠牲を払って亡くなった中国共産党員に思いを馳せ、同じように革命のために勇敢に闘って命を落とした民主諸党派の志士や仁徳者を偲んだ。彼らは我が身を犠牲にして、塗炭の苦しみにあえぐ人民を、幸福の大道へと導

第5章　成長と憧憬

1949年10月1日、中華人民共和国成立が北京で宣言される。写真は毛沢東と李済深・黄炎培らが開国式典に列席している様子

いたのである。

　1949年10月1日午後3時、毛沢東は天安門の楼閣に登り、全中国そして全世界に向けて、「中華人民共和国中央委員会人民政府が今日成立した。」と厳かに宣言した。

　建国式典での太鼓の調べは、耳元へ幾度となく響き渡った。五星紅旗の鮮やかな色彩は、殊のほか人目をひいた。

　28年に及ぶ血で血を洗う奮戦を経て、中国共産党はまさにこの悠久の歴史を有する苦難の地に人民政権を確立した。中華民族はこの巨大な変化のうねりに従い、この百年苦しんだ屈辱と圧迫に別れを告げた。

　この瞬間から、全国的な規模で再び中央権威に挑戦できる勢力は存在しなくなった。台湾など一部の地域を除き、4億の中国人はまさに一つの運命共同体となり、同じ一つの目標に邁進して行くことになった。

　共産党の成果は、政治意義の擁護と、それに伴う合法性を得たことというより、心理的な面で最も一般的、最も力のない人々に政治に対する意識が普及した点といえるだろう。

　建国式典のその日、軍の音楽隊が天安門広場で進行曲を演奏した。それ以前は、ある者はドイツの楽曲を、ある者はソ連の楽曲を、あるいはアメリカの楽曲を使用することを提案する者もいた。最後に、毛沢東が「我々が主であり、私の国が主である。」とする方針を確定し、これは自国の楽曲を聞き、自身の道を行くことを意味した。

1949年10月、中央人民政府委員会の一部の委員による集合写真

　自国の楽曲を聞いて自身の道を行くことが、建国式典の原点となった。共産党は全人民を率いて、中国の特色を備えた社会主義を模索していた。
　10月1日午後、毛沢東が天安門の楼閣で『中華人民共和国中央人民政府の公告』を読み上げた際、新華社の記者であった李普が毛沢東から遠くない位置にいた。毛沢東は公告を読み終えた後、李普からその原稿を欲しいと頼まれた。毛沢東は李普が記者であることがわかっていたので、一枚の書きつけを手渡し「この書きつけを注意深く扱い、決して紛失することがないように。この発表に沿って、書き漏らすことがないように。」とよく言って聞かせた。毛沢東が読み上げた公告の原稿は活字化された公文書であり、原稿の上部には毛沢東のサインと「この原稿通り発表するように」との注意書きの一文が添えられていた。
　元来『公告』の原稿は、6名の副主席の姓名だけが連ねられ、それに続いて「陳毅ら56名の委員」が続き、陳毅以外の55名の氏名はすべて省略されていた。10月1日午前、中央人民政府委員会が挙行した第一回会

議上、張治中が『公告』には56名の中央人民政府委員、全員の氏名が記載されるべきだと提案した。毛沢東はすぐにはっきりと「良いことだ。56名の委員の名前をすべて名簿に書き記すことは、我が中央人民政府の強力なメンバーを示すことができる。」とする立場を表明した。これを聞いた人々は嵐のような拍手をした。

　この名簿から、共産党員でない多くの人々が重要な職務に就いていたことがわかる。当時の中国政治の舞台には、民主的な自由を勝ち取るために奮闘してきたことで名の知られた人々がおり、国民党の独裁統治に反対してきた各派の実力者がこの中にもいた。これが国内外に大きな影響を与えただろう。

　しかし、中国共産党内部には疑問や不満をもつ同志も少数ながら存在した。ある人は「革命に参加しなかった者や反革命を訴えてきた者たちが、革命に参加してきた我々よりも優遇されるのは許せない。」「新しい革命家や革命に参加してこなかった者たちが、古くから革命に参加してきた我々よりも優遇されるのはおかしい。」とする意見もあった。戦争でたびたび手柄を立てた将校は直接不満をぶつけ、「我々が天下を取ったのに、民主人士が天下に座っている。」この話は直接、3名の民主人士の副主席であった李済深と張瀾にも及んだ。

　内部の疑いや不満をもつ同志を考慮し、中国共産党の上層部は思想の発展的向上に努めた。

　当時解放区から来た同志たちは、スイカを半分にした形のつばなし帽をかぶり長い中国服を着て、王朝時代の遺老に見える張瀾の姿に反対を表明した。この時、朱徳は公に「革命を論ずるに、彼は誰よりも古くからの革命者だ。」と演説した。張瀾は人徳が高く、彼が座右の銘とした「四勉一戒」は「人としての基本は守らなければいけないし、人は独学すべきであり、自尊心を持ち、負けない誠心を持つべきである。そして、自らを欺いてはいけない。」を意味した。あくまで「寛容・忍耐・確固・明達」の8文字を用いて自らの要求を主張し、「富貴を持っても惑わすことができず、貧賤にあっても志は変えられず、武力や権勢でも屈服させること

はできない。」とする人生の基本方針を実行していた。彼は旧社会においては四川省長であったが、夫人はこれまでどおり農民として茅葺の家に住んでいた。彼は公益事業のために多額の資金を寄付し、彼の木綿の長袖の中国服は田舎から繁栄する上海に移っても、中央人民政府の副主席に就任しても着用し続け、お金はなくともその生きざまは質実剛健であった。

　北京市では1949年11月18日に第一期党代表会議が特別招集され、彭真が会議の席上「党外人士と上手く協力していくことと、各界の人民代表と会議を上手く進める問題」について演説し、誤った考えを厳しく批判した。なぜ党外人士との協力を強化していくかに関して、彭真は「第一に、党がこれほど大きな国家を管理する点において人材・経験ともに不足しているが、党外にはこうした方面に明るい人々が存在するからである。第二に、政府のメンバー構成は各階級・各階層の人々を団結し先導していくのに有利で、新中国の建設のために協力して努力することができる。我が国の革命の歴史を顧みるに、統一戦線において問題が起きると必ず革命は失敗していた。ただ共産党の3文字だけに頼って指導を強制するのならば、最終的に指導の立場から転がり落ちる。」と語った。私心をはさまないこの演説は、広く党員幹部の認識を高め、党外人士を団結させ、人民民主統一戦線を強め、先導する作用があった。

　選挙で共産党の民主的方法を明示しても、民主とは決して選挙だけを指すのではなく、それほど単純なものではない。

　建国式典の後に、中央人民政府委員会の活動が始まった。規定にそって、政務院は政治法律委員会・財政経済委員会・文化教育委員会・人民監察委員会と、行政実務と関係ある30の部・会・院・署・行を主宰し、また副総理と政務委員の若干名を任命した。この期間、各界民主人士の配置は各方面の注目の的となった。

　各界民主人士の職務名簿は、多くが政務院総理の周恩来より中国共産党中央委員会に報告され、各民主諸党派と無党派民主人士は同じく協商の再現として、正式に中央人民政府委員会に推挙され任命された。この

過程において、周恩来は緻密に考慮し、熟慮を重ね、絶えず均衡を保って協調し、各民主諸党派に主要な指導者と無党派民主人士の代表人物を、ほとんど政務院および所属の各部門に配置した。

　黄炎培は、人生のほとんどを「官僚のためではない」とする信条を貫いた清末の挙人であり、若い頃、北洋政府に2度教育総長に命じられたが、すべて固辞して就任することはなかった。3年前に延安の山崖に掘った毛沢東のヤオトンの住居にて、黄炎培が苦渋に満ちた様子で「興亡の周期率」について語るも、毛沢東は「民主」の二文字を用いてその心配を解き、黄炎培は歴史の悪循環についての考え方を捨てた。周恩来は2回、黄炎培に公職に就くよう説得するために訪問し、彼をなだめて「今は人民政府である。役人による政府ではなく、人民のために仕事をし、人民に奉仕する政府である。」と言った。2時間余の懇談の後、黄炎培はその言葉に心を動かされ、検討する姿勢をみせた。翌日、彼は友人の孫起孟らの意見を求めた。彼らは一致して、中国共産党がすぐにでも人材を欲しがっているのだから政務院のポストを受けるべきだと勧めた。その晩、周恩来が再び訪問すると、黄炎培はついに公職に就くことを引き受けた。彼の家族が理解に苦しんでいると、黄炎培は「かつて官職に就くことを断固として拒絶したのは、汚泥に入ることを望んでいなかったからである。今日、中国共産党は人民政府を指導しているのだから、私は人民の役人になる。」と説明した。

　傳作義は北平平和解放で特別な貢献をしたことが評価され、周恩来から水利部長を担当するよう指名された。新政治協商主席団はこの指名を満場一致で可決すると、細身の傳作義が感動のあまり顔を覆って男泣きをし、会議は一旦中断せざるをえなかった。傳作義は立ち上がって「周恩来先生が私を水利部長として推薦し、主席団も満場一致で可決してくれたことは、まさに夢を見ているようで、昔なら思いも寄らない出来事である。国民党の蔣介石が統治していた旧中国では、スーツケースいっぱいに黄金やアメリカドルを詰め込んで手で提げていき、融通をきかせてもらい、部長という職を買うしか方法がなかった」と語った。彼の顔

を涙が伝い流れ「今の共産党指導者である毛沢東が武装蜂起した将軍の私に部長の職務をくださったのは、毛沢東が賢明であり、共産党が偉大であり、共産党は天下に君臨しなければおかしい。」と言った。

周恩来は旧社会で高い官位と多くの俸給を拒絶していた正直者で有名な林業学者である梁希に、森林土地部長の職務に就くよう依頼した。この知らせを知った梁希は、かつて周恩来に「歳が70近いので、力は任に堪えることができないし、やはり南京に戻って教師をするのが良かろう。」との手紙を送った。周恩来はすぐに返信を書いて、「人民のための奉仕はなすべきことであるので、これは誰にも譲らない。」と伝えた。梁希は深く感動し、感慨深く「人民のための奉仕ならば、いくたび命を投げ出しても惜しくない。」と答えた。

李書城が農業部長に指名されたことは、多くの人々にとって意外なことであった。李書城は同盟会の早期の会員の一人であり、武昌では真っ先に義兵をあげた後に武漢で黄興の参謀長をつとめ、続いて袁世凱討伐のための護国戦争と護法戦争に参加し、中国共産党「第一回全国大会」は彼の家で開催された。そこで、彼の弟の李漢俊が代表となり、彼本人も貢献した。周恩来は薄一波を派遣して李書城と直接会見させ、薄に対して「彼にはこんな背景があり、その事情を考慮すべきだ。」と言った。李書城はこのような経緯で、新中国最初の農業部長に就任した。

胡子昂は著名な政治活動家であり、民族商工業者や実業家、共産党とも長いこと密接につきあってきた。建国式典の翌日、雲南・貴州・四川の一帯に進軍した第二野戦軍司令員であった劉伯承、政治委員の鄧小平と陳錫聯らは、解放軍の高級将校であった張瀾を宴席に招いたが、胡子昂も特別に招待した。この宴席上、鄧小平は胡子昂に西南での仕事を約束した。胡子昂は思いがけず重慶に帰った後に重慶市副市長に任命され、商工業関係を受け持ち、これは鄧小平による徹底的な統一戦線政策の実行であり、多数派意見を力づくで排除した結果であった。鄧小平は「我々共産党政権が、党員を配置させ職務を担当して指導することは絶対的な正しい道理である。しかし、都市の統一戦線の主要な対象は資産階級で

あり、我々は彼らに多くの仕事をさせなければいけないし、もし彼らの中に代表して政府の仕事に参加したい人物がいたら、彼らを通して組織・団結・教育し、さらに多くの人々に管理・建設させる。これは我々が開拓していく仕事の近道である。」と述べた。

　政務院と下級の各部委員会・各界民主人士の職務と人選およびその割合は以下の通りである。

　4名の副総理のうち2名が郭沫若と黄炎培で半分を占め、15名の政務委員のうちの9名が譚平山・章伯鈞・馬叙倫・陳邵先・王昆侖・羅隆基・章乃器・邵力子・黄紹竑で六割を占めた。4名の委員会主任のうちの2名が文化教育委員会主任の郭沫若と人民監察委員会主任の譚平山であって半数。30名の部・会・院・署・行は正職についている責任者の13名で軽工業部長の黄炎培・郵電部部長の朱学範・交通部部長の章伯鈞・農業部部長の李書城・森林土地部長の梁希・水利部長の傅作義・文化部部長の瀋雁冰・教育部部長の馬叙倫・衛生部部長の李徳全・司法部部長の史良・華僑事務委員会主任の何香凝・中国科学院院長の郭沫若・出版総署署長の胡愈之と43％を占めた。その他、各部・会・院・署・行の63名の副職のうちの各界民主人士は29名で46％を占めた。

　政務院の各部門には、各界民主人士が最低でも43％を占め、最高時には60％を占めた。これは多くの民主諸党派と無党派民主人士には思いがけないことであった。

　政務院を除く中央人民政府委員会が管轄する人民革命軍事委員会と、最高人民法院・最高人民検察署等の国家協力部門も、各界民主人士が適宜配属されていた。

　人民革命軍事委員会は「全国人民解放軍とその他の人民武装力を統一管轄し指揮する」機構として、武装蜂起した将領の程潜が副主席として配属され、薩鎮冰・張治中・傅作義・蔡廷鍇・龍雲・劉斐が委員となり、直接、最高軍事決案の指揮に参加していた。

　「全国最高審判機関、及び指導と監督の責任する全国各級審判機関と審判任務」の最高人民最法院は、瀋鈞儒を院長に直接任命しただけでなく、

2名の副院長のうち1名に民主人士の張志譲が配属された。
「政府機関および公務員と全国人民が厳格に遵守してきた法律」は、最高検察責任・最高人民検察署の2名の副監察長と、無党派民主人士の藍公武が直接的指導任務に当たった。

　新中国成立当初、各民主諸党派と無党派民主人士で、国家政権に関しての職務に就いた多くのメンバーは、当時の新民主主義社会・国家政権の性質・社会的主要な矛盾や情勢を鑑みて決定された。

　新中国成立初期、中国社会はまさに半植民地半封建社会から社会主義社会への過渡期と言える新民主主義段階にあった。社会主義による国営経済・半社会主義による協同組合による経済・農民と手工業者の個人経済・私人資本主義経済・国家資本主義経済の五種類の経済区分が共存していた。この基礎のもとに建設された国家政権は、資産階級の専制政治でないだけでなく、無産階級の専制政治でもなく、お互いに統一戦線の性質を備えた人民民主専制政治とする、労働者階級・農民階級・小資産階級と民族資産階級のいくつかの革命段階が結合した専制政治の共和国であった。天安門の楼閣の両側にはそれぞれ4枚の紅旗が掲げられ、この四つの階級を代表していた。民族資産階級と小資産階級の政治代表である民主諸党派と無党派人士は、当然のことながら国家政権の組織機構に一定の比率を占めた。

　新中国成立の初期、社会の主要な矛盾は、人民大衆と三つの大敵が残した勢力の矛盾であり、民主革命の任務はいまだ未完成であり、社会主義革命と建設には準備が必要であった。政権機構の中に民主諸党派と無党派人士を配属させ、大多数を団結させることは有効な手段であり、最も主要な敵を打つことが政治的戦略上必要とされた。例えば李済深・張治中・傅作義・程潜を配属しているため、数十万の元国民党だった軍政人員の身分を保障させ、社会の安定も確保できた。

　新中国成立初期、共産党はその拠点を農村から都市へ移行したばかりであった。武装闘争から国民経済の復興と国家建設へと移行するのに、急を要して必要だったのは多くの指導者と専門家であった。各民主諸党

第5章　成長と憧憬　│　191

派と無党派人士は多くの高い文化的科学的素養を持って管理できるレベルの人材を有し、この部分を政治的資源として存分に活用すれば、共産党を国家の中心とする政治体制が順調に完成することが保証された。

新しい国家の建設は、民主諸党派の支持がなければ成功することはなかったのである。

もし民主諸党派が組織として存在していなければ、政局の平和的移行は望めなかった。

1年の努力の後に、全国では28省の人民政府・九つの省に相当する一級行政区である人民行政公署・12の中央及び大行政区直轄の市人民政府・67の省轄の市人民政府が成立し、末端には2087の県人民政府が成立した。この期間、すべての市は1707県、36の内モンゴル自治区の旗（行政区画）があり、各界人民代表会議が開催された。全国の大部分の区・郷・村では人民代表大会か、あるいは人民代表会議・農民代表会議が開催された。新民主主義政治制度は全国的範囲で建設され、活動を展開していった。

長期間、侵略され略奪され、あらゆる辱めを受けてきた中華民族が、この時期のような自信と力を持つことは、これまでなかった。幾度も困難や危険にあってきた中華の大地が、これほどの政治的活気を帯びることは、それまではありえなかったのである。

1949年から1954年まで、新中国の政治・経済・文化・民族業務・外交などのあらゆる領域は、みな民主諸党派の助力を得て活発であった。

新民主主義革命において、各民主諸党派は政治の表舞台に加わるようになり、共産党と相互に協力し、積極的に国家建設に参加し、党間関係は友好的であった。このような融和的関係は主に共産党の高い身分の指導者と民主諸党派の指導者との間にある密接した協力関係を拠り所としていた。

新中国が成立してすぐ、共産党は各民主諸党派に社会で活躍するメンバーを適宜増やしていくことに重きを置くべきだと提案し、各党派間の関係はここから必要な調整をしなければならなくなった。各民主諸党派中央政府の責任者は、中国共産党中央委員会の指導者との協議を経て、

各自の主要な活動範囲と組織の発展に重点をおくことを明らかにした。すなわち、民革は、主に元国民党党員および現職の旧公務員の中上級の管理層から構成された。民盟は、文学・教育界の中上級の管理層の知識人たちが主であり、まず先に大学教授と文学・教育界に影響をもつ上流層を取り込んだ。民建は、商工業資本家および代表人物を主とし、商工業界と関係のある知識人たちと資本家の代理人・私営企業の上級職員を吸収することができた。民進は、小中学校の教職員と文化出版界の人々を主な対象としてメンバーを増やし、社会で比較的影響のある上級の知識人たちや大学教職員をも吸収することができた。農工党は、主に公職員をメンバーとして増やし、経済建設と関係ある中流階級と医療従事者を取り込んだ。致公党は、帰国華僑や華僑と関係ある人々をメンバーとして増やした。九三学社は科学技術界の上中級知識人たちを、台盟は主に祖国大陸に居住している台湾省籍の同胞をメンバーとした。関係国の懸念や外交の紛糾を避けるために、協定を結んで、各民主諸党派は元々国外および香港やマカオなどの土地に作られていた枝葉の組織の活動を停止した。

　共産党の援助の下、1949年年末から1950年に至るまで、各民主諸党派は相次いで独自の全国代表大会あるいは中央会議を開き、さらに進んで共産党の指導を受け入れることを明確に宣言し、『共同網領』はそれぞれの機構の政治網領となった。しかし実際のところ、各民主党派では『共同網領』を政治網領とするべきか否かという論争がおきた。人民民主専制政治の下に反対派になって民主党派を単一の資産階級政党としたい人もいれば、メンバーを増やすことが政治の実態であるとは思わないと主張する人もいた。しかし、このような主張を持つ者は会議で批判を受け、孤立させられた。

　共産党と民主党派はお互いが対立していたわけではなく、互いが相いれない関係にあり、また一方の独断ではなく、他の一方を問題視して取り締まる関係ではなかった。歴史は共産党には新政権での指導と執政の地位を、同様に民主諸党派には協力者の身分と参政の地位を選択させた。

新政治協商準備会議の開催以前、中国共産党の責任的立場にある主要な同志や民革・民盟・民建が早い段階で交流し、長期的な協力を準備する中、その他の民主諸党派が継続して存在するか否かの疑問を引き起こした。全国政治協商第一期第一回会議が閉幕すると、ある民主諸党派の指導者は、民主諸党派は民主を勝ち取った現在、民主としての任務はすでに終わったと認識していた。たとえ協力する伝統があったとしても協力する必要はなく、多党協力はわずか2、3年のことで、民主諸党派の存在感は薄いと認識していた。

　九三学社と救国会の民主革命同盟（また「小民革」と称される）などの民主諸党派は、革命による建国をすでに成功したと認識し、民主諸党派の歴史的使命はすでに完結されたとして解散する準備をしていた。毛沢東はこれを知っても同意することはなかった。後に潘鈞儒は、九三学社が民盟に吸収される旨を再度提出し、統一戦線部部長である李維漢に支持を仰いだが、李維漢は「九三学社は皆、教育に関わる上級の知識人からなる」と同意しなかった。

　1949年11月、農工民主党は北京で「五干会議」の開催期間、一部の代表は「党の任務を終わらせる。」ことを要求した。周恩来は知らせを聞いて自ら会議に参加し、「農工民主党は一つの政党であり、皆が真面目に厳しくこの問題に対応しなければならない。私からみれば、農工民主党は終わるべき時期ではないと考える。農工民主党はまだ行うべき歴史的任務があり、全うせずに終わらせるべきではない。」と心を込めて語りかけ、会に参加していた同志たちがこれを聞いて感服した。

　1950年2月、毛沢東と周恩来は、ある民主諸党派の解散の知らせを聞くと非常に惜しみ、彼らはすぐに党派と関係のある同志を派遣し、解散するという民主党派の意見には賛成しかねると伝えた。毛沢東もやはり自ら表に立って、その他の民主諸党派の指導者に、各自の党派を再び解散させることがないようにと呼び掛けた。毛沢東は何度も「民主諸党派は廃止することができないし、存在を継続するばかりか、発展し継続しなければいけない。」と強調した。

1950年3月、第一次全国統一戦線任務会議において初めて民主諸党派が「新民主主義の性質を持つ政党」であることを明確にし、建国以来、民主諸党派への総合的方針を確立した。各民主諸党派の団結・進歩・発展を手助けし、国家の政治と祖国の建設事業に誠意ある協力がなされ、積極的な働きかけを行い、その力を十分に発揮させることである。

　周恩来は会議で「事実によって証明されたのは、組織は存在する方がないより更に良い、ということである。彼らが勉強するのに都合がよく、彼らが各階級の意見を我々に反映するのに都合がよく、政治的に彼らもまた我々と更に協力し適応することができる。彼らによる仕事は、時に我々よりも効果がある場合があり、国際的にも影響力がある。」と述べた。周恩来のこの話は答案として提出され、民主諸党派の存在を保留することは歴史的な必然であるだけではなく、現実的な需要もあった。

　実際の状況から見れば、新中国成立初期の共産党は厳しい試練に直面していた。軍事的には、人民解放戦争がすでに基本的に勝利したにも関わらず、完全には終結していなかったので、共産党は国民党の残存勢力に力を集中させ、すぐに政局を安定させなければならなかった。経済的には新中国が継承してきた、手のつけられないほどの混乱が続き、生産は萎縮され、交通は渋滞し、人々の暮らしは苦しく、失業者も多かった。民主諸党派は経済的に発展できるように、多くの人材と資源を持っていた。国際的には、国家として新中国を承認した国もあれば、アメリカをリーダーとする資本主義国家には敵意を抱かせるばかりか、同じ陣営であったソ連にもまだ新中国の能力は過小評価され、国外の友好的な人々と橋渡しをしようにも、同じように民主的な人々の手を借りなければいけなかった。更に鍵となるのが、共産党が平和である時期の執政政党となって、新しい歴史下に自身の優れた伝統を保持しつつ権力の腐敗をもたらすことにならぬよう、党内や人民の監督を必要とし、また民主諸党派による監督も必要となった。

　毛沢東は会議で著名な論文「民主諸党派は一本の髪の毛ではない。彼らの関係を人々が見れば、ひと握りの髪の毛であり、軽視することは決

してできない。」「民主諸党派と共産党の幹部は公平に扱う。」を発表した。

ここから共産党の指導体制が形成され、各民主諸党派と無党派民主人士が共に政治的に多党協力を結び、政治組織に参加した。

明確な統一戦線政策によって、共産党・各民主諸党派・無党派民主人士による誠意ある協力が促進された。

共産党員は戦火の廃墟の上に自らの政権を立ち上げ、すべてをここから始めた。人民が必要とする安定した生活環境を確立し、国家を建設していくには、更に長期にわたる期間を必要とした。

新中国成立初期、重大な方針すべて、中国共産党中央委員会が民主諸党派と協議し、検討を重ねた後に確定したものである。

国家の重大な政策や方針、人民の生活に重大な問題が起きると、各党派は各種意見や提案を互いに十分に発表しなければならず、その点でよく団結しており、結果として、安定して活発な政治的局面が実現した。

共産党は大きな包容力で全国各地の人材を団結させ、誠心誠意全社会の異なる階層と各地の優れた人材を緊密に協力させ、多党協力で現実の基礎を固めたことにより、多党協力の黄金時期を迎えることができた。

1950年11月、薄一波は同党外士と協力して仕事をすることを四つの経験に総括し、その経験を当時の共産党と民主諸党派の相互関係に反映させた。薄一波は、民主人士とその他の党外人士とうまく協力して、事に臨むべきだと認識していた。その四つの経験とは、（一）党外人士に職務と権利を与える。（二）一切の重要な決定のすべては党外人士（部長や副部長ら）と共に決定する。（三）日常処理の重要任務（電報や公文）は上級からの指示であっても下級からの報告であってもすべて党外人士にも見せ、毎日のあらゆる任務をすべて了解させる。（四）人を採用する際、党外人士と協議し検討する。党外人士が推薦した人は、さらに慎重に考慮しなければならず、採用可能なものは極力採用する。というものであった。

1950年6月、中国共産党中央委員会が全国政治協商第一期第二回会議で承認した『土地改革法』の草案は、中国共産党中央委員会の責任者が

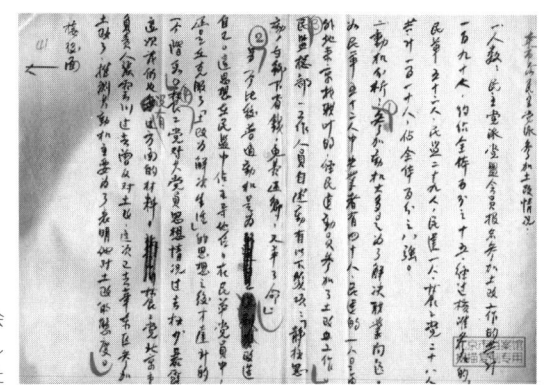

1951年、中国共産党北京市委員会統一戦線部は各民主諸党派が参加した土地改定に関する状況を総括した

　まず民主諸党派・無党派人士とその他の愛国人士と協議して話し合うことを約束して意見を交わし、認識を統一した後に提出して結論に至ったものである。

　最も鋭敏な社会学者ですら思いも寄らなかったこの衝撃は、中国封建制度の数千年に根付いた制度に対する偉大な変革であり、各民主諸党派と無党派人士の熱烈な反響を得て、封建的土地所有制度においては様々な要因にがんじがらめになっていた民主人士が、意外にも中国の土地改革運動の確たる保護者にして積極的な関係者となった。

　民革のメンバーで、かつて部下を率いて武装蜂起した愛国将校の劉文輝は「私は地主の一人であり、無条件に保留することはやめて、自分の所有する一切の土地を農民に分け与えるために献上する。自分と同じく蜂起した鄧錫侯将軍も、土地改革は我々個人の利益とは衝突するが、我々は軍事上の蜂起だけでなく階級の「蜂起」もしなければならない。」との決意を示した。

　有史以来の最大規模の土地改革運動は、農村全体に広く展開した。1953年の春に、全国には約3億余の土地を持たない、あるいは少数の土地しか所有しない農民に、7億畝もの土地と大量の生活手段を分け与えた。

　1950年6月25日、朝鮮戦争が勃発した。2日後、アメリカ軍が朝鮮半島に侵入すると、第七艦隊が台湾海峡に向けて出発し、続いて戦火が鴨緑

第5章　成長と憧憬　｜　197

江周辺に広がった。

　どうするべきか。戦争へと出兵するのか、それとも傍観するのか。まだ2歳に満たない共和国は、生まれて初めての難しい選択を迫られた。

　中国共産党中央委員会は徹夜で対策の協議を重ね、政務院総理の周恩来と中国共産党中央委員会統一戦線部長の李維漢は、相次いで各民主諸党派の責任者や無党派民主人士と3度の緊急協議を開いた。皆は一致してアメリカに抗戦すべきであり、朝鮮を擁護して彼らの家を守り国を守ることは道理上断ることができないと認識した。

　10月19日、まず先発の25万の大軍が雄雄しく意気揚々と鴨緑江を超えて朝鮮の戦場へと馳せ参じた際、百戦錬磨の指揮官たちが必ずしもすぐに認識しているとは限らなかったが、この部隊の名前は「中国人民義勇軍」と名付けられた。この提案は、民主人士から行われたもので、中国共産党中央委員会がその提案をそのまま受け入れたのであった。

　その経緯は、次のようであった。中国共産党中央委員会と毛沢東は最初に「支援軍」名義で出兵させようとした。しかし民主諸党派に意見を募ると、黄炎培は毛沢東と周恩来に「古代の教えに出兵名があり、大義名分がなければ筋は通らず、戦さでの勝利は得られない。」との意見を出した。周恩来が「我々は支援軍と名付け、朝鮮人民を支援しよう。」と言うと、黄炎培は「支援軍を派遣するのですか。誰を派遣して誰を支援するのか。朝鮮の国家ですか。我々はアメリカと宣戦するのですか。」と答えた。毛沢東はこれを聞いて「道理はある。我々はアメリカに宣戦するわけではないし、国と国の宣戦でもなく、我々が助けたいのは朝鮮の人民である。中国人民が志願して朝鮮人民を助けるのだ。」と言うと、毛沢東は自ら「支援」という二文字を「志願」と書き改めた。周恩来も賛同し「そうだ。世界のあらゆる志願軍の先例からも、マドリードの防衛戦は各国の志願兵によったのだ。」と指摘した。黄炎培は何度もうなずき、笑って「正当な理由があって出兵する戦争は無敵である。」と述べた。

　世界一の強国に対抗し、中国人民の国を愛する熱情はかつてない高さ

1953年10月、賀龍（前列左から三番目）を団長とし、朱学範（後列一番左）を副団長とする第三回朝鮮慰問団が朝鮮を訪問した。慰問団のメンバーと金日成（前列左から四番目）との集合写真

に上昇し、『我が祖国』が全国で歌われた。

11月4日、中国共産党と各民主諸党派は連名で『各民主諸党派連合宣言』を発表した。この歴史的文献は、言葉は厳かで大義凛然たるものがあり、全中国人民が戦争に勝つ決意、家を守り国を守る固い信念を表明していた。その初稿は民主諸党派人士が起草した。

「宣言」に感銘を受け、民主諸党派のメンバーも全国工商業界人士も、アメリカに対抗して朝鮮を支援する宣伝活動を熱心に行い、飛行機と大砲を寄贈し、軍人と殉死した遺族を集団慰問した。1951年初夏のたった二ヶ月間のうちに、全国工商業界が総力を挙げて飛行機400余機を寄贈したことは、朝鮮戦争における勝利を決定づけた。民建中央委員会の呼びかけの下、民建党員と各地の商工業界は積極的に行動を起こした。北京商工業界は飛行機を31機寄贈し、天津は飛行機38機と現金29億元（旧

第5章　成長と憧憬　199

紙幣)を寄付し、上海は404機、武漢は4機、成都は4機、済南・青島は34機、福州は8機を寄贈し、そのうちの179機は民建会員による寄贈であった。

1951年5月、民革中央委員会は寄付総会を設立し、何香凝が主任委員となった。民革中央委員会の呼びかけで、1952年5月までに、民革党員は現金13億余元(旧貨幣)を寄付した。

同年7月、農工党も寄付委員会を成立し、「中国農工民主党号」という名の飛行機1機を全党で寄付する活動を展開した。1951年10月、全党の寄付は2億元強(旧貨幣)と金銀宝飾や時計などの現物を寄付し、その中には黄琪翔夫妻の西洋式ビル2棟も含まれていた。

九三学社もまた積極的に行動を起こし、九三学社復旦大学支社社員だけで5億元(旧貨幣)を寄付した。

戦場の英雄が存分に活躍できるよう、アメリカに抗戦して朝鮮を支援する期間、中国人民は相次いで三つの慰問団を組織して前線に慰問活動に行き、各民主諸党派およびその他のグループも積極的にこの前線での慰問活動に参加した。

隣人を救うことは自らを助けることであり、祖国を防衛することにつながり、朝鮮人民を支援しなければならない。各民主諸党派は積極的に各構成員を動員し、その子女と親族も先を争って参軍参戦し、国内の国防軍隊の建設に参与し、国内経済の建設と社会革命が比較的安定した平的和環境を得るために貢献した。

人民民主専制政治を強化するために、人民の根本的利益を保護するために、アメリカに抗戦し朝鮮を援助し、土地改革の順調な進行を保証するために、1950年12月から1951年10月まで、中国共産党中央委員会は全国的規模で反革命分子の政治活動を徹底的に調査し弾圧した。反革命運動を鎮圧するのに、共産党各クラスの党委員会や政府は注意して民主諸党派と無産階級人士との話し合いの場を持ち、共産党の方針や政策を宣伝し、反革命に対する事件を処理する原則を確定し、彼らの組織の一部の人々にも反革命活動を鎮圧する具体的な仕事に参加することを奨励し

1952年2月1日、「三反五反」運動中、中央人民政府最高法院が北京の中山公園で組織した臨時法廷公開裁判で横領罪の犯人を裁く様子。瀋鈞儒（左から二番目）が自ら裁判長をつとめる。傍らには裁判所副院長の呉溉之をはじめとする裁判官

た。

　土地改革・対アメリカ朝鮮援助・反革命活動鎮圧の三大運動により、若い人民共和国は強化された。官僚資本を没収した財産を主として、社会主義国が有する経済を打ち立て、3年の発展を経験し、国家経済の重要な部分をしっかりと掌握し、自己の国民経済の指導的地位を確立した。共産党・各民主諸党派・無党派民主人士が力を合わせて協力し、離れることなく団結し奮闘したからである。

　李済深は第一次会議で「私は古稀を迎え、初めて中国がアメリカを負かすのを目にし、初めて孫文先生が提唱された『耕すものに土地を与える』という理想が現実に変わるのを目にし、初めてクリーンな政治がこのように徹底されるのを目にした。」と語った。李済深のこの話は民主諸党派人士の本音であり、当時の各民族の人民の普遍的な心情を表して

いた。

　新中国の経済的基礎を築くために、中国が工業化を実現するには、主に社会主義の国有経済に依拠しなければならなかった。中国現代工業で私営工業が第二位を占め、社会主義改造を経て、社会主義建設に重要な貢献をしていった。

　1953年10月、中華全国工商業連合会が成立された。統一戦線の性質を帯びた重要な団体として、また国家的活動として、民族商工業者を代表し、政治に参加し議論に加わった。

　全国工商連合会や民建などの党派団体の密接な協力の下に、1956年、全職業において国家と民間企業が共同経営することを主な方針とし、資本主義商工業の社会主義的改造が基本的に完成した。

　生産資料資本主義の私有制の変革に対しては、平和的に買い取り方式を通じて実現させ、社会主義が発展した歴史上初めてのこととして、鮮明に中国の特色を体現し、また中国の歴史的発展の必然となった。

　資本主義商工業における社会主義的改造において、共産党と政府は一貫して、企業と人材は資本主義商工業を目指す新中国における二大財産であると見なしていた。そのため、重大な方針や政策の決定し実施する際には、まず各種の協商会や座談会を通して、民主諸党派・工商連合会・無党派民主人士の意見に耳を傾けてきた。

　農業・手工業・資本主義商工業が社会主義改造を促進させ、新中国の社会主義民主と法制度の建設を進行し、肝心な一歩を踏み出させたのである。

　1954年9月、第一期全国人民代表大会第一回会議が北京で開催された。この会議の重要な任務は、第一部中華人民共和国憲法の制定であった。各民主諸党派・工商連合会・無党派人士は、毛沢東を長とする憲法起草委員会に参加した。

　わずか半年以内に、各民主諸党派・団体と無党派人士は5900余条の改定意見書を提出した。憲法草案公布の後に、全国各地でまた118万余条の意見が提出された。こうした大規模な群衆の発動・民意を求めること

は、各国制憲史上、極めてまれな出来事であった。

　この憲法は、中国人民民主統一戦線の国家における政治的活動の地位と働きを正式に確定づけた。明確な規定により、各民主諸党派や工商連合会は憲法で保証された権利と義務の範囲における政治的自由や、組織の独立と法的地位の平等を有することができた。

　第一回全国人民大会の開催によって『共同網領』が『中華人民共和国憲法』に取ってかわり、5年にわたって全国政治協商会議が国家権力機構を代行してきた役割の終了を意味した。しかし実際には、全国政治協商会議派統一戦線の組織は多党協力のもとに維持されてきたために、依然として長期的に存在していた。

　客観的に言うと、中国共産党と各民主諸党派は『共同網領』の立案を共同で協議し、新中国成立初期は多党協力が政治の基礎をなしてきたが、共産党と民主諸党派の関係にはいまだに詳細な規定が存在しなかった。これに対して、毛沢東と周恩来は「職務・権利・責任の三者は切り離すことができない」とする原則を提出し、共産党員は非共産党員の職権も尊重することを要求した。権力を分配するのに、制度や法律の保証がまだ十分ではなかったが、一定の融通できる余地は残されていた。

　政治協商会議は、国家の権力機関でも行政管理機関でもなく、当初の目標は、共産党と同じように各民主諸党派が協力することで国家の重要責務を共同で解決した。

　それは中国の政治スタイルが客観的法則の地で生まれ育ち、多元を前提に、平等を基礎に、参与を動力に、協調を手段に、互いが利益を得ることを目的としたからである。政治協商会議は旧社会のエリートであった人々に対し、政治の表舞台からはずれて反対派に吸収されないように、政治の体系内でまとめていた。協力や協議が対立・闘争にかわり、各方面の利益と釣り合いによって協調し、政党が互いに争うこと、さらに政局の不安定と政権の度重なる更迭を避けて、最大限に社会の内紛を解消した。

　1954年9月20日、第一回全国人民代表大会が開かれ、全代表は『中華

人民共和国憲法』を満場一致で採択し、新中国は第一回目の憲法発布を実行した。この憲法は中国共産党の指導の下、人民によって自主的に憲法が制定された。社会主義憲法の典型として、党の主張と人民共同意志の統一が実現され、1949年の『共同網領』を基礎として、『共同網領』を発展させたものであった。

第一回全国人民代表大会が開かれた後、政治協商会議の権力機関は人民団体と変化し、組織の構造もまた変化し、元々の全体会議・全国委員会・常務委員会の三層構造が、全国委員会全体会議と常務委員会の二層に改められた。このことから1954年の全国人民代表会議は、1949年からの政治協商会議を基礎とし、同時にまた政治協商会議を発展させたものであった。

長期にわたって変わることない見解がある。それは1954年の第一回全国人民大会が開かれる以前、政治協商会議が全国人民大会の職権を代行しており、国家最高権力を行使していた点である。正確に述べると歴史上、1949年9月21日から30日に開かれた政治協商第一回全体会議が全国人民代表大会の職権を代行し、その他すべての政治協商会議はいまだにこの権力を行使することはなく、一貫して統一戦線の組織となって影響力を発揮していた。

第一回全国人民代表大会の後、新民主主義の枠組みにおける共産党と民主諸党派の関係は、予測される範囲内で多少調整された。

1955年3月、『中国共産党中央委員会の市・県人民委員会の党員と非党人士の割合、および市・県の設置する政治協商委員会などの問題規定』に関連して、地方機構における党外人士の割合を明確にした。多くの党外幹部の参与や、新生政権は基礎が固まっており、国民経済を回復させ、社会の安定を実現した。

民主化の過程と経済建設が同時歩調のもとに発展するに伴い、各業種の科学や文化に対する需要が徐々に高まっていくようにみえた。1955年、中国共産党中央委員会が知識人たちの能力をいかに発揮させて我が国の科学技術の水準をあげるかについて、各階層の意見を広く求めると決定

した。

　重大な使命を背負っていた民主諸党派は言いたいことを思う存分に発言し、誠心誠意、公平を持して共産党内の知識人たちの評価が低すぎる、信頼に値しない、不正な手段を用いている、待遇の不公平などの問題点を提出した。

　1956年1月、中国共産党中央委員会が知識人たちの問題に関する会議を開き、毛沢東は自ら音頭をとった。周恩来は報告で党中央を代表して「中国の知識人たちは、学習や鍛錬を通してその大部分がすでに国家公務員となり、社会主義に努め、労働者階級の一部分となった。」と厳粛に発表した。

　この会議に続いて提出されたのが、「百花斉放・百家争鳴」の方針であり、全社会に大きな影響を与えた。わずか数年間で、科学技術の方面がほとんど未開拓であった中国だが、原子力・航空・半導体・電子計算機などの諸領域の基礎的研究において、予想外にも当時の世界最先端レベルの研究成果を上げたため、一貫して中国に孤立政策をとっていた欧米諸国は見直さなくてはならなかった。

　まさにこうした雰囲気の中で、共産党は中国人民を率いて1953年に新民主主義革命の任務を、1956年に社会主義改造の任務を完成させ、全世界へ向かって中国が社会主義社会へ進出したことを高らかに宣言した。

　社会主義とは人類歴史上の斬新な事業である。中国共産党員は大きく変革する勢いを保ち、億万の中国人民を百年以上前のマルクス・エンゲルスの社会主義の理想の青写真に照らし合わせ、ソ連社会主義建設の経験を参考にした。中国は東方のいにしえの大地に、社会主義という大きなビルの構築を始めたのである。

　これは雲間から差し込むわずかな希望の光を求めて邁進するような、苦難に満ちながらも希望に満ち溢れた輝かしい過程であった。「社会主義は好い」という歌声が中国全土に響きわたり、億万の人民に大志を抱かせ、共産党の創造力により社会主義制度が確立したことを証明した。中国共産党等の指導下に社会主義建設の道を揺らぐことなく進み、中国

人民の永久不変の信念となった。ここから、中国は独自の現代工業・現代科学技術・現代国防を有し、民族の尊厳を守り、国際舞台に重要な地位を築き、中華民族の絶え間ない発展と力強さを有した。

多方面にわたって統一戦線を築いたことは、民族民主革命における三大至宝の一つであり、社会主義革命と建設において欠くべからざる要素であった。

社会主義という新しい条件の下、共産党と民主諸党派の関係をいかに正確に見極めて処理するのかという点が、共産党の解決せざるをえない重大な現実的政治問題となった。

民主諸党派は存続を継続するか否かの問題を再び突きつけられ、中国共産党内にある同志は民主党派との協力体制を継続すべきか否かとする問題には否定的な態度をとった。この重大な歴史の瀬戸際にあって、1956年4月、毛沢東は有名な『十大関係を論ずる』と称する重要な講話を発表した。政党関係を論ずる際に、彼は「いったい一党政権がいいのか、あるいは複数政権がいいのか。現在を見るに、複数政権がいいのだろう。過去もそうであったし、将来もこのようにすべきで、長期的な共存を通して相互が監督する。」と明言した。彼はまた「党政機構は統廃合しなければならないが、民主諸党派はいらないという意味ではない。あなたがたが統一戦線の役割の一部を担うことにより、彼らと我々の関係は改善され、彼らの積極性が変化して、我々全員の社会主義への奉仕が可能になる。」と付け加えた。

同年9月に開かれた中国共産党第八回全国大会では「長期におよぶ共存と相互の監督」が正式に共産党と各民主諸党派が団結し協力していく基本方針として確立した。

この方針はソ連の一党制度の弊害を打破し、マルクス主義政党学説と中国の現状と一体化させた産物であった。

この方針は民主革命時期の政治成果を継承した。新中国の政治的構造において、共産党と他の民主諸党派は党間関係の共存を形成しており、共産党が執政政党で、指導党であり、各民主諸党派は相対的に独立した

政治的派閥として政権に参与していた。新民主主義の枠組みは「各革命段階の連合専制政治」の政治的要求に照らして、政党関係は大きなレベルでは連合の意味があり、社会主義改造後、共産党と各民主諸党派間では徐々に「長期共存、相互の監督」の関係が確立していった。

この方針は多党協力の基礎を固め、マルクス・レーニンの多党協力思想を策略上の必要性から戦略的需要へと発展させ、多党協力と政治協商制度を発展させることを推進し、党間関係制度化の重要な一歩であった調和の確立へと歩みだした。

中国共産党の援助の下に、全国各民主諸党派の組織は空前の発展を遂げた。初期に改編された八つの民主諸党派は総勢1万人に満たなかったが、1957年までに10万を突破し、7年強で10倍以上に増大した。

共産党員は民主諸党派の高い信頼を得て、調和と融合のとれた党間関係は、各界人士の政治への大いなる情熱を結集させた。民建と工商連合会の指導者は、実業界の代表人物であった李燭塵であった。彼の言葉が1955年1月15日『天津日報』のトップに「毛沢東の話は共産党とともに歩み、社会主義への道へと歩む。」と掲載され、この著名な呼びかけは、当時の各民主諸党派の座右の銘となった。

国家の政治スタイルが空前の活発な局面を見せた。各民主諸党・無党派民主人士は最高国務会議・隔週の座談会・民主協商会議などの多くの手段により、積極的に政治に参加して意見や提案を提出した。中国共産党中央委員会と各級政治部門の任務に、多くの参考となる意見をはばかることなく直言し、重大な価値のある建設的な意見を発表した。

毛沢東と民革中央副主席であった鄧宝珊は、延安にいた頃からの付き合いであった。建国後、鄧宝珊は甘粛省人民政府の主席・省長に任命され、毎回北京の会議に出向く際、毛沢東は時間をつくって鄧宝珊と会見し食事に招待した。ある時毛沢東は、鄧宝珊が「反革命分子を鎮圧」していた元国民党で甘粛省教育庁長である宋恪に対する処理に意見があると聞き、鄧宝珊に自分の考え方を説いた。鄧宝珊は「この人物は留学生で、専門の技術がある。解放前には罪はあったが、解放では自ら投降し

第5章 成長と憧憬 | 207

た。投降後は無反動活動をしているので、処刑してもよいが、殺さなくてもよいのではないか。」と尋ねると、毛沢東は「当然、殺さずにいるのが良い。あなたが今後、我々の欠点を見届け率直に意見を出してくれることを望む。」とコメントした。

張瀾と梁漱溟はかつて一度、会議の出席に応じ、会議で梁漱溟は自分の意見を直言すると、思いがけず毛沢東の厳しい批判を受けた。張瀾もまたその場にいたが、一言も発言しなかった。翌日、毛沢東に手紙を書いて、毛沢東が冷静さを失っていたことを直接批評し、梁漱溟の立場で「あなたが『反動は極限に達し、終始一貫して反動している。』と言ったのは言い過ぎで、その論は公正を失っている。」と伝えた。毛沢東は再度その話題を蒸し返すことはなかった。

1953年6月、中国人口は6億人を突破した。無党派人士の馬寅初はこの点を非常に重視し、彼は人口問題を列挙して、科学的研究の重点項目と位置付けた。1957年の第一次最高国務会議上で、馬寅初は古今東西の歴史的経験と中国の具体的な実情とを結びつけ、「生育の節制と人口の質的向上」を提出し、これが中華民族の前途と運命に関係する重大な戦略的課題となった。馬老の見解を聞いて、毛沢東は笑いながら「人口は計画的生産が可能なのか。完全に研究して実験していかなければならないし、馬老が発表する以前に意見を出す人もいなかったが、私は馬老の意見には反対であるから、今まで発言させなかったし、今日はともかく彼に言いたいことを好きに言わせた。」と述べた。

残念だったのは、当時の馬寅初の将来への展望と高い識見が、ただの

馬寅初

1953年3月、各民主諸党派と無党派人士によって北京で挙行された社会主義自我改造促進大会

個人的見解と見なされ、関係部門は真剣に研究することもせず、さらに有効な対策もとらなかった。2年後、康生と陳伯達らは、馬氏に反対の意見を寄せた。彼らは馬寅初の「新人口論」の中から個別に言葉をかいつまんで人に頼んで反対意見を書かせて、「反党・反社会主義」など多くの罪状を馬老に着せようとした。馬寅初は一人の愛国主義人士から中国のマルクスとして、一本気で人にへつらわない知識人の模範を見せたが、この出来事を境に、中国の政治と学術の表舞台から姿を消すことになった。

　1960年の春、79歳になった馬寅初は「官僚をやめて、学者に戻った」ので、誰の訪問もなかった。陳雲は体調不良のため、陳毅に頼んで代わりに馬寅初のもとを訪問させた。陳毅は率直に「私と陳雲はともにあなたの人口理論は正しいと認識しており、あなたの提起した中国の人口問題を解決する主張と方法も、また将来への展望も、あなたの高い識見を示すものである。たとえ1万年過ぎても、馬寅初のこの問題に対する見解は正しい。」と発言した。別れ際、陳毅は馬家の子どもたちに「あなたがたのお父さんの苗字は、やはりマルクス（中国語表記でマルクスは「馬克思」）の『馬』にちなむだけあって、本当に素晴らしい方だ。私はかつて一篇の詩を作り「大雪、青松を圧すれども、青松は凛としてまっすぐに立つ。松の高潔さを知らんとすれば、雪の溶ける時を待つべし。」

と詠んだ。子どもたちよ、冬が過ぎて春となり、歴史は必ず彼に公正な評価を与えるだろう。」と伝えた。

　1956年、李燭塵はすでに74歳の高齢となり、毛沢東は多数の反対意見を説き伏せ、彼を食品工業部部長・第一軽工業部長を任命した。1958年、1965年に李燭塵は先に軽工業部長となり、第一軽工業部長に任命された。部長に任命され12年以内に、李燭塵は大がかりな調査を行い、多数の意見を提出し、徹底的に実行した。高く評価されるべきは、李燭塵が見届けて理解していた状況は自分の考えや意見として表明し、さらに異なる意見に関しても、そのありのままを毛沢東に報告した。1957年反右派運動が拡大していく中、李燭塵は多くの専門的な学問を身につけている愛国知識人たちが「右派」とされたことを少しも理解できず、「七君子」の一人だった章乃器が「右派」とされたことは尚さら理解できず、危険を冒して毛沢東に直接手紙を書いて意見を述べた。1958年「大躍進」の大きな高まりの中に、至る所に散りばめられた虚偽の数字を目の当たりにして、李燭塵は頭を悩ませ、彼は1931年に入党した長男に「どうしたものか。あなたがたの共産党はなぜ嘘をつくのか。」と嘆いた。「大躍進」の真相をつかむため、李燭塵は故郷に戻り、実地考察を行った。そして北京に戻って、彼は全国人民大会常務委員会などの指導機関に書いた『観察報告』において、評価すべき業績に対する自分の意見も添えて提出した。李燭塵は当時のある政治運動に対しては異なる意見を持っていたが「共産党の意見を聞き、共産党と共に歩み、社会主義への道を歩む。」とした決心が揺るぐことはなかった。ある年、毛沢東は彼を食事に招待し、李燭塵は「私の心は固く共産党とともに歩んでいる。」と自分の本心を伝えた。

　民主革命時期、各民主諸党派と共産党は困難を共に乗り切り、艱難辛苦を共にした。

　民主革命時期、各民主諸党派と共産党は同じく共に前進し、共に試練を経験した。

第6章
挫折と停滞

新中国成立後、毛沢東は党と国家の最高指導者として、政務が多忙を極めた。重要人物の逝去に際しても、その多くは弔電や花輪などを送って哀悼の意を表し、自ら弔問に出向くことは比較的少なかった。人目に触れる機会が減って徐々にカリスマ性を増し、かえってその動静が人の注目を集めるようになった。そのような毛沢東が1950年・1963年・1972年に自ら葬儀に赴いた任弼時・羅榮桓・陳毅の3名は、中国共産党中央委員会事務局書記と、元帥を務めた。毛沢東は過去に2人の民主党派人士の葬儀にも参加したことがあった。一人は1955年の張瀾先生の逝去で、毛沢東は手ずから亡骸を納棺した。もう一人は1959年の李済深の逝去で、毛沢東は葬儀で弔辞を述べた。

　著名な歴史学者にして歴史劇『海瑞罷官』の作者である呉晗は、1943年7月に民盟に加入した。1965年11月「文化大革命」に公開の場において名指しで批判を受けた時、北京市副市長という公職にあっただけでなく、民盟中央政府副主席と民盟北京市党委員会主任委員という要職も担っていた。まず先に暴露されたのは「三家村犯罪組織」の3名の中の2名が民主党派と関係があり、一人は呉晗であった。もう一人が、中国共産党北京市委員会の民主党派および無党派民主人士と交流する専門部の統一戦線部部長であった廖沫沙であった。

集団主義の環境・革命主義の熱血・理想主義の心情・英雄主義の自負を経て、ある特殊な時代をむかえることとなった。
　人々はまるで理想の憧れの地への「近道」を見出したようであり、興奮して絶対的真理を探し求め、「効果が直ちに現れる」ことを強く追求したのである。
　新中国成立後、共産党は革命党が転換に成功し、有力な執政政党になるという巨大な転換期に直面したが、これは歴史がもたらした必然であった。この高度な変化が完成するには、抜本的な役割の転換や仕組みの変化を経験しなければならず、行動様式などは一連の科学的で迅速な調整がなされた。しかし、当時の状況をかんがみるに、共産党の執政準備が依然として不足し、若い執政政党が安定も成熟もしていないことが暴露され、続いて一連の問題や誤謬が出現し、即座に多少の制御もままならず、最終的に更に大きな誤りに陥ったのであった。
　50年代後半、新しい政治的環境において、共産党は経験が乏しく、執政規律や建設規律の認識は明確ではなく、その本質に触れているわけでもなかった。指導面においては、思想的に「左」よりに誤った。民主諸党派もまた思想の準備がよくなされず、共存と監督の役割は紆余曲折の歴史的発展を経て何度も繰り返され、党間関係は大きな環境下では弱体化し始めたようであった。民主諸党派の歴史的作用は総体的にはいまだに消失せずに、多党派協力の体制はまだ維持されていたが、「長期的共存、互いの監督」の方針もまた放棄されずとも、その有効性には限りがあった。
　1957年に反右派闘争が拡大し、1976年の「文化大革命」の終結まで続き、多党協力体制は挫折から調整され、不安定に破壊された状態から厳しい紆余曲折を経て、放棄も断念もされずに、厳しいチェックを受け入れた。
　1956年に社会主義改造が基本的に完成すると、中国社会は革命から建設へと大幅に転換した。共産党は執政政党の地位を確立し、多くの群衆

の支持を得た。党内では多くの同志が単純な行政命令で問題を処理することに慣れていた。立場が不安定な一部の共産党員と指導幹部は、ある種の特権思想を持つようになり、攻撃し服従させる方法で群衆を支配した。

中国共産党中央委員会は全党一致で、全面的にこれらの問題点を深く掘り下げることにし、官僚主義・宗派主義・主観主義の思想的風潮に対する改善運動を推し進めた。

1957年は、少なからず存在していた民主諸党派にとってまさに地獄であった。不平不満を全て吐き出した後に来たのは、反省・自己批判・他人を批判することであった。

1957年4月30日、毛沢東は各民主諸党派の責任者を天安門の城楼に招いて懇談し、彼らに共産党党員の思想や態度を改善する手助けを依頼した。

1957年5月初めから、党外人士の思想改善に助力してもらうよう働きかけ、全国政治協商と国務院の講堂で、各民主諸党派および無党派人士座談会と商工業界人士による座談会が13回開かれ、約180名の党外人士が発言した。党外人士は中国共産党に対して批判や意見や提案を提出した。その多くは正しく善意によるものであった。それらの批判は舌鋒鋭く、批判は時代の弊害をついており、十分な効果となった。民盟中央委員会主席である楊明軒と民革中央副主席の劉斐らは、党運営と執政は分離すべきで、党が政治を執り行うことは不可能であるとの意見を出した。民革中央委員会副主席熊克武らの提出した批判は、民意を発揚し法律を整えることであった。無党派民主人士で元教育部部長の張奚若は、経済建設によってもたらされた問題に関して「ひたすら大きな仕事をして手柄を挙げようとし、目先の利益の追求を急ぎ、今までのことを軽蔑し、将来を盲信する。」ことから悪影響が出ていると認識するなど、具体的に積極的な意義があった。

しかし座談会において、ごく少数の人々は共産党と社会主義制度を攻撃する機会として利用し、共産党の国家政治スタイルの指導的地位を攻

撃して「党天下」と批判し、「政権などを循環させる」ことを要求した。また人民民主専制制度が官僚主義・分派主義・主観主義の根源などを生み出すとの、誤った見解を主張した。彼らの扇動を受けて、ある地方では少数の労働者がストライキを起こしたり、学生が授業をボイコットするなどの騒動が起き、蔓延する勢いがあった。これについては、毛沢東も共産党も予測することができなかった。邵力子はこの時「あなたがたは共産党を倒して何が良いのですか。」と詰問した。

　新中国成立から社会主義の改造が基本的に完成するまでの7年間に、深刻な社会変革が起こり、社会階級・各階層の異なる反応がおのずと出現し、社会主義に対する反抗や敵視の勢力が一定の範囲でまだ存在している中、中国は社会主義への道を進んでいた。共産党指導を堅持するべきか否かの問題は実質、完全には解決してはいなかった。

　1956年の社会主義国家ハンガリーで発生した事件に関連して、反党反社会主義思想が民衆の思想や態度の改善運動に出現したことを、毛沢東と共産党は危惧した。

　1957年5月15日、毛沢東は『事情はまさに変化している』で、民主諸党派の低すぎる評価を指摘し、「最近の民主諸党派と高等学校では、右派が最も狂気じみている。」と言った。

　6月、反右派闘争が全国的に広がり、かつ深刻な誤りが拡大した。7月1日、毛沢東は『人民日報』の社説を執筆し、民盟と農工民主党が誤って反共反社会主義の党派になったと主張し、「民盟は百家争鳴と思想改造の過程において、特に悪辣な作用を引き起こし、組織・計画・網領・路線の存在そのすべてが人民とは意識的に立場を異にし、反党反社会主義となった。また農工民主党も全く同様だ。」と断じた。

　反右運動の拡大化は直接、知識人たちを主とする民主諸党派に大きな打撃となった。民革とはいわゆる「大右派」であり、代表の龍雲・黄紹竑・陳銘枢・譚惕吾らが相次いで摘発され、多くの実務を担当していた民主諸党派や無党派人士が攻撃を受け、右派分子も誤って処分され、民主諸党派が参政する政治の舞台であった政治協商会議の活動も減少した。

第6章　挫折と停滞

民主諸党派は過度の勉学と改造を押しつけられ、その参政や監督の機能は制限された。

薄一波は1957年、右派分子に対して「このような攻撃に対し、断固たる反撃を必要とした。しかし反右派闘争の厳しさは拡大」し「不幸な結果をまねいた」と回想した。当時、右派分子と認定された55万人のうち、極少数の本物の右派分子を除くと、その99%が誤りであった。

反右派闘争の高まりが過ぎた1958年1月、毛沢東は最高国務会議に、各民主諸党派も思想や態度の改善が必要で、改善の必要に応ずることは人民の要求だと提起した。

1958年7月、中国共産党中央委員会統一戦線部が起草したのは『1958年から1962年に至る資産階級分子の工作網領改造（草案）』と『1958年から1962年に至る民主諸党派工作概要（草案）』の二つの概要であり、民主諸党派・工商業者・知識分子が実現しなければいけない資本主義立場から社会主義立場への根本的な転換であった。しかし概要には、任務の改変に実行不可能な目標を掲げていた。5年以内に民主諸党派の左派と中左分子を合わせて70%から80%に達成させるという目標は大きすぎて、その方法も適切ではなかった。

1959年廬山会議が開かれた後、共産党は党外人士と民主諸党派の関係に対して、比較的慎重で確かな方針をとり、毛沢東は党外人士に改造運動をさせないことをはっきりと明言した。李維漢は神仙会の創造的なやり方を民主諸党派に提案し、工商界と知識界に思想教育の改善を促した。神仙会の基本的な特徴は「三自」と「三不」であった。「三自」とは自己提起する問題・自己分析する問題・自己解決する問題であり、「三不」とは、復讐はしない・レッテルを貼らない・粗さがしをしないことを意味した。「三不」を用いれば「三自」が保証された。「三自」とは広く放たれた思想を持ち、本音で語り、事実に基づいて真実を検証することで達成され、道理で人を説得することを目標とした。全国規模で何度も神仙会が開催され、党外人士の思想認識が高められ、共産党と同じく商工界・知識界や民主諸党派の緊張関係は緩和され、情勢は安定した。

『前進論壇』は農工民主党中央が主催した総合的な政治刊行物であり、その前身は『前進』という名の雑誌であった。1961年4月に創刊され、農工民主党のもとで絶えず発展進歩していた。3年間の苦しい時期には、紙面を縮小しなければならない事態に陥り、停刊を申請した。鄧小平はこの状況を知って重く受け止め、「民主諸党派の刊行物には、何枚の紙面を割いてもよい。他の刊行物が停刊しても、民主諸党派の刊行物だけは、決して停刊させてはならない。」と特に強調した。

　1960年代、共産党と民主諸党派の関係は改善され、民主諸党派の参政と監督の機能は回復できた。しかし、高潔な思想は、世俗的な政治的要求に具象化された。時を置かず、「左」翼思想はますます、民主諸党派の能動的作用を再び劣化させた。

　反右派闘争の拡大から「文化大革命」に至るまで、一部の社会主義労働者と愛国主義的民主諸党派が、独断で「過去も現在もみな資産階級政党である」と拡大解釈された。すでに労働者階級の一部分となった多くの知識分子も、再び「資産階級知識分子」のレッテルを貼られた。

　民主諸党派はここから困難きわまる低迷期へと入り込んだ。一連の誤った路線と政治運動によって、彼らは最初のうちは尊重され重用されていたが、後に冷遇され排除され、進退相極まり、国家の前途や政策の運用開始に対して疑念を生んだ。実際にその懐疑は民主諸党派だけではなく、その他の党外人士や共産党の幹部の一部にさえも存在していた。

　民主諸党派と共産党の連盟の動機は、もともと彼ら自身が共産党の政治主張と共産党指導者の人柄と魅力と思想に感化され鼓舞されていたことによった。しかし、民主諸党派の迷いは、彼ら自身の歴史的背景と政治的思想の未熟さを反映し、共産党の党としての在り方に対してより深い理解と知識が欠如していたことに起因していた。

　1966年5月、中国共産党中央委員会政治局拡大会議で、毛沢東が制定した中国共産党委員会政府の通知（いわゆる『五一六通知』）が可決された。1966年7・8月の間に、中国共産党第八期中央委員会第十一回全国大会が開かれると『中国共産党中央委員会の無産階級文化大革命に関する決定』

（すなわち『十六条』）が発表された。ここを起点にして、「文化大革命」は全国的に広まった。その後の巨大なうねりによって、党内民主と党間関係はみな徹底的に破壊された。民主諸党派の国家レベルでの政治的地位や存在意義ははっきりと下降し、民主諸党派・多党協力・政治協商などの名詞が話題にのぼることは極端に少なくなり、統一戦線は粉々に破壊され虫の息となった。

　1966年8月、中国共産党第八期中央委員会第十一回全国会議で、陳伯達・江青・中央文革小組・その他のメンバーは、まず中央政府統一戦線部で蜂起した。彼らは新中国成立以来の統一戦線工作の巨大な実績を全面否定し、全国統一戦線・民族・宗教工作に関する部門を軽蔑し、「投降主義」と「修正主義」路線を推し進め、「得体の知れない者どもを庇護するところ」すなわち「資本主義の復活」と決めつめた。統一戦線部と同じ所謂「資産階級司令部」と関連して、彼らが統一戦線を破壊しようとする下心のために、統一戦線部門にでっちあげの言い訳をつくり損害を与えた。その後、統一戦線幹部は「資産階級の代理人」・「資産階級の古い主張を忠実に受け継ぐ者」・「反革命修正主義分子」と攻撃され、残酷な迫害にあった。中国共産党中央委員会統一戦線部部長であった徐氷は逮捕されて吊るし上げられ、後に拘禁させられ、1972年に獄中で無実が晴らされることなく死亡した。各地の統一戦線幹部たちは、ある者は拘禁されたり、ある者は労働改造をされたり、ある者は迫害され殺された。

　林彪と「四人組」は政治上、個人的利益の追求のため、民主諸党派の地位を思うがままに降格させ、各民主諸党派を「反動党団」・「反革命組織」と中傷し、民革は「国民党の残存している悪党ども」とし、民盟を「右派団体」、民建と商工業連合会を「反動資本家組織」、台盟を「特務組織」「外国のスパイ」などと見なした。

　1966年8月23日夜から24日の早朝に至る『十六条』公布後の十日目、ある北京の紅衛兵が各民主諸党派に『最後通牒』を突き付けた。各民主諸党派に72時間以内の期限をつけて自分たちで解散し、新聞にその旨を掲載するよう命令した。8月25日から、北京の各民主諸党派は、中央政

治機構に次から次へと『通告』を出し、ほとんど同じ文面で「紅衛兵の意見を即受け入れ、即日に執務を停止させ、党中央委員会にそれを報告し処理を申請する。」と表明した。

　紅衛兵の突撃の下、各民主諸党派は活動停止を迫られた。民主諸党派の北京中央委員と、中央委員候補の約100名は相次いで批判闘争に巻き込まれ、家を差し押さえられた者たちはその総数の36.5%を占めた。その内訳は、民革31名、民盟36名、民進8名、農工党8名、九三学社が15名であった。

　民革中央政府主席の何香凝と廖承志母子は共に北京にいたが、「文化大革命」の影響で2年強にわたって面会することも叶わず、母はいつも息子を心配していた。

　北京を覆い尽くしたこの赤い暴風は、すぐに全国各地にも吹き荒れた。中国共産党中央委員会統一戦線部副部長の金城は「多くの民主諸党派の責任者・無党派愛国人士・商工業者上層の代表人物・少数民族・宗教家・華僑の代表人物・非党の上級知識分子は家を差し押さえられ、吊るし上げられた。紅衛兵の一部の不良分子は機会をみては民家に強盗に押し入り、人々を激怒させるような残忍な事件を至る所で引き起こした。恐ろしい空気が大都市を覆った。」と述べている。

　1966年8月30日、「人民代表大会・政治協商会議は不要だ。」「政治がどうして協議できようか。」とする圧力の下、政治協商全国委員会機関はしばらく活動を停止させられた。この後、各級政治協商組織は全面的に批判の対象となり、人民は政治協商機関に「投降主義」・「修正主義」のレッテルをはり、「打倒すべき悪者の巣窟」と罵られた。

　1966年8月30日朝、無党派民主人士で86歳の高齢の章士剣は、毛沢東に手紙を出し「可能な範囲で少し配慮してもらえないだろうか。」と願い出た。毛沢東は「総理に処理させよ。身柄を保護するように。」との指示を与えた。2日目、周恩来が毛沢東からの指示を受けて、早速実行した。自身の警衛部隊をすべて章士剣の家に送って身柄を保護させ、紅衛兵に再び家を差し押さえられぬように阻止し、さらに秘密裡に章士剣

を解放軍301病院へ移して、その身の安全を確保した。

続けて、周恩来はすぐに「保護すべき幹部の名簿」を作成し、宋慶齢・郭沫若・章士剣・程潜・何香凝・李宗仁・張治中・邵力子・蔣光鼐・蔡廷鍇・沙千里ら数多くの幹部名をリストに書き出し、自ら保護する範囲とルールを定めて、その具体策を練り上げた。六種のグループに分けた幹部を保護対象と規定したが、そのうちの第五種は「民主諸党派責任者」であった。周恩来は各民主諸党派の指導者を思うがまま公然と批判することはできないし、彼らは各党派の中央委員・各省市党部委員であり、一般の幹部とは区別して対応しなければならず、共産党の基準に合わせた要求はできなかった。彼は会議上で何度も強調し、思うがままに民主人士を批判することは決して許されないと訴え続けた。

1966年9月2日、周恩来が起草した『紅衛兵に関するいくつかの意見（未定稿）』は、紅衛兵に対する10ヶ条の要求であった。その一条に「国家統一戦線における合法的地位を有する民主人士と、これまで貢献してきた科学者や科学技術者については、これらの人々が反革命運動をしない限り、保護しなければならない。」と制定した。しかし、江青らの反対に遭って文書は可決されなかった。10月3日、周恩来は中南海の講堂にて、北京での式典に参加するためにやって来た全国の紅衛兵の代表に演説を行う中で、紅衛兵が行った南京の孫文の銅像を打ち壊しや宋慶齢を批判する壁新聞を貼るなどの誤った行動を批判した。ある者が「政治協商と民主諸党派の活動をやめさせ、政治協商の必要もないし、民主党派も必要ない」と意見すると、周恩来ははっきりと「政治協商会議はやはり必要である。」「毛沢東は政治協商会議の名誉主席であり、私も主席だ。」と応じた。

1966年の国慶節で、毛沢東は天安門の城楼にて、李宗仁に対して「紅衛兵は全国政治協商会議や民主諸党派を封じ込めた。しかし、政治協商会議はいまだ必要だし、民主党派もいまだ必要とされている。」と述べた。これ以後も、毛沢東は何度も重ねてこの見解を繰り返した。

張治中は反右派闘争でも「文化大革命」にあっても、あえて直言して

1958年9月、張治中が毛沢東に随行し、大江南北を視察したときのもの。図は「長江輪」から

いた。1967年国慶節、彼の身体はすでに衰弱していたが、断固として国慶大会に出席し、警備員に手押し車を押してもらって天安門の城楼に上がった。張治中は毛沢東に会ってもはばかることなく、「あなたの歩みはこんなにも速く、私はとても追いつけない。現在殴り殺した幹部は5％ではおさまらないであろう。」とありのままを話した。これは張治中が毛沢東に申し述べた意見の中でも、言い回しがソフトで、丁寧な批判であり、毛沢東はこれを聞いても反論せず、黙って彼の意見を受け入れた。1969年、張治中が病床で苦しんでいる最中、毛沢東が人づてに東北地方の最も良質な朝鮮人参を届けさせたのは、彼に滋養をつけさせるためだった。一時的に意見が合わなくとも、長年の友人を忘れることはなかった。

　1968年、毛沢東と周世釗は深刻な対談を設け、毛沢東は「紅衛兵があなたの家に押し入ったことは、大変申し訳ないし、私の責任で賠償させて欲しい。あなたには、心にわだかまりを残さないで欲しい。湖南のことはあなたに任せるので、腹をたてないで欲しい。あなたを副省長とし、

また湖南民盟の責任者にしたい。」と話した。

周世釗は「今日のこの局面を迎えて、民主諸党派はどのような働きができるのですか。お寺さえどこにもないのに。」と言うと毛沢東は「お寺はいつでも造ることができるし、素晴らしいことであるから、私が賽銭を出す。」と答えた。

周世釗の「お寺があっても和尚がいないでしょう。」と応ずると、毛沢東は「胡愈之に楊東蓀、そしてあなた、誰もが和尚ではないか。」と答えた。

しかし残念なことに、指導的思想に誤りが出た時に、このように正しい意見を聞き入れ、有効に活用し、行動に移すことはできなかったのである。

1980年11月2日、林彪・江青を反革命集団の主犯として裁く中華人民共和国最高人民裁判所特別法廷の公判において、最高人民検察院検察長兼特別検察庁の庁長であった黄火青が『起訴状』第五条・第六条の告発文を読み上げた。

それは1968年8月27日、中央文革小組顧問であった康生とその妻であった曹軼欧は中国共産党中央委員会組織部責任者であった郭玉峰に指図して、『第三回人民大会に関する常務委員による政治状況の報告』と『第四回政治協商会議に関する常務委員による政治状況の報告』の二つの報告をすべて康生自身に改定させ、審査させた。そして115名の全国人民大会常務委員会委員のうち60名と、159名の全国協商常務委員のうちの74名を、「裏切り者」・「反逆容疑者」・「スパイ」・「スパイ容疑者」・「国民政府側の諜報員」・「反革命修正主義分子」・「資本主義の道を歩む実験派」・「三反分子」・「外国のスパイ」などの無実の罪に陥れた、というものだった。この二つの「ブラックリスト」の中には、以下の民主諸党派人士が名を連ねた。民革副主席だった張治中・民建中央委員会副主任委員の胡子昂・民革中央委員会秘書長であった梅龔彬・民革中央委員会常務委員で宣伝部長の王昆倫・民盟中央委員会副主席史良・民革中央委員会常務委員の唐生智・民盟中央委員会副主席の胡愈之・民盟中央委員会

1980年11月20日、最高人民裁判所特別法廷の公判で、林彪・江青ら反革命集団の主犯10名の裁判中の様子。呉茂蓀が特別法廷裁判員となり、王昆倫（写真の右）が法廷にて、江青（写真左）が民主諸党派メンバーを迫害した罪状で控訴する様子

常務委員の梁思成・致公党中央委員会主席の陳其尤・民革中央委員会常務委員の陳邵先・九三学社中央委員会常務委員の趙九章・九三学社のメンバーの茅以昇・民建中央委員会副主任委員胡厥文・民盟中央委員会副主席の高崇民・民盟中央委員会常務委員と民盟河北省委主任委員であった劉清揚・民革中央委員会常務委員の朱蘊山・民建中央委員会常務委員にして民建遼寧省委および瀋陽市委主任委員であった鞏天民・民盟中央委員会副主席の楚図南・民盟中央委員会常務委員であり宣伝部部長の薩空了・民建中央委員会副主任委員の孫起孟・民進中央委員会副主席の車向忱・民建中央委員会秘書長の孫暁村・民革中央委員会常務委員の朱学範・民各中央委員会常務委員の劉斐・民建雲南省委員会主任委員の寸樹声・民盟中央委員会常務委員の呉鴻濱らであった。

　林彪・江青の反革命集団が『起訴状』第三十八条の罪状で起訴されたのは、民主党への迫害、その中でも各民主諸党派指導者が無実の罪を着せられ迫害されたケースであった。その該当者は、民革中央委員会副主席の鄧宝珊・民盟中央委員会副主席の高崇民と呉晗・民建中央委員会副

第6章　挫折と停滞　223

主任委員の孫起孟・民進中央委員会副主席の車向忱・農工党中央委員会主席団委員の周谷城・九三学社中央委員会副主席の潘菽であった。各民主諸党派と全国商工業連合会の中央委員会常務委員、さらに委員と委員候補らも大いに無実の罪を着せられ、迫害された。

『起訴状』に列挙されたうち「迫害され落命した」各民主諸党派の責任者は、民革中央委員会常務委員の黄紹竑・民革中央委員会秘書長の梅龔彬・民革中央委員会副秘書長の楚渓春・民盟中央委員会副主席の高崇民・民盟中央委員会常務委員で民盟河北省委主席委員の劉清揚・民盟中央委員会常務委員の潘光旦・民盟中央委員会委員の劉王立明・民建中央委員会常務委員で民建上海市委副秘書長の劉念義・民建中央委員会委員で民建上海市委常務委員の王性堯・民建中央委員会常務委員で民建浙江省委主席委員の唐巽澤・民進中央委員会常務委員にして民進広州市委主席委員と民盟中央委員会常務委員さらに民盟中広東省委主席委員を兼ねていた許崇清・民進中央委員会委員李平心・民進中央委員会委員で民進中央委員会宣伝部部長の陳麟瑞・致公党中央委員会常務委員で秘書長の鄭天保・九三学社中央委員会常務委員の王家楫・九三学社中央委員会常務委員の劉錫瑛・九三学社中央委員会委員で九三学社青島分社主席委員の張璽・台盟福建省支部主任委員の王天強であった。

新中国成立後、各民主諸党派の組織は比較的早くから発展し、1957年に至っては各民主諸党派のメンバーは総勢10万人に達した。しかしながら1957年から「文化大革命」が終結する20余年間、民主党派の組織は基本的に停滞し、1979年の回復運動が行われた際、メンバーはわずか6万5000人に激減していた。1956年から3万5000人も減少し、全体で地方組織は272団体あったが、その内訳は省級組織92団体・市級組織133団体・県級組織47団体・末端組織は1852団体のみであった。

「文化大革命」は中国の政治を左派軌道へと引き込み、多党協力が乱れたので、左翼化し凶暴残虐の限りを尽くした年代であったため、再び正常な道を進むことは難しかった。

歴史は反復し歪曲して進む。当代の中国政党制度は変化や起伏に富ん

だ過程を進んだ後に、共産党は民主諸党派中央機関との協力関係を回復させた。

1970年、周恩来が執り成し、各民主諸党派中央機関は共同で執務に当たるようになった。

1971年8月27日、毛沢東は南巡期間に長沙で湖南省軍政指導者である卜占亜や華国鋒と会談し、話題が民主諸党派に及んだ。彼は「民主諸党派はいまだに存在すべきである。いらないと言う人もいるが、急ぐ必要はないので、決して急いではいけない。」と語った。そして「民主諸党派の看板を掲げよ。」とも付け加えた。

1977年12月、中国共産党中央委員会統一戦線は各民主諸党派の指導者を集めて会議を開き、民主諸党派が活動を回復する問題について話し合った。

「十年の大きな災害」は全中華民族にとっての災難であり、共産党は真っ先に攻撃の矢面に立たされた。

「共産党は、自分自身の革命を利用して、全民族の進化が加速していくと考えていたにも関わらず、思いがけなくも既に死滅していたはずの時代に引き戻させられていたことを理解したのであった。」というマルクスのこの言葉に接した時、我々は思わず驚かずにはいられなかった。そうなのだ。我々は独りよがりに革命の終点へと急いで加速した結果、不幸にも革命の起点から後退していることがわかったのである。

このような複雑な雰囲気の中にあっても、多くの民主人士たちは、ひたすら共産党や社会主義に対する信念を守り通し、動揺すらしなかった。彼らと共産党は困難をともに切り抜け、困難を受け止め、平和期の最も厳しい試練を受け入れたのであった。

1958年6月5日、馬叙倫は看護人の柯貴賢に頼んで病床から起き上がり、力の限りを尽くして最後の筆をとって残したのが、彼の政治的遺言であった。「我々にはただ、共産党と共に歩むことが正しい道を進むことであり、最も素晴らしい結果を得るが、そうでなければ基本的には誤りである。」との内容であった。

許徳珩は1963年、「毛沢東の話を聞き、ただ共産党と共に歩んで行くことが、社会主義の道を歩んで行くことであり、高く三つの紅旗をかかげ、すべての力を貢献する。」と書いた。1968年8月30日、屈武は「反革命罪」で秦城の監獄に投獄され、世の中と隔絶された拘禁生活が始まった。この期間、屈武の妻であった于芝秀と母の高仲琳は巻き添えにあって、相次いでこの世を去った。1974年9月29日、国慶節25周年の前夜、最後に周恩来は政府主催の宴会名簿を審査して修訂し、特別に屈武の名前を名簿に入れた。こうして屈武は牢獄から政府主催の宴会へと直接赴き、6年と1ヶ月にわたる拘束生活は終わりを告げた。屈武は帰宅後、「私は、選択した政治の道を後悔してはいない。」と家族に話した。

　1979年9月14日、北京大学で会議が開かれ、馬寅初の名誉回復が宣言された。馬老は書面で謝意を表明し、「名誉を回復することは本当に簡単なことではなく、学術問題であろうが政治問題であろうが、すべてに言えるだろう。これには広い心と大きな力が必要となる。中国共産党には、このような勇気と力を備え、事実に基づいて真実を追求している。かつて批判し誤りとした人間の名誉回復をするためにも、すべてを公表して自らの罪を正した。これは歴史上かつてなかったことであり、これは中国共産党に大きな希望があることを意味している。」と述べた。

　いまだかつて誰も成しえなかった事業において、探し求めて模索した実践の中では、失策や過ちにもすべて正確さや合理性の影がある。大躍進へとただ焦って闇雲に突き進んだことにより、平均主義の立ち遅れはさらに後退し、3年間の困難は至るところで悲しみと嘆きを招いた。「文化大革命」というこの世の悲劇は、歴史上尽きることのない苦痛と沈痛に満ちていた。

　「文化大革命」で迫害され犠牲となった共産党員や、民主諸党派の人士、そしてすべての党外の友人たちは、人民の心に刻み込まれている。

　歴史が人々に伝えていることは、ある者は労働者階級の前衛となり、ある者は農工連盟の基礎となり、ある者は中国最大の人民に利益を与える政党を代表して、誤りが現れれば必ず立ち止り、最終的には人民が必

要とする道へと戻るだろう。
　中国共産党は、心を痛めるほどの失敗にも直面する勇気を持ち合わせているのである。

第7章

動乱と再起

1979年『中国共産党中央委員会が全国に発布した「中央委員会組織部・統一戦線部から国務院各部委員会と地方各級人民政府に配置された党外人士が担当する指導的な職務に関して指示を仰ぐ報告」』では、条件が適合した党外人士が選抜され、指導的ポストに就くことが強調された。「国務院の各部委員会は、党外人士を配置するのに適当でない極少数の部署を除き、条件や対象が適合する部署では、一般的に党外人士を副部長・副司長・局長に配置するよう考慮すべきである。条件が合えば、正式な職務を担当することは可能である。地方各級の人民政府でも、党外人士が指導的職務を担当できるよう選抜すべきである。各省・市・自治区および省轄市は、条件と対象が一致すれば、1人もしくは2人の党外人士を副省長・副市長・副主席を担当させ選抜すべきである。庁や局長の中でも、条件に適合した党外人士がいれば、配置するべきである。条件があえば、県レベルでもまた、党幹部でなくとも副県長として担当させるよう配置すべきである。」とした。

　中国共産党中央委員会の規定には「中国共産党員と非中国共産党員の協力がうまくいかない場合は、どんな条件であっても、まず責任をとるのは共産党員である。」とある。しかし、鄧小平は「党と非党幹部が協力する問題においては、その割合が20％と80％ならば、双方合わせて100％の問題とすべきだ。」と指摘した。

　1980年10月、上海の著名な弁護士である韓学章と張中は命を受け、林彪や江青ら反革命集団の裁判に参加した。全世界で知られたこの歴史的事件では、2人の弁護士が中国の法制度の健全さと法律の公正さに基づき、個人的感情は投げ捨て、毅然とした態度でどんな条件でも引き受け、時代に与えられた重責を担った。世間に中国人弁護士の良い印象を与えた。当時まさに復活してきた中国弁護士制度に対し、重要な推進的役割を果たしたこの2人の弁護士は、民盟のメンバーであった。

百年余り前のこと、エンゲルスは彼のロシアの友人に「歴史上、巨大な歴史的災難の後には、必ず大いに進歩していく。」と語った。
　中国古代にも同じように「深い憂いが、多くの困難から国を発展させる」という諺があった。
　1976年、中国の河北では、唐山地震という自然災害に見舞われた。
　そして同年、政界は北京天安門事件によって大きく揺さぶられた。清明節に蒔かれた憤りの種は、実り多き秋10月を迎えて収穫され、中国共産党中央委員会は一挙に「四人組」を糾弾し、「10年に及んだ大災害」は終結をみたのであった。
　「10年の大災害」中の方針は無謀そのもので、社会に巨大な損失を与え、多くの人々の心を震撼させた。70年代から始まった改革開放事業の成功もまた同じように、全世界を震撼させた。
　歴史に遅すぎることはなく、ついに人民の願いは果たされたのである。
　改革開放路線は思想上の解放でもあり、改革開放の初期段階は、歴史を十分に再認識し、現実を十分に批判し、未来に対しては憧れに満ち溢

1976年10月、天安門広場で「四人組」紛糾記念集会が挙行された

第7章　動乱と再起 | 231

1979年6月、鄧小平が全国政治協商第五回第二次会議で『新時期の統一戦線と人民政治協商的任務』で述べた開幕の辞は、新時期統一戦線の網領的文献である

れた新たな啓蒙時代を迎えることにあった。かつての曲がりくねった歩みは、真実を振り返るに余りに偲びなく、人々は特に慎重に前に向かって進み始めた。

変動の時代、常にこのような顕著な現象が出現し、自己および他人に対する同意は疑念となってわだかまっていたため、思想の解放は多くの人々を驚愕させた言葉となった。

客観的規律に符合した偉大な実践に、思想的理論上、深遠な思索を伴うのは必然であった。

歴史が鄧小平という、この思想上の巨人を育成した。彼は自己の政治的低迷から一旦這い上がった後、断固として仕事の重点を戦略へと移行し、各民族を率いて改革開放を実行し、経済的建設を中心とする四つの基本原則を堅持し、中国の特徴ある社会主義に依拠する探索を開始した。彼の真理や思索の道筋は、その固有の形式と規則で突出していたが、一般の人民と一致したものであった。彼は社会発展と国家の利益に適合した方針の政策を打ち出し、中国の特徴ある社会主義理論を創設した。

改革開放の総計画者となった鄧小平は、中国の国情をよく理解し、世界情勢にも精通していた。欧米諸国では、中国の革命を非難し、まるで一枚のコイン上で一隻の航空母艦が百八十度向きを変えるようなものだ、と酷評していた。しかし鄧小平は、この奇跡を成し遂げたのである。彼

は1世紀もの間、中国という大国を導いて、歴史を超えた将来の展望を持ち、比較できないほどの勇敢な精神を備え、そして中国自身が進むべき道を堅持し、厳しい歴史の考察を受け入れてきたのであった。
　鄧小平は全党に、党内の民主と人民の民主を必ず提唱し保証すべきだとし、「民主がなければ社会主義は存在しないし、社会主義の近代化はありえない。」との警告を発した。
　鄧小平は重ねて、我々のあらゆる具体的な経済制度や政治制度は、すべて順序立てて改革として進行させる。改革は第二の革命であり、その基本方針は生産力の解放と発展である、と強調した。
　鄧小平の一連の重要な講話は、事実に基づいて正しく実行され、要所を押え、根本的に何年も持続した。その当時の暗い風潮を抑えて、中国大地で歪曲していた社会生活を明るい方向に一変させた。
　中国の国力低下の歩みを再度終結させ、すさまじい勢いで改革開放を推し進め、偉大なる長い道のりを歩みだした。個人崇拝という精神の束縛から抜け出すと、真理の基準に基づく問題を討論し、事実に基づく思想路線を回復させた。「階級闘争が骨組み」であった社会を、社会主義近代化建設を全党で推し進める任務を重点にするよう転換させ、封鎖や半封鎖の状態を終結させ、国際社会の経済と連携し、徐々に農業と工業、都市と農村の関係を調整し、農村をただ農業に従事する、農民がただ農業をするという伝統を打破し、国家・集団・個人の三者の関係を調整し、個人の全面的発展を重視した。
　歴史は一周りしたが、まるで解放初期の勢いある良き年代に戻ってきたようであった。しかし、改革開放に伴い明らかにされたすべては、忘れがたい過去よりもはるかに堅実で成熟し、輝いていた。
　歴史は加速して前進を始め、新しい時代の政治と社会の変化を、中国共産党の指導する多党協力と政治協商制度の再起動をもたらした。民主諸党派との共存とそれらを監督する役割をも回復した。
　鄧小平は多党協力の創始に先駆け、型破りな思想・理論・観点を提出して、多くの扱いやすい政策措置を制定した。

新時期の政党関係の問題に関して、鄧小平は「共産党が監督することを受け入れなければならない。」と述べた。一貫した思想を豊かに発展させ、多党協力と政治協商制度が代えがたい特殊な作用をもたらすよう、十分に注意し発展させた。彼が提出した多党協力と政治協商制度は、我が国の政治制度の組成部分として、我が国の具体的な歴史的条件と現実的条件によって決定された。ソ連などの一党制とは違い、また欧米資本主義国家の多党制とも異なり、中国政治制度の特徴と長所を兼ね備えた。この論壇は我が国の政治体制改革や社会主義民主政治建設の角度から、多党協力と政治協商制度の思考と画策へと推進し、理論の基礎を提供した。

　鄧小平は、新しい歴史的条件下で、民主諸党派を再び民族資産階級・小資産階級・知識人たちの階級同盟を代表するものではなく、各自連携して、一部の社会主義労働者や一部の社会主義愛国者を擁護する政治連盟とさせた。根本的にこれまでの民主諸党派の特徴や地位に対する見方を変化させ、多党協力のためにその他の混乱を鎮めて正常に戻す思想的基盤を固めた。

　1977年8月、中国共産党第十一回全国大会において、統一戦線のスローガンを回復させた。

　1977年10月15日、中国共産党中央委員会は中央統一戦線部による『愛国民主諸党派に関する問題の報告を仰ぐ』を提出し、中国共産党が民主諸党派の方針を「長期的共存、相互の監督」と重ねて報告し、民主諸党派組織の整理・回復・健全が提出され、何人かの知識人たちによって構成される党派を合併することはふさわしくないとの認識を示した。これは民主諸党派の地位回復の前触れとなった。

　1977年10月から、各省・自治区・直轄市の人民政治協商は、相次いで新たに政治協商会議を開いた。各民主諸党派の省級組織が相次いで回復すると、政治協商会議に参加した。各民主諸党派の一部分は省轄市や大都市区級の地方組織および下層組織を徐々に回復させた。

　1977年12月、全国政治協商第四期第七回会議が各民主諸党派の活発な

活動の下に開催され、各民主諸党派は迅速に組織再編に着手した。

1977年冬、各民主諸党派中央委員会が相次いで臨時指導機構を成立させた。民革中央委員会の指導組織は朱蘊山・王昆侖・陳此生・朱学範・劉斐・屈武・甘祠森・呉茂蓀からなった。第一責任者は朱蘊山であり、王昆侖と陳此生が第二・第三の責任者となった。民盟中央臨時指導組織は、史良・胡愈之・鄧初民・楚図南・薩空了・李文宜から組織され、第一責任者は史良であり、胡愈之が第二の責任者であった。民建中央委員会臨時指導組織は胡厥文・胡子昂・孫起孟・郭棣活・孫暁村によって組織され、胡厥文が責任者となった。民進中央委員会臨時指導組織は周建人・葉聖陶・楊東蓴・徐伯昕・趙朴初・葛志成によって組織された。農工党中央委員会臨時指導組織は季方・厳信民・徐彬如によって組織された。致公党中央委員会は一時期、黄鼎臣・伍覚天・伍禅・王廷俊を責任者とした。九三学社中央委員会臨時指導組織は許徳珩・周培源・藩菽・茅以昇・厳済慈・孫承佩で組織された。台盟総部臨時指導組織は蔡嘯・李純青・田富達・徐萌山より組織された。

1978年2月、全国政治協商第五期間第一回会議が北京で挙行された。今回の政治協商委員は前回の1199人から1988人に増加し、そのうち各民主諸党派を代表して参加した委員は245人に達し、13%を占めた。

1978年3月9日発布の『中国人民政治協商会議章程』では、新時代の民主諸党派の地位回復が具体的かつ重要な意義を持った。その後、政治協商会議は民主諸党派が政治に参加して意見をする主要な舞台となり、自身の協議の特色を保持しつつ、一定の範囲で制度化・順序化・法律化の軌道に沿うことになった。

1978年12月、中国共産党第十一期中央委員会第三回全体会議が開かれ、歴史的に新時代を迎えた。それは改革開放を模範とし、中国の政治・経済・思想・文化の回復と繁栄と発展に強大な精神と政策的原動力を提供し、中国人民の創造力と情熱を呼び覚まし、幸福な生活に向かうために、目に見える直に触れられる希望を呈示した。こうした希望を持つことにより、高い山をも崩し大海をも平らにすることがあるように、どんな困

難な出来事も克服できることを意味した。多党協力による事業に関しては、まるで啓蟄に聞く春雷と同様に、希望に満ち溢れていた。

1979年4月、中国共産党中央委員会統一戦線部が中国共産党中央委員会に提出した愛国民主諸党派に関する任務のうち、いくつかの問題が上層部に報告された。これには多くの民主諸党派が配置転換され、社会主義近代化建設に積極的に参与することが提起され、その中の代表人物は、国家の大政方針である協商会議に参与し、民主諸党派が地方組織と下部組織を回復させるべきである、との認識を示していた。

1979年6月、全国政治協商第五期第二回会議が北京で開かれ、政治協商会議主席の鄧小平は明確に「我が国の各民主諸党派は、民主革命という栄光の歴史を携え、社会主義改造においても重要な貢献を果たしてきた。これはすべて中国人民が、決して忘れてはいけないことである。現在それはすでに各自が関係している一部の社会主義労働者や擁護すべき社会主義愛国者による政治連盟であり、すべてが中国共産党指導の下に社会主義に奉仕する政治力となっている。」と指摘した。

1979年10月11日から22日まで「文化大革命」終結後の八つの民主諸党派による、初めての全国代表大会が相次いで北京で挙行された。それは、中国国民党革命委員会第五回全国代表大会・中国民主同盟第四回全国代表大会・中国民主建国会第三回全国代表大会・中国民主促進会第四回全国代表大会・中国農工民主党第八回全国代表大会・中国致公党第七回全国代表大会・九三学社第三回全国社員代表大会・台湾民主自治同盟第二回全盟代表大会である。

事実に基づいて真実を追求し、誤りを糾す方針とは、各級政府が10億余元の予算を用いて各政策を実行し、多くの冤罪やでっちあげられた結果を改めることであった。多くの知識人たちが弾圧を受けて貼られた「資産階級知識人」のレッテルをはずし、彼らも社会主義労働者として、中国の労働者階級の一部となった。彼らは私心を持たずに尽力し奉仕したので、全中国社会に尊重された。

1979年1月7日は、ごくありふれた一日であった。真冬の北京はいつも

と同じように寒い風が吹いており、この季節にふさわしく雪も冷たかった。しかし、民主諸党派と商工業連合会にとって、この一日はありきたりな日常の一日ではなかった。

商工業界にあった胡厥文・胡子昂・榮毅仁・周叔弢・古耕虞という顔ぶれの5名の商工業連合会の知識人たちは、鄧小平の自宅に招かれて、改革開放という偉大で遠大な計画について協議した。

鄧小平は彼らに、20日前に開かれた中国共産党第十一期中央委員会第三回総会で決定され、全党の任務の重点を経済建設の軌道に転換していく状況を説明した。鄧小平は中国が開放され、外国資本を集める件に関して、彼らに誠心誠意、公平を持する考えや意見を提出するようにと提案した。

当時は世の中の動乱を治める行動が始まったばかりで、みなが鄧小平に多くの意見を述べたが、一番肝心なことは、やはり「資本家」というレッテルをはずす問題だった。

鄧小平は「元々商工業者は昔から利子をもらっているわけではないので、資本家のレッテルはなぜはずれないのか。元々商工業者の中には本当に学識ある人もいるから、彼らに任せて活躍してもらうほうが良い。仕事のできる人には幹部になってもらい、人によっては一つや二つの工場を運営してもらおう。」と述べた。

鄧小平は榮毅仁に対して、特定分野の仕事に関してその中心になって仕事を任せるか、他のことでもいいので何かやってもらいたいと希望していた。鄧小平はその場ですぐに決断し「こちらから指示を出し、あなたに任務を与えるのが、それが合理的だと思うならば受け入れて欲しい。それが納得できなければ、拒絶してかまわない。すべての処理は、あなたの責任でやってくれたまえ。経済の方法で経済を管理し、行政による邪魔は完全に排除すればいい。」と語った。

昔の人も「人生の楽しみは、互いが理解し合うことだ」と言った。鄧小平の話は春風のごとく穏やかで、5名の老人たちの胸に、長年抑えつけてきた活力が突如溢れ出した。彼らは、新中国の改革開放事業によっ

て、民主諸党派・無党派人士や多くの商工業者が十分な才能を発揮することができる得難い機会を必ず作ることができると予感した。

　榮毅仁は前国家副主席であり、1916年に生まれた。紡績業の名門に生まれ、商品の経済規律に関して詳しく、国際的信頼を備えた素晴らしい大経営者であった。1950・60年代には、毛沢東と周恩来から何度も称賛されてきた。改革開放時代を迎え、今度は鄧小平の支援の下、彼は新たに経済を立て直し、再び世界を沸き立たせる時の人となった。鄧小平と会談した半年後に、榮毅仁は中国国際信託投資会社を創設した。この企業は50万元から起業し、内部組織機構から管理まですべてに新しいモデルを採用し、一躍発展して国際化・総合化した大型で機能的な現代的企業グループとなった。

　歴史はまた一度、螺旋式に上昇するかの如く発展した。民主諸党派の地位は長期にわたって安定することはなかったが、1978年の改革開放以降は徐々に安定する方向に進み、回復期から発展期へと進んだ。共産党は民主諸党派に対して、世の中の動乱を治めることで共産党の民主諸党派に対する認識が深まっていくと、党間関係は徐々に安定して制度化され、中国民主政治の建設は大いに発展した。

　各民主諸党派のメンバーと無党派人士は非常に喜び、活力と高まる情熱を奮い起こし、多党協力と政治協商制度が持つ優勢さを増加させ、再び徐々に展開していった。

　中国共産党第十一期中央委員会第三回総会以降、各民主諸党派は経済建設を中心に、多くのスタイルで四つの近代化運動を展開させた。

　政府は、未就業青年に職業を与えることを積極的に推進した。1979年、民建商工業連合会は、メンバーを総動員し、自力で或いは共同経営する方法で、積極的に町会・工場・機関・団体・学校などにあらゆる形態の企業グループを作り、就業ルートの新規開拓に協力した。北京市民が協力してつくった前門地区の粗末な町会企業は後に発展し、生産と出荷が一体化した企業グループとなって巨大な労働力を受け入れた。1982年末、各地の民建・商工業連合会は6000名のメンバーを有し、企業組織は自営

1986年、九三学社中央委員会常務委員の王淦昌（一番右）・九三学社社員陳芳允（一番左）・王大珩・楊嘉墀の4名の科学者は「世界戦略的高レベルの技術発展」の意見を提案し、我が国の「863計画」を確定させた

208箇所・合弁133箇所・共同経営3003箇所の合計3344箇所を数え、未就業青年9万余名に職を与えた。

　経済の情報提供活動も発展した。1981年1月、民建中央委員会・全国商工業連合会は中国共産党中央委員会を囲んで、国民経済の重大方策を調整し、経済情報提供奉仕センターと商工業専門の育成訓練センターを立ち上げることを提案した。1983年8月までに、民建の情報提供奉仕機構が提供した情報は15000余件にのぼり、経済利益は12億元に達した。民盟の各級組織は情報提供奉仕機構159箇所を立ち上げ、完成したプロジェクトは2000余件となった。農工党の各級組織は情報提供機構227箇所を立ち上げ、完成したプロジェクトは2102件。九三学社が立ち上げた科学技術の情報提供機構は115箇所で、完成したプロジェクトは6063件に及んだ。

　九三学社中央委員会常務委員の王淦昌は、原子核の実験で知られる著名な物理学者であった。これまでに何度も中国科学技術の発展に重要な提案を行った人物であった。1986年3月、彼と3人のベテラン科学者は、

第7章　動乱と再起　| 239

1993年9月、李沛瑤・胡敏・朱培康ら民革中央委員会の指導者たちが貴州・雲南省両省の知力開発と辺境地区の貧困状態を救済支援するために視察した。写真は貴州の畢節地区の発電所を見学している時の様子

　アメリカの「スター・ウォーズ」計画と西欧の「エウレカ（EURECA）」計画に対して、我が国は「力の及ぶ限りの資金と人力をもって、世界の高レベルな戦略的技術発展の過程に追隨する。」と提案し、中国共産党中央委員会国務院はこれを非常に重視した。そこで全面的な論証を経て、高レベル技術研究発展計画を確定し、それが著名な「863計画」となった。
　さらに知力を結集し辺境地区の貧困救済支援にも着手した。1983年2月、中国共産党中央委員会統一戦線部と国家民族事務工作委員会の仲立ちにより、民革・民盟・民進・農工党・九三学社の中央指導者や同志と、内モンゴル・甘粛・新疆・雲南・貴州・吉林・寧夏・黒竜江・遼寧など10箇所の辺境地区や少数民族省区の責任者が北京で会談し、合同で貧困救済支援について相談した。統計によると、この約5年の内に、民革は貧困救済支援プロジェクトとして600余件をあげて、3000余名の党員を動員し、民盟は組織の専門家を4000余名派遣して、2500余件におよぶプロジェクトを完成させた。民進は2470名を貧困救済の任務に当たらせ、農

工党・九三学社の貧困救済任務も順調に進んだ。民主諸党派メンバーの専門家は、その多くが高齢であったが、体が衰弱していることをも顧みず、深く貧困地区に入り込んで研究調査し、指導幹部も長期間とどまって研究調査し、支援を普及させるための模範を示した。非常に困難な条件の下に、自分の才知と技術を用いて、全身全霊で任務に当たった。古くからの因習に解放された地区や、辺境の貧しい山岳地帯の人民を貧しさから救い富を得られるように援助した。それらは驚くべき成果を得、多くの人々に感動をもたらす事業が数多く残された。

また各民主諸党派は台湾・香港・マカオなどの海外人士と連絡をとり、比較的大きな勢力を保ち、資金や技術や人材を得て、四つの近代化に有利な条件を提供した。特に帰国した華僑や華僑の家族が主要メンバーであった致公党の中央および地方組織が、海外より専門家を招待し、学者たちは一時帰国して特別講義や研修会を開き、先端技術を伝授し人材を育成した。さらに彼らから資金を引き出して実業をおこし、海外貿易取引を促成させた。1983年から1988年までの5年間、資金の引き出し、海外貿易の取引で成立した総額は8億7000万アメリカドル、即ち3億5000万人民元にも達した。のべ370余名の労働者を海外に紹介し、中国に招待した専門家や学者はのべ324名にも及んだ。台盟は1984年だけでも招待した台湾人士が100余名にのぼり、両岸貿易の総額は5009万アメリカドルを超えた。民盟の外国資本は4億アメリカドル・1億5000万香港ドル・3億人民元で、各界の人材100余名を登用した。民建は504件のプロジェクトを導入し、総額は21億アメリカドルに達し、その関係はアメリカ・イギリス・フランスなどの12ヶ国と香港地区に及んだ。

1980年以来、各民主諸党派中央委員会と各級地方組織は、四つの近代化の必要性を広め、青年に文化や科学技術を学ばせ、職業技術を身につけさせるという差し迫った要求のため、退職した専門家や学者や優秀な教師を再雇用し、その能力特技に応じて各種講座や養成班・補修班を運営するプロジェクトを全国的に普及させた。1987年までに、民革がつくった各種学校は262校、そのうち中高等学校は31校、累計するに養成

1996年農工党中央委員会の協力で創設された前進技術養成学校

した各種人材は150万余名に及んだ。民盟は616校を運営し、そのうち専科学校・中等専科学校・補修養成班はそれぞれ3分の1を占め、累計すると養成した各種の人材は36万名に達した。民建は152校を運営し、短期職業技術養成クラスは6542校を開講した。民進は268校を運営し、そのうち専修学校6校・中等専修学校8校、他にも文化補習学校と職業訓練学校があり、累計すると養成した人材は40万3000名となった。農工党は135校を運営し、短期養成クラス138校、総計すると27万5000名を修了させた。致公党は38校を運営し、養成した人材は4万6000人、九三学社は268校を運営、6万7000名の受講生がおり、各種の通信教育や養成クラスは1691あり、受講生は10万7000名いた。

　各民主諸党派は文化・教育・出版体制の改革・教育に努め、青少年の養成や教師の利益保護を推進して、顕著な業績をあげ、社会の称賛を受けた。1985年、民盟中央委員会は教育改革に関する文書（草案）に関する意見を中国共産党中央委員会に求めると、提出した「教育改革と発展の根本的な目的は、全人民のレベルを向上させることである」とする主

張が受け入れられた。民進中央委員会は、適切な教員教育が存在しないことを問題視し、四つの近代化建設と新技術革命の需要に対して、優秀な高校卒業生が師範大学を希望しないことや、師範大学の卒業生が教師になることを拒む問題などを、中国共産党中央委員会書記部で師範教育を改革するよう提出した。国家が『義務教育法』を頒布する以前、民盟中央委員会や民進中央委員会は各地方組織で『義務教育法』の草案を何度も討論し、多くの修正意見を提出した。

多党協力と政治協商制度は、時代の流れに順応し、時代とともに前進し、我慢の中で推進され、手本の中で発展し、発展の中で完成していった。多党協力事業はここから一段階進んだ新しい過程に入った。

1981年12月21日から1982年1月6日まで、第十五回全国統一戦線工作会議が北京で開かれた。

1982年1月5日、中国共産党中央委員会の指導者は、中南海の懐仁堂にて会議に出席した一部の同志と会見を行い、胡耀邦は長い講話を発表した。その中で、民主諸党派との関係について、彼は各民主諸党派が我が党と数十年の困難を共に経験しており、我々の関係は「長期の共存と、相互の監督」以外にも「困難を共に切り抜け、両者は魚と水のように親密で互いに助け合っていくべき。」であると強調した。

会議の休み時間に、胡耀邦は、なじみの記者と世間話をしていた。

記者が「我が党と各民主諸党派の関係を水と魚に喩えるのは適切ですか。」と質問すると、胡耀邦は穏やかに「どこが不適切か、言ってごらんなさい。」と言った。

記者は胡耀邦の意見に耳を傾ける謙虚さを見て、少しも躊躇せずに「我々は一貫して党・軍隊と人民の関係は親密であり、人民は水で、党・軍隊は魚で、魚は水なしでは生きていけないと言ってきました。しかし、我が党と各民主諸党派とは友人関係にあり、友人関係を魚と水の関係に喩えることは、あまりふさわしくないように思います。誰が水で、誰が魚なのでしょうか。」と述べた。

「そう。その通りだ。」胡耀邦は心から賛同した。会議の後、新聞の原

各民主諸党派中央委員会指導者たちが中国共産党第十二回全国人民代表大会の開幕式に招待に応じて出席し、貴賓席に座っている様子。王昆倫（前列一番左）・史良（前列左から二番目）・胡厥文（前列左から三番目）・許徳珩（前列左から四番目）・葉聖陶（前列左から六番目）・周谷城（二列目一番左）

稿が胡耀邦のもとに届けられた。彼は記者の意見を熱心に熟読し、深い思慮と推敲を繰り返し、原稿にある「困難を共に切り抜け、両者は魚と水のように親密で互いに助け合う。」を「肝胆相照、栄辱与共（互いに真心をもって深く交わり、喜びも悲しみも分かち合う。）」と書き換えた。

中国共産党中央委員会の検討や決定を経て、偉大な歴史的意義を備えた中国共産党第十二回全国人民代表大会では、1950年代に確立した共産党と各民主諸党派の間にある「長期共存、互相監督（長期の共存と、相互の監督）」の8文字の方針が、「長期共存、互相監督、肝胆相照、栄辱与共（長期の共存、互いの監督、互いに真心をもって深く交わり喜びも悲しみも分かち合う。）」の16文字に拡大された。

この16文字は民主諸党派が共産党の親友であり、忠誠心を持ち続ける友情であることを表明し、欧米諸国の政党のような対立関係とは異なり、共同利益が一致して基本的に団結と調和がとれ、協力してきたことを示した。これはソ連の共産党制度の設計には見ないものであり、欧米諸国の二党制と多党制の文化の土壌にも探し求めることは困難であった。

この16文字は中国伝統文化の中国現代民主政治に影響し、中国伝統文化にある正確な処理とその他のあるいは対等な主体の力の一般原則に対処し、中国伝統文化にある「和合」・「調和」・「和を以て貴しと為す」の価値の境界を体現した。

この16文字は共産党と各民主諸党派の歴史あるいは現状に深く刻み込まれた総括であり、我が国の社会主義時期の政党史の鮮明な描写であり、

今後実行する多党協力の行動網領となった。

　この16文字は世間へ公示され、社会主義民主の模範として、中国共産党指導の多党協力と政治協商制度として再び輝き始めた。

　この16文字は中国多党協力の正式なスローガンとなり、メディアに頻繁に使用された。各民主諸党派・無党派人士および社会各界はみな褒め称え、ある民主諸党派中央委員会の責任者は感慨深く「私が毎回耳にし目にしてきた「肝胆相照、栄辱与共（互いに真心をもって深く交わり、喜びも悲しみも分かち合う。）」の数文字を見て、感動を抑えきれない。共産党は我々を決して忘れることはないし、我々のことを外の人間だとは思っていない。」と語った。

　ここから、民主諸党派自身の建設が迅速に発展を遂げ、組織のメンバーは増加し、指導グループは新旧刷新され、政治協商会議に参加し意見を出すこと以外にも、直接各級の人民代表大会と政府機構に参加し、共産党とともに国家の運営を管理した。新時期の歴代の全国人民大会代表の中には、民主諸党派の人士も一定の割合で含まれていた。各級政府は割合に応じた職務を、民主諸党派人士にも担当させた。

　1978年『中国共産党中央委員会組織部が決定した党の知識分子の政策に関する何点かの意見』では、共産党員でない幹部でも、条件が合えば指導できる部署に適すれば抜擢し、共産党員でない幹部の割合も高めていくと指摘した。

　1981年『中国共産党中央委員会が回覧した「中央統一戦線部・中央組織部の国家機関が党外人士に指導的職務を担当させる配置の状況と今後の意見の報告」』では「我が国家機関において、党外同志と協力して職責を果たす良き伝統を打ち出し復活させるべきで、彼らの中で条件が適合する人物を選出し、それぞれの指導的職場に配置し（条件が適合している党外部長・庁長・局長・市長・県長なども少数ではあるが含まれていた）、共同で良き国家となるよう管理運営していく。」と示した。この思想は正式に第十二回全国大会で可決され『中国共産党党章』に記載された。その後1983年にまた『中国共産党中央委員会が執務室から中央統一

戦線部に転送した「地方機構改革における適応する非党幹部を配置する問題に関する意見」』などの文書を発布した。この文書の発布は、党外幹部の養成し、選抜する任務が徐々に軌道にのったことを示した。

1981年6月中国共産党第十一回全国代表大会第六回総会は『建国以来党の若干の歴史的問題の決議』を可決し、「文化大革命」の教訓を総括したのは「党は党外人士と協力して職務を果たすことを強化し、人民に政治協商の働きを発揮させ、国家運営の重大な問題に関して民主諸党派と無党派人士が真剣に協議し、彼らと各方面の専門家の意見を尊重する」という内容であった。

1989年『中国共産党中央委員会組織部・中国共産党中央委員会統一戦線部が党外人士を政府の指導的職務に配置する通知』では、非中国共産党幹部が配置される範囲が拡大することを要求し、まず先に教育・科学技術・文化・衛生・体育・農林・軽工業・紡績工業・司法などの各部門に指導者たちを配置し、かつ非中国共産党幹部の年齢制限を広げ、代表人物を優遇することが通達された。

1990年『最高人民検察院・中央統一戦線部提出の民主諸党派のメンバーと無党派人士の担当する特約検察員を招聘する意見』を通達した。

1991年『中央組織部・中央統一戦線部が民主諸党派のメンバーと無党派人士が裁判・検察機構の指導者の職務を担当することを推挙する内容の通知』を通達した。

1991年『監査署・中央統一戦線部が民主諸党派のメンバーと無党派人士を特約監査員として招聘する内容に対する意見』を通達し、条件に合う専門知識を有する党外人士を特約監査員として採用し、民主諸党派のメンバーや無党派人士を集め、重大な監査案件の調査に参加させた。

1992年『中国共産党中央委員会組織部・中国共産党中央委員会戦線部が「各級の人民政府および司法機構において党や党外人士が互いに協力することを強化し改善するための意見」の通知を発布した』と通達した。

1995年『中国共産党中央委員会組織部・中国共産党中央委員会統一戦線部は「党外幹部がより良く養成選抜され政府や司法機関の指導者の職

務につくことに関する意見」を印刷して発布する』を通達し、民主諸党派および無党派人士を審判や、検察機関など司法機関の指導的職務を担当させるために推挙した。

民主諸党派のメンバー・無党派人士の担当は、徐々に中央から地方へ、一部から全体へ活躍の場を広げた。

1981年5月18日、中国共産党中央委員会総書記であった胡耀邦は指示を与え、党外人士に関して、歴史資料として発表や引用する時は慎重に対応するようにと指摘した。「長期にわたり、我が党と協力してきた人々はすでにその多くが亡くなり、我が同志が論文や革命回顧録を執筆するにあたって、彼らの歴史的汚点を記すべき否かに関しては特に慎重を期し、一般的な記載や議論は許されない。こうした人々は、(党を離脱した人、国民党のために仕事をしたことがある人であっても）何としても我々と共に協力して、革命を有終の美で終結させたのであって、我々は再びこうした歴史の問題を紛糾すべきではないし、さもなければ、人々は我々と友人にはなれないという議論を誘発することになる。将来歴史を執筆するに当たって、重大な歴史人物や事件の場合、当然史実を執筆すべきであり、ただ公正に史実を記述するだけで、重要ではないことを一緒にすべきではないし、党の中央の査定に従い、個人によって議論を発動し結論を下すことはできない。」とした。胡耀邦は「これは我が党の政治的信望の大事に関係し、決して軽率に排除すべきではない。」と厳しく示した。

胡耀邦の指示は、共産党による党外の友人たちと協力することへの尊敬と保護の心情を反映している。

数十年来、様々な紆余曲折や失敗が出現したが、全体を通して見ると、共産党が多党協力を実行してきた誠意は誰もが知るところであった。

この一点を見るに、国外で暮らす国民党の要人は、晩年は祖国に落ち着き、家庭の温かさと祖国の大家族の温かさを享受できた。

この一点を見るに、世界で名を馳せた大企業家、大科学者は、惜しみなく経済的援助することを提案し、祖国の四つの近代化のために積極的

に支援した。

　この一点を見るに、多くの海外の人々は労苦をいとわず、至るところで「一国二制度」を偉大な構想であると宣伝し、祖国の統一が一日も早く実現することに力を尽くしてきた。

　伝統文化と人々の思想の概念が立ち遅れれば、政治制度の健全さは経済発展のようにすさまじい勢いで前進することはなく、さらに科学技術の成果のように取り入れて自分のものにすることは無理であった。中国もこのように、世界の多くの国家と同じである。

　国際的に欧米諸先進国の政治制度を尊敬している人は少なくないと言える。しかし、この二百年来を回想するに、自国の現実と離れて、他国の制度を踏襲するのを見たことはない。

　歴史は中国には中国の国情があり、自己の特徴があることを明示しており、そして今後も示していくだろう。

　一切の問題を考慮して、あらゆる改革を実行しても、この一点は決して忘れてはならないのである。

第8章 継承と刷新

1990年2月、東京にて開催された「東アジア社会国際検討会」の席上、日本の著名な社会学者である中根千枝教授と喬健教授主催による、費孝通の傘寿（80歳）祝賀会が催された。費孝通は講演して「各美其美、美人之美、美美与共、天下大同（それぞれの民族にはそれぞれの美が備わっているものだ。他の民族が美とするものも積極的に学び、自身の文化や伝統に吸収するくらいの柔軟性や寛容さが必要である。そうすれば、我が民族の美も他の民族の美も共に肩を並べて存続することができ、真に多元的文化を形成することができるのだ。）」の名言を残した。彼は異なる文明の価値を享受することや、人類が社会の新秩序を再構築することへの期待を、この16文字に託したのであった。「各美其美」とは、それぞれの民族における独自の価値基準であり、それを互いに尊重し学び合うことで、さらなる大きな進歩につながることを意味する。各民族間において、頻繁にかつ平等に交流することで、他の民族の美を自分でも美しいと感じることに気がつく、これこそが「美人之美」という態度である。「美美与共」とは、許容するだけではなく異なる価値基準を賞賛できる態度を指す。このようにすれば、人類が互いに共存できる社会までの道のりはそう遠くはないとする希望、すなわち「天下大同」を意味すると述べた。

　1960年代初頭、かつてドゴールに「フランスはなぜ欧米諸国のなかで初めて中国を承認したのか。」と尋ねたところ、ドゴールは「中国はかくも広大で、悠久の歴史を有し、多くの苦難を経験してきたからである。」との返答があった。

　1980年代、ニクソンは中国とアメリカの関係について論評した際に「半世紀以来、外来の敵の侵略や外来の思想の影響を受けても、誰も中国を永久に征服することはできなかったし、かえって中国に吸収され消化されてきた。」と述べた。

静かに湧き出すあらゆる流れは河川に集まり、多くの河川は大海に向かって流れる。改革開放は未曾有の快挙であり、全国民が真の度胸や気迫をもって臨んだ偉大な政策であった。
　中国共産党第十一期中央委員会第三回総会以降、改革開放と近代化の推進は、中国の社会構造に顕著な分化と結合を促した。新しい社会階層を徐々に形成していくことで、各階層の社会・経済・生活様式から利益に至るまで、日々その差異が明らかになった。人々の就業・活動・思考の仕方、さらには価値観までもが日々多様化・独自化し、その差異は明らかに増した。民主諸党派は協調関係にあり、矛盾を解消し、団結し、安定を保障する方面で任務を引き受け、ますます負担が増えた。多党協力という中国の政治スタイルが徐々に重要視された。

1988年4月8日、「両会」期間において、八つの民主諸党派指導者が合同で、北京人民大会堂における国内外記者招待会を催した。国内外の記者が提起した多党協力と民主諸党派の地位・職務などに関する問題について回答している様子

第8章　継承と刷新　251

1979年初めから1986年年末まで、中国共産党中央委員会の指導者と民主諸党派・無党派人士は、様々な形式の政治協商会議を33回開き、これは「文化大革命」前の17年の合計を超えた。中国の民主政治建設は、望ましい局面を迎えたのである。

　新中国成立後の長い間、種々の歴史的要因によって、国家の政治や社会民主の制度化・法律化はできず、また制度ができ法律が制定されても、あるべき権威が十分ではなかった。
　新中国と同時に誕生して、重大な役割を発揮していた多党協力と政治協商制度は、かなりの長い時間を経てもはっきりと「制度」として進行することがなかった。そのため、この民主政治制度の確立は役に立つと考えられていたが、一般の民衆が自らその秀でた点を肌で感じとることは難しかった。

　1989年1月2日、鄧小平は民主諸党派の責任者の提案に対し、「専門の小さなグループを組織することは可能であり（メンバーは民主諸党派も必要）、特に民主諸党派のメンバーの参政・監督・職責を実行する法案を制定し、1年以内に完成させ、翌年から実行せよ。」との指示を与えた。
　まさに我が国の多党協力の事業が着実に進展し、多党協力と政治協商会議の制度化が推進した頃、国内外で一連の政治的騒動が起こった。
　国外では、1989年末から1991年8月にかけて、ソ連や東欧の一部の社会主義国家で次々と多党制が実行され、共産党が執政の地位を失う重大事件が発生し、社会主義運動は世界的に厳しい挫折を味わった。欧米諸国は敵対勢力の衰退を小躍りして喜んだ。共産党指導の社会主義制度は20世紀に始まって、同じ20世紀のうちに滅亡するが、資本主義制度は1999年に「戦わずして勝利」し、資本主義の価値観と概念がついに人類に「歴史的終結」をもたらすと予言した。欧米諸国は、敵対勢力であったソ連や東欧の急変を目の当たりにし、社会主義国家制度の変遷を認め、政治制度、特に政党制度が重要な突破口であり、両党制・多党制が実現

さえすれば共産党の指導体制が遅かれ早かれ抜本的に変革することになるとの見方を示していた。

　国内では、改革開放が始まって11年目を迎え、経済の再建は加速度的に発展を遂げた。政治制度改革は、計画に基づいて着実に推進した。改革開放は国民の視野を大きく広げ、人々の思想は日々活性化した。同時に国家が外に開かれるに従い、欧米諸国の民主・自由・平等・人権などの概念が中国社会に相次いで普及すると、人々の考え方にある変化をもたらした。ある人は欧米諸国の政治制度や民主的概念を非常に歓迎し、中国の社会主義的特徴に疑念を抱いた。またある人は、共産党による一党専制政治を非難して共産党指導の廃止を要求し、両党制・多党競争制の実行を主張した。そして、ある人々は現在存在している八つの民主党派連合を一つの政党にし、共産党と競争させ、順番に政権を担当させるという案を出した。また別の人は、独自に政党組織と政治団体を組織しようとした。

　複雑な国内外の政局の下、1989年の初夏、北京で政治的騒動が起こった。この政治騒動はすぐに静まったが、人々の関心は理想論と現実問題に向けられ、体系的な回答を求められたり、関連する政策を制定する必要に迫られた。

　こうした問題は、主に以下の内容を含んでいた。中国はなぜ共産党指導の多党協力と政治協商制度を実行しなければならないのか。どのような基準で、世界の異なる政党政治と比較していくのか。中国共産党指導の多党協力と政治協商制度には、どのような特徴と長所が備わっているのか。中国はそれを堅持すべきか、或いは堅持できるのか、そして堅持していくのかなどである。

　中国共産党第十三期中央委員会第四回総会以降、江沢民を中心とする第三代中央委員会指導の組織は、ソ連や東欧社会主義諸国の激変と我が国における政治的暴動の教訓を総括した。そして1990年代における我が国の改革開放と近代化という基本路線として、我が国の政治体制改革の要求に基づき、多党協力の問題の上に鄧小平の依頼に従い、多党協力と

政治協商の網領的な文書を制定することに着手した。

　文書を起草する過程で、中国共産党中央委員会と各民主諸党派中央委員会・無党派人士は会談して検討を重ね、意見を募った。1989年12月30日、江沢民が座談会を主宰し、各民主諸党派中央委員会と全国商工業連合会の主な指導者を招待し、文書の内容について再度話し合いを持ち、意見の一致をみた。12月31日、中国共産党中央委員会は正式に『中国共産党中央委員会の中国共産党指導の多党協力と政治協商制度の堅持・完備について』を公布した。これがすなわち、有名な中央政府公布の［1989］14号文書である。1990年2月8日の『人民日報』に全文が発表され、その表題は『国家を長期にわたって安定させることこそが中国共産党と各民主諸党派の神聖な職責である』とする社説である。

　この文書には、共産党員・各民主諸党派人士・無党派人士の共通意識と政治的英知が凝縮されていた。新時代の共産党・民主諸党派・無党派人士が、長期的に協力して共同で行動するための規範となった。この文書が生まれたきっかけは、社会主義民主政治を建設するための客観的な要求からであった。新中国成立以来40年間にわたって、その中でも特に改革解放が推し進められたこの十年来の多党協力による経験を総括し、共産党指導の多党協力と政治協商が制度化され、規範化されることを示していた。

　この文書は鄧小平を中心とした中国共産党第二世代の中央委員会指導者たちによる多党協力関連の理論・方針・政策を引き継いでおり、当時の人々が関心をもっていた各種の理論と実践問題に関して、早急に明確に、多くの新しい思想的理論を作り出した。最も重要なものは、以下の通りである。

　終始一貫して、二つの筋道を堅持した。一つめは共産党指導を強化し改善すること、二つめは社会主義民主を尊重して民主諸党派の能力を十分に発揮させることであった。

　共産党指導による多党協力と政治協商制度における基本思想と原則を明らかにした。共産党の民主諸党派に対する指導は「政治指導」で、す

なわち政治原則・政治の方向と重大方針や政策の指導であり、これを主に、民主協商という方法によって実現させる。中国共産党各級の党委員会はさらに民主諸党派の指導を強化し、民主諸党派との協力体制を強化し発展させ、民主諸党派が十分に積極的にその役割を果たせるように支持する。しかしながら、共産党が民主諸党派の内部事務を取り決めることはしない、というものであった。

　加えて、共産党指導による多党協力と政治協商制度の重大な政策措置を堅持し完成させるために、民主諸党派のメンバーや無党派人士に、中国人民代表大会・中国人民政治協商会議でその役割を発揮するよう提案した。そこで、民主諸党派のメンバーと無党派人士から、各級の政治および司法機関の指導職務を担当者として推薦した。

　この時初めて「民主諸党派は社会主義事業に力を注ぐ参政党である」と位置づけられた。これは中国民主諸党派の政党関係、特に政治体制や政治活動における顕著な変化であった。民主諸党派は政治的協議を経て、共産党の主張が法定手順を経て国家的意志に変わっていく過程で発言力を持つ。これは「党の主張」が共産党一党の主張ではなく、民主諸党派の意見にも耳を傾けた後に、共産党が主として民主諸党派の声も含めて「党の主張」とすることを意味した。民主諸党派は国家の政治に参与し、共産党指導の国家権力に対しては民主的立場で監督した。文書には、民主諸党派が政治に参加して意見することと民主監督について、具体的な規定が明記された。

　民主諸党派の参政基準が初めて明らかになった。参政基準とは「一つの参加と三つの関与」であった。すなわち「国家の政権に参加し、国家の重大な政策と方針を決める指導者が選出される政治協商会議に関与し、国家の業務管理に関与し、国家の方針・政策・法律・法規の制定と執行に関与する」ことである。以下、我が国における民主諸党派の性格や地位を、理論的に正確に描写する。政治学的・政党学的には、政権与党とそれに反対する野党という位置づけをするが、そのような通常概念の枠を外れて、参政党の概念を明確に提起した。それは非執政政党を野党と

する考え方を打ち破り、政党機能に対して新しい要素を内包し、世界政党の理論を豊かに発展させたものであった。

そして、共産党員が党外人士と素晴らしい協力関係を築く必要性も強調した。

多党協力と政治協商制度は、中国の特色ある社会主義建設全体における重要な構成要素である。実践の中で徐々に系統化し、普及させる。制度がある程度軌道に乗ってきたところで規範化させ、めざましい発展をとげた。最終的に、改革開放の発展のために大局を安定させ、強固な政治的保証を提供した。

中国文化は人間性の素晴らしさ、協力の願いを広く宣伝し、中国の伝統的な「中庸を尊重し、調和を好み、協力を重んじる。」政治理念は数千年もの間、何世代にもわたって影響してきた。

多党協力と政治協商制度の文化的基盤は集団主義で、集団主義の文化的基礎はまさに協力であった。

多党協力は結局のところ、人と人との協力である。

1978年末から1993年まで、中国共産党中央委員会の主な指導者が、各民主諸党派・商工業連合会責任者・無党派人士と直接の協議や座談会を150回にもわたって行ってきた。重大な問題が発生すると、すぐに民主諸党派と協議する方法は、すでに我が国が実行している社会主義民主に欠くことのできない重要な過程となった。

1989年6月24日、中国共産党第十三期中央委員会第四回総会での中国共産党第三世代指導組織において、江沢民は党の総書記に選出された。

わずか4日後、江沢民は各民主諸党派中央委員会の責任者たちを中南海に召集した。江沢民は政局について会談した後に、彼が任された党の総書記の任務は重責だと感じた。彼は諸葛亮の話を用い、危険や困難にあっては党総書記の責任において、全身全霊で職務に当たると語った。

各民主諸党派中央委員会の責任者たちは、江沢民が中国共産党中央委員会総書記に任命されたことを支持すると表明した。彼らはみな、江沢民の説明する姿勢が懇切丁寧で、国家の建設に話が及ぶと、すさまじい

気迫を感じると評した。総書記になってわずか4日目で民主諸党派との会談を設けたことは、新しい指導体制が民主諸党派や統一戦線任務を重要視することを窺わせた。

　1989年9月7日、江沢民は再度各民主諸党派の中央委員会責任者たちを中南海に招待し、腹を割って話をした。台盟中央委員会主席の蔡子民は、総書記が責任者たちと顔を会わせるとすぐに、「中国共産党と党外の関係についてどのような方法を取ったらよいか皆で検討して欲しい」と語ったことを記憶している。総書記は続けて、「しかし、どんな方式を採っても最も重要なのは、我々が常に心中を打ち明けることである。一同が党に対して、あるいは政治に対して、社会に対して、どんな意見を持っていても、すべて話すべきだ」と言った。心中を打ち明けるということは、思っていることをすべて話すことである。どんな意見であっても、総書記を訪ねて、または他の共産党指導者を訪ねて話すことが可能であった。一同が三峡ダムの建設について江沢民の意見を求めた時のことである。周培源はこの建設を支持するが今は他の異なる考えがあると主張し、彼は態度が変化した原因を説明した。すると江沢民は、すぐに周培源の発言した状況は理解できると応じた。三峡ダム建設問題は複雑で中央委員会も継続して検討していくとも話した。蔡子民の発言に戻ると、彼は直言してはばからず、政府の任務は民主諸党派と多く連絡を取り合うべきだと主張した。蔡子民は、総書記がその他の居合わせた中国共産党中央委員会指導者たちと共に、彼の意見を真摯にメモしている様子を目にした。

　この心中を打ち明けた話し合いはその後、中国共産党中央委員会指導者・民主諸党派中央委員会・全国商工業連合会の責任者たちの定例座談会となり、我が国における民主政治スタイルを制度化した会議となった。

　1988年11月台盟中央委員会主席団の主席である蔡子民は、9年間で105回中南海に足を運び、中国共産党の第三世代指導者と心中を打ち明けて話し合い、何ものにも代えがたい友情を結んだ。彼が最も印象的だったのは、中国共産党第三世代の指導組織が多党協力のもとに行う政治的活

動において、率直に誠意をもって雰囲気作りをしている点であった。知っていることは何でも話し、余すところなく全て話し合うという、民主的習慣であった。

　蔡子民は、江沢民が非常に付き合いやすい人物で、親切で教養も備え、ユーモアを解し、党外人士ともよく一緒に冗談を言い合っているのを目にした。彼はいつも真摯に皆の発言を聞いていると記憶している。こんなエピソードがある。ある時、蔡子民が台湾問題について話している時、総書記が口をはんで「蔡子民さんよ、もっとゆっくり話してはもらえないか。あなたの話は、台湾から来た客人よりもなまりがあって、彼らの方があなたより標準語がうまいくらいだ。」と冗談を言い、その場にいた人々の笑いを誘った。蔡子民も総書記に対し「私は30歳になってからようやく標準語を話すようになったくらいなので、閩南なまりをすぐには直せない。」と率直に述べた。

　1997年の年初、春節の2、3日前に、総書記は一同を中南海での大晦日晩餐会に招待した。この時、蔡子民はすでに引退を決意していて、会の途中で彼は張克輝を伴って総書記の前へ進み、「私は今年で引退する決意であるが、すでに後継者（台盟中央委員会の新しい指導者）を探してあるので、我々と一緒に写真をとって欲しい。」と告げると、総書記はすぐにグラスを持ったまま立ち上がり、「いいですよ。」と応じた。蔡子民は、この記念写真が、自身の9年間にわたる中南海での政治活動を総括するものであるとした。それを一目見ると、9年間かけて育んだ、中国共産党第三世代の指導者たちとの親密な隔たりのない友情を思い出した。これは、民族復興のために、中国共産党員と党外人士が肩を並べて心を通わせて奮闘した結果でもあった。

　欧米諸国の価値観に慣れている人は、欧米諸国の政党間では珍しくもない、お互いに過失を暴いて秘策を巡らし、様々な中傷合戦を繰り広げるやり方に見慣れてしまっている。しかし、中国の政党と欧米諸国の政党は簡単には比較できないし、いくら考えても理解できない点もあるだろう。どうして中国の政党は一致団結することが可能であり、親密に協

力できたのか。どのような力で中国共産党と各民主諸党派は、競争ではなく協議する方法を用いて重大問題を解決したのだろうか、という疑問を持つかもしれない。

これらの疑問は、早くは50年代周恩来の時に、既に科学的に解決されていた。彼は、新中国政党体制の構造は歴史によって形成され、共同思想・根本利益が一致した上にその基礎が築かれていると述べた。政治協商会議の真髄は、広く民主という基礎から順調に実現し、意志決定の前に十分に協議し繰り返し論証することがキーポイントであった。

政治協商会議は大多数の民主的権利を実現させ、少数の要求や意見も尊重するので、議論が一方的になることを避けることができた。

ある人は、我が国の全国人民代表大会や政治協商会議や民主諸党派を「名ばかりで実質的権限のない機関」と批判したが、大会の表決は往々にして、何が何だかわからないうちに絶対多数で可決されてしまう。意外にもこれは、表決前に各種の意見を細部にわたって深く協議し交流することによりもたらされた、必然的な結果であった。

中国共産党と各民主諸党派の政治協商の主要な範囲は、国家の重大な政策や方針の制定ばかりでなく、重大な問題での意志決定、重要な人事的な配置にまで及んだ。

1993年3月6日、中国共産党中央委員会が各民主諸党派・商工業連合会責任者・無党派人士を招待し、中国共産党第八期全国人民代表大会と政治協商会議第八期全国委員会での人事の配置などについての重大事項を話し合った。協議の内容には、国家主席・副主席・全国人民代表大会常務委員会委員長・副委員長・全国協商会議主席・副主席・国務院総理・副総理・国家軍事委員会主席・副主席などの重要な職務の人事配置も含まれていた。

民主諸党派の責任者の一人によると、協議は十分に行われ、まさに「名簿がぼろぼろになる」ほどであったという。40回以上に及ぶ協議・座談会・意見交換を経て、中国共産党第八期全国人民代表大会では最終的に、江沢民を国家主席に、元全国商工業連合会主席の榮毅仁を国家副主席に、

第8章 継承と刷新 | 259

喬石を全国人民代表大会常務委員会委員長に選出した。そして19名の全国人民代表大会常務委員会副委員長には、民主諸党派・商工業連合会・無党派人士の8名、すなわち民盟の費孝通・民建の孫起孟・民進の雷潔瓊・全国商工業連合会の王光英・無党派人士の程思遠・農工民主党の盧嘉錫・民革の李沛瑶・九三学社の呉段平らがおり、総数の42％を占めた。全国協商会議第八期大会第一回会議では、李瑞環が全国政治協商会議主席となり、25名の全国政治協商会議副主席と、非中国共産党人士の12名で総数の48％を占めた。これ以外にも、非常に多くの民主諸党派人士が、全国人民代表大会や全国政治協商会議の常務委員や国務院に関係ある委員会の指導的職務に就いた。
　成思危は、かつて化学工業部の副部長を担当し、1996年から民建中央委員会主席となり、1998年から第九期・第十期全国人民代表大会常務委員会副委員長を務めた。彼は我が国の政党制度をよく理解し、「欧米諸国の政党制度は「ラグビー」のようなもので、必ず相手を圧倒しなければいけない。我々の政党制度は「大合唱」のようなもので、民主諸党派と中国共産党が協力して一つの共通の目標のために行動し、社会の安定を保った。大合唱には指揮者がいて、この指揮者は過去から現代まで中国共産党だけが担当することができる。」と述べた。海外で、中国の民主諸党派が「政治のお飾り」と評されても、成思危は、「これは実際の状況に合っていない。化学工業部副部長を担当している時、私は自己の責任の範囲内で仕事し、その職権内で意志決定を下した。そして、全国人民代表大会常務委員会副委員長となり、私は証券法や農村金融の法律を執行する調査もした。私も中国共産党党籍の副委員長も、同様にその分野の仕事を任されていた。」と述べた。
　肖善因は、三期民革中央委員会委員・七期全国および吉林省・市政治協商委員を歴任した。一般の政治協商委員として、彼は自分の目で見て自分の耳で聞いたことを民主的に話し合った。まず、毎年全国で開催される「両会」では、民主的に話し合う雰囲気ができあがっていた。1988年に初めて会に参加した彼にとって、あらゆる事柄が新鮮に感じた。あ

1994年11月、民進中央委員会指導者が『光明日報』で発表した『我々の呼びかけ』の一文。北京王府井の改築工事で、新華書店をあるべき場所に残すことを関係各所に要求した。中国共産党北京市委員会が雷潔瓊主席に書簡を送り、心からの謝意を示した

る時、全国政治協商会議常務委員の名簿について討論した際、ある人が台湾の飛行機でこっそり大陸に来た王錫爵を常務委員として推薦する意見を出し、王の行動の素晴らしさをその理由にあげた。すると、彼も蔣経国先生に影響されて決心し、老兵を解放して大陸にいる親族を訪問させるという政策を発案した。組織内の委員はみな手をたたいて賛同し、後に全体で可決された。次に、毎年全国で開催される「両会」は、中国共産党中央委員会指導者が政治協商会議、特に民主諸党派のグループの委員と直接会談し、委員の意見に直接耳を傾け、他人の生活に心を配って至れり尽くせりの配慮をした。全国政治協商会議は国外のメディアにも開放され、記者のインタビューしたい人物、内容に関して全く干渉されなかった。

　共産党と各民主諸党派間の合同協議関係は、積極的かつ相互的で、発展の全過程においてその姿勢は貫かれた。この関係と比較すると、あれこれと事前に争っても意味は無く、物事が起こってから敵と決着をつける関係は、互いが非難しあうという明らかな対立を生むのである。

　民主諸党派と無党派人士は、国の経済と人民の生活に対して様々な意見と提案をし、個人や党派の名義で様々な会議が持たれた。書面やその他のあらゆる方法で、直接中国共産党中央委員会や国務院に提出された。

　このような意見と提案は法的な効力こそ備えていなかったが、一度提出されると、関係部署が必ず真剣に対処し、回答した。それは我が国の

第8章　継承と刷新　261

重大な政策方針および重大な決議の制定であり、社会に注目されている問題、難しい問題の解決を促すのに軽視できない影響を与えた。民主諸党派などあらゆる方面の人々に重大な意見や提案をし、中国共産党中央委員会・国務院指導者が問題に直接取り組み、多くの明確な指示を与えた。早急に解決すべき問題があると、具体的に意見を処理させたり、他の関係部門に移して検討させたりした。

親密で打ち解けた協力関係は、政治に参加して意見や提案を出す方法を通じて、各民主諸党派が重大な決定をする際に重要な協議と監督作用を発揮することを可能とした。制憲立法においては、疑う余地もなく発言権を有した。

九三学社天津の主任委員であった黄其興の父は、雲南の箇旧錫砿の設立者であった。彼はかつてフランスに留学した経験があり、ケイ酸塩の専門家として、コンクリートの急結剤と早強剤について造詣が深かった。黄其興は全国政治協商委員として、毎年必ずいくつかの重要な提案をした。黄其興は「私の十年来の提案を見ると、民主諸党派の提案の大部分には返答があり、すべて肯定された。また「あなたの意見はすでにある計画の中に考慮され取り入れられた。」と返答されることもあり、私が身をもって言えることは、多党協力は空論でもなく、存在してもしなくてもいい形式でもなく、大きな意味を伴っている」、と述べた。

1992年、黄其興は『国旗法』を制定する提案を提出し、彼は提案の中で「国家という概念は、民族の団結力を元とする。しかし、国家観念が希薄では団結できず、経済問題よりも憂慮すべき問題である。『国旗法』を制定する必要があるのは、民族の団結を強化するためである。」と記した。6月28日、第七期全国人民代表大会常務委員会第十四回会議で黄其興のアドバイスを取り入れて制定された、全民族の国家観念を集約した『中華人民共和国国旗法』が可決された。

孫起孟は中国民主建国会の創始者の一人で、解放後は政府の機関・全国人民代表大会・政治協商会議にて重要な職務を担当し、多くの政策・方針・法規の具体的な制定の任務に参与してきた。政治活動家として十

数年の経験を重ね、中国共産党指導の多党協力の特色に対して高い見識を持ち、「この政治制度は、確かに我が国の特徴を体現している。なぜなら国際的な変化は複雑で迅速だが、我が国の処理速度はなかなかに素晴らしい。なぜなら我々は、所謂一党が一切を引き受けるこのような政治制度を採用していないからだ。欧米諸国の議会制度は、一方が政治の舞台に上がればもう一方は政治の舞台から降りる。また互いに相手の失策を暴いて責めるが、我々は決してしない。我々の政治主張・政治網領・憲法・各種法規はすべてみなで事前に話し合いを重ねたもので、代わる代わる政権が交替することのないように、民主諸党派のメンバーが各級政府に参加した。」と語った。

1993年、第八期全国人民代表大会の前夜、民建中央委員会主席であった孫起孟は、民建を代表して中国共産党中央委員会に手紙を送った。そして第八期全国人民代表大会第一回会議では、憲法が部分的に修正改定することが可決された。中国共産党第十四回全国人民代表大会の精神と核心は、全国人民が共同で賛成し擁立し築いた中国の社会主義理論・政策により、憲法をさらにより良く体現した。また本大会は十分に必要なだけではなく、最もふさわしい時期を選択した。民建中央委員会は、中国共産党指導の多党協力と政治協商制度を明確に憲法に記すべきであると、重ねて提案した。

1993年3月29日、第八期全国人民代表大会第一回会議にて可決された『中華人民共和国憲法修正案』第四条規定で、憲法の序言第十段落の末尾に「中国共産党指導の多党協力と政治協商制度は長期に存在し発展してく。」という一文が付け加えられた。

国家の根本をなす憲法において、多党協力と政治協商制度が、国家の政治スタイルとしてその地位を確立した。こうした制度と法律は、たとえ指導者が交代しても変わらず、指導者の考え方や関心が変わっても変化しない。これは多党協力の歴史上、また中国政治の発展過程においても、非常に重大な意義を持った。

政党は政治組織である。今日の政界は、どの国でも、どんな政治体制

1993年11月、各民主諸党派中央委員会・全国商工連合会責任者・無党派人士が三峡視察中に、プロジェクトを再現したジオラマを見学している様子。前列左から王兆国・呉階平・李沛瑤。左から五番目の孫起孟・平傑三・雷潔瓊・程思遠

下でも、どのような政党であっても、その社会的使命はすべて政治の面を中心に語られる。しかし政治的概念は、異なる社会制度においてはもちろん、また同一の制度であっても異なる歴史的時期においては、やはり異なる要素が内在していた。

中国の特色ある社会主義を建設したのは、中国最大の政治改革である。ここを出発点として、民主諸党派の働きとその関係性を考察・評価することで、科学的結論が出せるのである。

費孝通はかつて「民盟の責任は共産党を援助し、中国の実情を改善すること」とし、さらに嚙み砕いて「意見を出し、方法を考え、なすべき任務を遂行して、具体的に取り組むこと」と説明した。彼は全く飾り気のない言葉で、民主諸党派が担う政治的責任と歴史的使命を、きわめて正確にそして明確に表現したのであった。

1984年、国務院は三峡開発工事が実現可能であるという研究報告を承認し、関係部門の意見を求めた。

民主諸党派・無党派人士や商工業界の専門家や学者はこれについて多大な関心を持った。長江三峡の開発は、数百万の群衆と中華民族の子孫の利益に密接に関わる大規模な工事である。前段階の準備工事を見ても、三峡プロジェクトの実施に関して、さらに繰り返し論証すべき点が多々残されていた。

党外人士の意見に、中国共産党中央委員会と国務院指導者は強い関心を示した。彼らは関係部門に命令し、出来る限り合理的な意見と提案を取り入れ、長江三峡の歴史や現状を考慮して、専門家と技術者を組織させた。彼らは三峡開発の利益と弊害に関して、継続して注意深く詳細に考察し、論証を重ねていった。

　幾山河を超えるような苦悩と困難な道のりを経るうちに、幾数年の月日が過ぎた。直接入手した大量の基礎的資料に基づき、多くの人々が比較的満足できる三峡プロジェクトに関する新しい計画が、1992年4月第七期全国人民代表大会第五回会議にてようやく可決された。

　三峡プロジェクトの実施に関して、依然として賛否両論様々な意見が寄せられてはいたが、内情を理解している人々はみなこの新しい計画に同意した。三峡プロジェクトの準備段階から、計画の作成・採決に至るまで、我が国が民主化し科学化する方向へ、前向きにその第一歩を踏み出したことを意味していた。

　三峡プロジェクトが正式に実行にうつされた2年後、各民主諸党派は再度三峡に足を運び、プロジェクトの進展状況を実地検分した。検分、国務院総理である李鵬は、中南海に非共産党員である関係者を召集して会談した。三峡プロジェクトに対する意見に、多角的に耳を傾けるためであった。民主諸党派は三峡プロジェクトに関する意見を次々に提出し、正式な着工前に各方面の意見を広く募る方法を採った。

　1990年4月9日、民盟中央委員会は中国共産党中央委員会にて、上海に「大陸版香港」とも言うべき、長江デルタ経済開発地区を建設しようと提案をした。中国共産党中央委員会は即座に通達を出し、その翌日である4月10日午前9時には、早速費孝通が江沢民のもとを訪れ、提案の説明をする運びとなった。

　費先生は後にこの時のことを振り返り、「こんなにも早く通達が出るとは夢にも思わず、江沢民さんの仕事の速さに私は感服した。私は齢80を過ぎた老人であるにも関わらず、やはり興奮して一晩眠ることができなかった。4月10日午前、私は民盟中央委員会副主席の高天と一緒に、

中南海の第二会議室へ報告に出向いた。9時ちょうど、江沢民さんがやってきて、当時の中国共産党中央委員会統一戦線部の部長であった丁関根と国家計画委員会主任の鄒家華も同席した。メンバーから報告を聞いた中国共産党中央委員会は、この提案を非常に重視していた。江沢民さんは微笑んで私の手を固く握り『費先生、今日は主にあなたの話を聞きたい。』と語りかけた。」と述べている。

費先生は非常に興奮して、一気に1時間あまり話し続けた。長江デルタは我が国と世界を結びつける要地であることから、ここに経済開発地区を建設することは上海を中心とした長江デルタ地帯を急速に発展させ、それに従って全中国の経済発展を促進させる戦略的な意義を備えている、と主張した。この開発は上海をリーダーとし、江蘇省と浙江省を両翼にし、長江流域一帯に隴海鉄道を通し、北西部の原材料生産基地と工業地帯にいる技術者たちの橋渡しをし、輸出志向の経済発展を加速させる作用がある。上海が中国最大の経済基地となり、それは東アジアにおける中国のあるべき地位を回復させることに繋がる事業であった。

江沢民はたびたびうなずき、真剣に書きとめた。費先生の話が終わると、江沢民は喜んで、非常に良い提案であり、英語を用いて繰り返し「グッドアイディアだ。」と賛美すると、会場の雰囲気は熱気に包まれた。「総書記のお墨付きを得られた。」と費先生はユーモアを交えて話した。

江沢民はすぐに費先生を江蘇省・浙江省・上海などの関連地域に派遣し、その地方の同志と具体案を練って欲しいと希望した。

費先生は「我々は必ず総書記の指示に従い、更なる論証を行う。本日正午、私と高天副主席はすぐに列車に乗り、南下しよう。」と答えた。

費先生は江蘇省・浙江省・上海に南下し、当地の同志と繰り返しその可能性について探り、5月15日江沢民に再び報告書を書き、上海の発展戦略構想と具体的な提案を示した。

国家を良く治めるには、疑いもなく才知と人徳を兼ね備えた人材が数多く必要となる。人材が多ければ多いほど、国家も繁栄する。

民主諸党派はもともと「人材バンク」と称されるほど、筆の立つ者や

1966年7月、劉少奇が周培源を伴って北京科学討論会に参加した際、国内外の科学者と会見する様子

　その分野の第一人者が大勢いた。苦労を厭わず研究し、ある発明のために黙々と数十年に渡って努力する者もいた。特に、各民主諸党派の指導者の多くは、人々の尊敬を集める非凡な経歴の持ち主であった。彼らは中国の知識人に特有の、聡明で良く学び、日々努力を惜しまず向上しようとする勤勉な性格を体現していた。
　豊かな知恵や才能を持つ彼らは、何度挫折にあっても、終生祖国のために尽力した。
　国家の恩義に報いるという彼らの気持ちに、後悔するところは少しもなかった。彼らの能力は、科学研究や文化・教育および経済建設などの各領域で如何なく発揮され、決して軽視されるべきものではなかった。社会的に重要な地位にあるというその特殊な役割を、如何なる時も決して忘れることはなかった。
　以下に、よく知られた人物を数名紹介しよう。国際物理学において乱流理論の創立者であり、九三学社の中央委員会の主席を務めた経験もあ

1989年2月、盧嘉錫一行による黄驊港址の視察

る周培源は、1945年末にアメリカ海軍の軍工試験所に招聘され、その年収は6000余米ドル（当時35米ドルで黄金1オンスを購入できた）にも及んだ。しかし、祖国のために尽力したいという気持ちから、彼は家族を連れて1947年4月に清華大学へ戻ったため、月収はわずか25米ドルに激減した。新中国成立の2日後、周培源は中国人民防衛平和委員会の理事に推挙され、人類の平和を守る仕事に身を投じた。科学者として、彼は際立った成果を挙げたことで、国内外でよく知られるようになった。政治家としても辛苦を厭わず、国家へひたむきに忠誠を尽くし、中国が国際自然科学の分野で合法的にその地位を回復するために素晴らしい貢献を果たした。安定期でも混乱期でも、彼は共産党と人民と政府のために直言してはばからず、多くの意義ある重大で適切な批評や提案を行った。

　著名な化学者で、農工民主党中央委員会の元主席でもあった盧嘉錫は、原籍は台湾省台南市で、1915年10月福建省アモイ市に生まれた。盧嘉錫は知能がひときわ高く、わずか1年半あまり正規の中学校で学んだだけでアモイ大学の予科に合格したが、当時まだ13歳にも満たなかった。

1993年6月、呉階平（右）による長江三峡の視察

　アモイ大学化学部を卒業した時の年齢も、まだ19歳に達していなかった。25歳で設計したＬＰ因子逆数図は、国際化学界において最も早い時期に確立されたものとして、以後数十年間使用された。満30歳になって、母校のアモイ大学に、理学部の主任教授として招かれた。解放以前にも、彼は海外の著名な学府から招聘されたのを婉曲に断っていたが、新中国が成立すると、福建大学と北京大学にて、相次いで教職に就いた。そして、第三世界科学院の副院長に選出され、科学技術面での国内外の友好的交流に全力を注いだ。我が国の科学技術レベルの向上のため、中国科学院の国際科学技術部門に籍を置き、多大な貢献を果たした。
　著名な医学者で、九三学社中央委員会の主席をも務めた呉階平は江蘇省常州にて1917年に生まれ、北京協和医院を卒業した。半世紀にも渡って医学の研究に情熱を注ぎ、新中国の泌尿器外来のレベルを世界のトップクラスに引き上げた。呉階平の医療技術は群を抜き、その功名は際立った。我が国の名だたる指導者の主治医を務め、政府の命令で相次いで4度出国し、外国元首の難病治療にも当たった。1976年1月7日夜、周恩来の臨終に立ち会った医師こそ、呉階平その人であった。呉階平はどんな患者に対しても平等に扱い、親切かつ丁寧に診察した。知っている人は少なかったが、他の人の健康を第一に考えていた外科の専門家である彼自身も、実はひとりの病人だった。呉階平は早くも1939年に左の腎臓

第8章　継承と刷新　│　269

民盟中央委員会の力を尽くした支援の下、甘粛省臨夏回族自治州人民による何年にもわたる努力の甲斐があり、植樹の成果が得られた。1986年8月、費孝通（双眼鏡を手にしている者）と専門家が臨夏の草木の成長状況を視察している様子

を摘出しており、ずっと右の腎臓だけでその肉体を支え、医師としての責務を全うしたのであった。

　著名な社会学者にして人類学者であり、民盟中央委員会の元主席であった費孝通は、若い頃、東呉大学の医学予科で学んだ。魯迅と同じく、旧中国における社会の不条理に直面し、彼は悟った。「病の治療よりも社会の治療を先にしなければならない。社会の治療には、まず先に社会原理を学ばなければならない。」と考え、医学の道をきっぱりと捨て、燕京大学社会学部に転入した。彼は中国の現状に不満を感じ、そこから離脱して「人々の生活を豊かにする方法」を研究することを、自身が終生追求する目標と定めた。これこそが、近代以来の中華民族の団結力を結集すべき道だと認識した。1935年から、少数民族の貧困にあえぐ地区に深く入り込んで現地調査を開始した。以後、50余年にわたって、どんなことがあっても根気よく続け、数百万文字に及ぶ調査レポートや学術

マカオ特別行政基本法起草委員会詰問団団長雷潔瓊・副団長錢偉長（右から二番目）・澳門中華総商会会長馬万祺・澳門特別行政区基本法詰問委員会副主任何厚鏵（右から四番目）らが何賢の銅像前で撮影された集合写真

論文を精力的に執筆した。その研究成果が国際的に認められ、イギリスのハクスリー賞と、国際社会人類学上最高の賞とされるマリノフスキ賞を受賞した。費孝通の研究は人類学的な実地調査を行い、そこから重大な理論を発見していると、海外の専門家からも高く評価されている。彼が導き出した多くの理論は、応用社会学と人類学における憲章だと言えよう。

　著名な教育者で、民進中央委員会の主席も務めた雷潔瓊は、広東省台山出身で、1905年に生まれた。1931年から彼女はアメリカの南カリフォルニア大学に留学した。帰国は教職に就いて北京大学と中国政法大学に相次いで奉職し、主に社会学と法律学を担当した。1980年、雷潔瓊とその他の民進中央委員会指導者は、中国共産党中央委員会に『小・中学校と師範教育に対する意見』を提出した。この改革開放後の各民主諸党派は、教育問題に関しては比較的早い段階から意見を出し、当時は混乱を収拾して正常な状態を回復するために、学校の運営条件の改善が切実に求められていた。彼女は小・中学校の教育改善に心を砕き、重要な任務を果たした。彼女はまた、戦略的思考を中国における教育の法制化を推し進め、『義務教育法』・『教師法』・『教育法』などの憲法制定に相次いで参与し、新中国の教育事業の発展と法制化にすべての精力と心血を注いだ。

第 8 章　継承と刷新　｜　271

我が国の近代数学の主要な創始者の一人であり、復旦大学校長・民盟中央委員会元副主席・名誉主席という様々な肩書を持つ蘇歩青は、1902年9月に浙江省平陽山村に生まれ、17歳で日本に留学し、東京高等工業学校に主席で合格した。その後、日本の東北大学数学科に学び、理学博士号を取得した。1931年4月、親友や指導教官に熱心に引き留められるが、毅然として帰国し教師となる。蘇歩青の専門は微分と幾何学で、世界公認の微分幾何学派を創設し、国際的に認められた幾何学の権威となった。70年来、彼は8名から構成される中国科学院と中国工程院のアカデミー会員を含め、多くの優秀な科学分野の人材を育成した。85歳の高齢でも、自ら中学教師のために講義した。全国政治協商中央委員会副主席を10年間、さらに中国共産党全国人民代表大会常任委員を10年間務め、統一戦線と対外文化交流の舞台を活発化させ、積極的に政治に参加して意見を出した。国家建設のための献策をいくつも提案し、多党協力と政治協商制度を結実させるために、たゆまぬ努力をした。

　中国近代力学と応用数学の創始者の一人で、上海大学校長・民盟中央委員会副主席・名誉主席を歴任した銭偉長は、江蘇省無錫の出身である。国際的に認知され、銭氏によって命名された力学・応用数学科の研究成果として、「銭偉長方程式」・「銭偉長メソッド」・「銭偉長一般方程式」・「円柱殻の銭偉長方程式」などが知られる。1957年「右派分子」のレッテルを貼られ、あらゆる社会的権限を剥奪され、彼の研究組織は無残にも解体された。彼の学生たちも、ある者は新疆や甘粛省へ「下放」され、ある者は党籍剥奪という憂き目をみた。政治的に差別され、生活も冷遇された。研究や著述に携わり教員を続ける権利は、すべて剥奪された。毛沢東がこの状況を知ると、銭偉長は素晴らしい教師なので教授の職務は留保すべきである、と擁護した。銭偉長は右派と認定されながらも教授資格は留保されたため、そのまま清華大学に留まることができた。1972年周恩来が自ら指名して銭偉長を科学者代表団に参加させ、イギリス・スウェーデン・カナダ・アメリカを訪問させた。当時多くの人々が、銭偉長の祖国に対する忠誠心を信じていなかった。代表団の団長が、

銭偉長は国外逃亡しかねない危険人物だと報告すると、周恩来はこの団長を更迭した。周恩来は銭偉長を出発セレモニーに参加させるため、自分の秘書を派遣し、清華大学の銭偉長のもとを訪ねさせた。彼はその時まだ首都の鉄工場で肉体労働に従事していたため、作業着を脱ぐ暇も惜しんで、周恩来のもとへ駆けつけた。周恩来は銭偉長の様子を見て大変驚き、自分の秘書に言いつけて着替えの服を調達させ、さらに自分の靴を脱いで銭偉長に履かせ、やっと外国訪問に送り出したのであった。「文化大革命」が終了すると、銭偉長の名誉は回復された。1983年鄧小平は自ら彼を指名して上海工業大学の学長に就任させた。加えてこの任命には、終身在職権が与えられていた。銭偉長は「私は党員ではないが、私は党に与えられた責務を終生果たす。」と宣言した。そして、「政治協商委員会はすべて一つの共通の目標のために存在し、目標が一致しなければ、投票にも意味がない。」とも述べた。

　このほか、各民主諸党派・無党派人士の中には、人々の尊敬を集める人物がまだまだ大勢いる。例えば、茅以昇・王淦昌・鄧稼先・劉海粟・潘天寿・呉作人・馬連良・侯宝林らがおり、彼らの偉大な足跡は歴史に刻まれている。

　改革開放以降、中国共産党中央委員会の強力で熱心な支援によって、各民主諸党派の組織は日ごとに健全化し、新しい世代も絶え間なく続き、前代未聞の発展を遂げた。民主諸党派が継承され、諸先輩の素晴らしい業績が生かされ、新人が輩出され、多くの勉学に励んできた人材が社会主義物質文明と精神文明の建設に頭角を現した。このような現状を見て、人々は大変満足した。多くの著名な民主人士の後輩が、今の各民主諸党派の主な責任者となったことにより、多党協力と政治協商制度による社会の基盤はさらに強化された。

　1983年から1997年末にかけて、各級政府および司法機関で指導的職務を任された民主諸党派メンバーや無党派人士は、1700名以上にのぼった。その中でも、国家・国務院の関係部門・最高人民裁判所・最高人民検察院で指導的職務を担当した者は30名おり、その中には国家副主席の栄毅

仁（民建）・国家科学委員会副主任の惠永正（無党派）・監察部副部長の馮梯雲（民建）、労働部副部長の李沛瑶（民革）・化学工業部副部長の成思危（民建）・水利部副部長の厳克強（無党派）・国家監査署副監査長の劉鶴章（民建）・国家統計局副局長の賀鏗（九三学社）・国家医薬管理局副局長の張鶴鏞（農工党）・最高人民法院副院長の端木正（民盟）・最高人民法院副院長の羅豪才（致公党）・最高人民検察院副検察長の王文元（九三学社）・中国科学院副院長の厳以塤（無党派）などがいた。全国の26の省・自治区・直轄市での指導的職務を55名が担当し、各省・自治区・直轄市政府直属庁・局の指導的職務を144名が担当し、副市長5名、直轄市委員会・事務室の局副主任・副局長を90名が担当した。市（地・州・区）人民政府で副市長（副地区委員・副州長・副区長）を担当したのが157名、県（市・区）人民政府で副県長（副市長・副区長）は1341名いた。この他、各級特約監査員・検察員・監察員・教育監督員は5300余名に及んだ。

　各民主諸党派メンバーは、知識人たちが多数を占め、彼らの多くは自分の専門分野を持ち、開拓精神に富み、堅実に仕事をこなして社会に奉仕する人々であった。彼らは自分の能力を如何なく発揮し、経済再建を目標に、政治・経済・文化・社会の各分野において重大な問題点を見出した。そして関連地域の経済的発展問題について、繰り返し調査研究を行い、政治に参加して価値ある意見を提案するという新しい道へと歩みだしたのだった。

　1991年、民建中央委員会は各方面の専門家を集め、調査グループを組織した。長江上流における風土の状況について実地に調査し、中国共産党中央委員会・国務院に対して『総合的な長江上流における風土と治水に関する提案』を提出した。国家計画委員会は、この提案に返答し、「長江上流域における治水問題だけではなく、全国規模での土木水利の諸問題に対して、大変重要な参考材料となる」との認識を示した。

　1993年、民革中央委員会は専門家を派遣して、河北・河南・湖北・江蘇・山東・天津・北京などの省や市に実地調査を行った後に、中国共産党中央委員会に対し「南水北調」プロジェクトをできるだけ早く実行す

1999年1月、民盟海南省委員会が海口市において法律義務詰問活動を展開

90年代中期、民建メンバーによる企業での調査研究

るよう提案した。

　2000年の5・6月に、農工党中央委員会の指導者たちはチベット・青海・甘粛省の三省区へ調査に出向き、中国共産党中央委員会に対し、チベットなどの辺境地区にてメディア関連業務を強化すべきだとする意見を提出した。中国共産党中央委員会の指導者たちは大いに注目し、すぐに関連部署を設置した。

　1993年から1998年の5年間、各民主諸党派中央委員会は、三峡プロジェクト・浦東開発・京九鉄道および沿線地区開発・西部大開発を、持続し発展させるべき課題であると位置づけた。相次いで研究グループを組織して調査研究を行い、その調査活動は140回以上にも及んだ。160条に

第8章　継承と刷新 ｜ 275

1984年6月1日、毛高等医療衛生界の専門家が、北京中山公園にて、児童をボランティアで診察

達する重要な意見が提出され、中国共産党中央委員会・国務院も十分にその価値を認めた。各民主諸党派の地方組織もまたそれぞれの意見を2万余件提出し、その中で多くの意見と提案が受け入れられ、良好な社会的効果を生み出した。

　教育指導者たちが辺境地区に足を運び、貧困状態からの脱却を支援し、経済的自立を促すことは、故郷に幸福をもたらす偉大なプロジェクトであった。

　1981年には早くも各民主諸党派によって、少数民族地区・解放区・貧困で立ち後れている地区の支援が開始された。こうした地区を経済的に発展させ、政治に参加することを促し、彼らにも社会貢献してもらう事業を、その主要な任務の一つとした。深く調査し考察を重ねた結果を基盤とし、各民主諸党派中央委員会は100件以上の重要な意見や提案を出し、その範囲は解放区・少数民族地区・辺境の貧困地区に及んだ。これと同時に、各民主諸党派は人材バンクとしての機能を十分に発揮し、援助のための人材を送った。彼らは現場に深く立ち入って、貧困地区を徹底的に調査研究した。そして具体的に浮き彫りになった問題を実地で解決し、

1992年4月、九三学社中央委員会が「第二次振興大西南経済研究討論会」を挙行

　全身全霊で開発の立ち遅れている地区を支援した。彼らは見事に貧困からの脱却を成功させ、経済的に豊かな状態に導いた。解放区・少数民族地区・辺境の貧困地区では、いつでも彼らの任務に励む姿を見ることができた。

　1988年から1993年まで、各民主諸党派・商工業連合会は、貧困地区に各種の養成班や教養講座を6000回開いた。そして各分野の人材65万人を育成し、貧困地区に専門家をのべ3万6000人派遣し、2万7000余件におよぶ情報提供サービスを行った。さらに援助資金として3億6000万人民元と4000万強の米ドルを投入して、700余件の技術提供を実施した。このような手厚い支援により、貧困地区が貧困から脱し、経済的に発展することが可能となった。民革の「教育支援プロジェクト」・民盟の「遂盟協力」・九三学社の「九広協力」・致公党の「致瀘協力」などの政策が、各方面からの支持や賞賛を得た。

　畢節は貴州西北に位置する烏蒙山地区にあり、岩がむき出しで耕作地が乏しく、土壌は痩せて、水資源も土壌も流失していた。当時、中国で最も貧困とされる地区の一つであった。1987年、1人当たりの生産総額

第8章　継承と刷新　277

1946年9月、盧山において賈亦斌と蒋介石のツーショット写真

はたったの288.9元で、農民の1人当たりの純所得はわずか184元に過ぎなかった。森林率は14.94％、人口自然増加率は21.29％に達しながらも、識字率は青少年人口の50％に達しなかった。

1988年、中国共産党中央委員会貴州省委員会書記であった胡錦濤は、北京の各民主諸党派中央委員会・全国商工業連合会の責任者に招待され、座談した。省中央委員会代表・省政府・中央委員会統一戦線部・国家民主委員会・各民主諸党派中央委員会・全国商工業連合会の教育指導者たちが辺境地区の畢節に赴き、広範囲にわたってグループを組織しての支援活動を行った。

各民主諸党派中央委員会・全国商工業連合会は、貧困山区が科学技術的に発展していく道を探り、責任を持って取り込んだ。まず畢節の試験地区に専門家を顧問とするグループを組織し、教育支援にあたるグループと技術支援にあたるグループに教育と指導を行わせた。さらに畢節地区の八つの県に、それぞれ貧困から自立させるための連絡拠点を設置した。そして、試験地区の発展と経済状況を調整し、貧困からの自立の際に難関となる資源開発や教育衛生事業の推進といった多くの具体策を提出した。これらの政策を実現するために努力を惜しまず、援助金の導入にも積極的に協力した。多くの専門家を送り、支援範囲を拡大し、支援を長期化させ、継続的に支援し続ける体制づくりに参与した。多党協力という体制は、これまで歴史的にあまり見られなかったが、貧国地区への多党協力での共同推進は経済発展の先駆けとなった。共産党と各民主諸党派の協力体制は、新しい時代に一致団結して経済復興に導いた初めての試みとして、多くの賞賛を得た。

賈慶林は「畢節試験地区は中国共産党の指導による多党協力と政治協商制度によって、経済の再建に成功した模範である。」と称賛した。
　今、各民主諸党派は、中央機関から各下級組織に至るまで、自分が受け持つ担当地区の貧困脱却に重点をおいて活動している。各民主諸党が行う社会奉仕活動は、専門家による育成開発プロジェクトとして総合的に進められた。一党一派の単独活動ではなく、各党各派が足並みをそろえて共に難関に挑戦したのであった。

　各民主諸党派と、台湾・香港・マカオ在住の同胞、そして在外華僑は、互いに複雑な関係にあった。彼らは「祖国の統一、中華の振興」という全体目標の下、愛国の旗印を高く掲げ、国内外に広く統一戦線を立ち上げるために、彼らにしかできない特殊な役割を果たした。
　改革開放後、鄧小平は中華民族の大義に基づき「一国二制度」構想を打ち出した。1984年、中国とイギリスの両国は香港問題に関して協議し、共同で声明に署名した。中国政府は1997年7月1日をもって香港に対する主権行使を回復することが決定した。その後、マカオの問題も円満に解決した。
　各民主諸党派は断固として「一国二制度」構想を支持した。「一国二制度」の方針で香港とマカオの問題が解決し、さらに台湾問題も解決すれば、最終的には祖国統一を実現する重要な一歩となる。海峡両岸には同じ中国人がいて、確かにただ一つの中国と言える。香港・マカオ問題が話し合いによって平和的に解決することができたのに、どうして台湾問題だけが国共両党の対等な話し合いのもとに平和解決することができないのであろうか。
　この問題に関して、ある伝説的な長老の名前が思い起こされる。彼こそ民革中央委員会名誉副主席を務める蔣経国の親友であり、齢99歳を数える賈亦斌であった。
　賈亦斌は貧しい家の出身で、抗日戦争中、正義のために死をも恐れず、勇敢に敵と戦った。性格は大胆かつ正直で、時に国民党上層部の積も

りに積もった悪い風習を直接諫めることもし、蔣経国に高く評価された。蔣経国はかつて「文官は賈亦斌のように財をむさぼらず、武官は賈亦斌のように死を恐れなければ、我が国民党政府には希望がある。」と公言していた。抗日戦争勝利後、賈亦斌は国防部予備幹部局の代理局長を担当するようになり、蔣経国の助手を務めた。1946年、賈亦斌は著名な近代改良派の政治家で思想家でもあった譚嗣同の孫娘、譚吟瑞と結婚した。彼らの婚礼は、蔣経国が自ら取り仕切った。

賈亦斌は国民党政権の腐敗だらけで滅亡寸前の統治ぶりを目の当たりにし、革命の進歩的思想の影響や中国共産党地下組織の画策により、ついに1949年4月、配下の青年党4000名強を率いて浙江省嘉興にて武装蜂起した。国民党の予備幹部であたった責任者たちもみな武装蜂起したが、これは疑いようもなく国民党に致命的な大打撃を与えた。彼らの武装蜂起は、国民党統治下の北京・上海・杭州を震撼させた。

1979年、賈亦斌は民革中央委員会副主席・民革中央委員会促進祖国統一工作委員会主任に就任し、同時に全国政治協商常務委員・政治協商統一工作組織常務副組長にも任命された。専門書『論台独』を大陸と台湾で出版した。

賈亦斌にとって、決して忘れることのできない人物がいた。長いこと離れ離れになっていた蔣経国その人であり、蔣経国も賈亦斌のことを忘れることはなかった。1981年、蔣経国は瀋誠を呼び寄せて密かにその親書を託し、大陸へ持って行かせた。そして賈亦斌を探し出し、両岸関係問題の解決方法を模索するため、共産党との橋渡しとなるようを希望した。自分は共産党の上層部を良く理解しているので共産党も百％の誠意をもって回答してくれるだろう、と賈亦斌は応じ、すぐに鄧小平に報告した。

瀋誠が両岸の橋渡しをする密使となった。1987年3月、中国共産党中央委員会は、全国協商会議への出席という名目で、瀋誠を北京へ招聘した。3月14日、国家主席だった楊尚昆が瀋誠と接見した。3月25日、中国共産党中央委員会は協議を重ね、楊尚昆の名義で蔣経国に書簡を送るこ

1997年1月、江沢民・李瑞環が、民革・民盟・民建中央委員会新主席である何魯麗（一番右）・丁石孫（右から二番目）・成思危（右から三番目）と会見

とを決めた。この書簡も潘誠が秘密裏に運び、北京での協議へ国民党派の代表を平和的に招聘することに成功した。

　その後、蔣経国は続けて一連の緊急関連対策を講じた。まず、両岸の人々が親族を訪ねるための往来を開放した。加えて、台湾経済を強力に発展させ、人民の生活を向上させるために、両岸の文化教育・科学技術・スポーツなど各方面での交流を緩和させ、大陸への「渡航禁止措置」を取り消した。そして、経済面では貿易制限を緩め、「一つの中国」の原則を維持するため「台湾独立」には反対する立場を取った。蔣経国の指導下で台湾の政策が徐々に転換し、海峡両岸に新しい変化が生じ、友好的な雰囲気に包まれている様子を見て、賈亦斌は大変喜んだ。楊尚昆はかつて賈亦斌に対し、蔣経国と共に台湾問題の早期解決に尽力せよ、と言いつけていた。賈亦斌は渓口を再訪した時の写真に自作の詩と手紙を添え、人に託して蔣経国に送った。心ゆくまで語り合った昔日は兄弟のように親密であり、「蔣経国先生と共産党が第三次合作を行い、祖国統一という偉大な任務が果たされること」を願っていた。

　しかし残念なことに、蔣経国はこの日を迎えることはなく、1988年1月14日に帰らぬ人となった。

　人は草木ではないから、誰にでも情があるものだ。大陸は台湾を懐か

しみ、台湾もまた大陸を懐かしむ。

1964年、すでに85歳の高齢となった国民党の元老である于右任は、このような遺言を残した。「私を高山に埋葬してくれたら、私は大陸を眺めることができる。大陸が見えなかったら、ただ慟哭するばかりである。私を高山に埋葬してくれたら、故郷を眺めることができる。故郷が見えたら、永遠に忘れることはない。空は果てしなく広がり、野原はどこまでも続く。山の一番高い場所からは、国の変化が見える。」との内容であった。彼の言葉には、台湾と祖国である大陸の人々が分かれてしまったことをひどく悲しみ、国を愛し故郷を恋しく思う気持ちが満ち溢れていた。

海峡両岸の人民にどれほど隔たりがあろうとも、血は水よりも濃く、彼らは何よりも血縁関係を重視する。祖国統一は人々の宿願であり、それを達成しようとする熱意は如何なる力をもってしても妨げることはできないのだ。

1998年実りの秋、西柏坡では特別な賓客を熱烈に歓迎した。その顔触れは費孝通・雷潔瓊・王兆国・劉延東・何魯麗・丁石孫・成思危・許嘉璐・蔣正華・万国権・羅豪才・張克輝・周鉄農・王文元らである。

1997年、各民主諸党派中央委員会は相次いで全国代表委員会を開き、中央委員会指導のグループを改選した。今回の改選は世代交代に留まった。費孝通・雷潔瓊ら長期に渡って共産党と労苦と栄辱を共にした古い世代の指導者が辞職し、民主党を代表する新しい世代の人物が指導的職務に就任した。

前もって十分な根回しをしてからの改選であったことを、旧世代の民主諸党派の指導者たちは深く認識していた。民主諸党派の指導グループにおける人事刷新のプロセスにおいて、旧世代のリーダーが共産党と苦労を共にした歴史の中で崇高で親密な協力体制を築いたという素晴らしい伝統を、代々継承していく必要があったからである。そこで、費先生・雷先生ら民主諸党派旧世代指導者の発案のもと、「五一」スローガン発布から50周年になるのを祝って、各民主諸党派中央委員会の新旧指導者

が一斉に西柏坡に集まり、再度「五一」スローガン発布前後の輝かしい歴史を振り返ったのであった。

　これまでの多党協力の輝かしい歴史を今一度振り返り、多党協力の未来への歩みに新たな一歩を加えることを意味した。これは世紀をまたいで心ゆくまで語り合える友情の証であり、さらなる国家の発展を模索するための集会であり、前人の事業を引き継いで将来の発展に道を開くための会合でもあった。

　過去はかくのごとく、いつでも名残惜しいものだ。50年という歴史的な社会変動を経て、心の故郷に戻って来たのである。西柏坡という彼らにとって馴染み深い土地を自らの足で踏みしめ、費孝通・孫起孟・雷潔瓊ら民主諸党派の長老世代は感無量であった。50年前に共産党と共に闘った激動の時代が、はっきりと目の前に浮かんだ。

　費孝通が初めて西柏坡に来た50年前、彼はまだ伸び盛りの青年であった。50年後の費孝通老人は、50年前の当時、費孝通青年が初めて西柏坡にやって来た時の光景を、深い愛情を持って振り返った。「真正面からやってきたのは、地元の農民たちの荷車で、先が見えないほどの長い行列を連ねていた兵糧輸送隊である。前方からは、多くの解放軍の軍隊が勇敢に進んできた。空が暗くなり、人々が灯りをともしながら前進してくる様子は、まるで長い龍のようである。この情景に私は心を打たれた。私は思った。これほど多くの人々が共産党の指導のもとに集まれば、きっと巨大な力となるだろう。」と。50年が過ぎ、祖国の大地はすでに大きく変化した。当時西柏坡の道を歩いていた青年は出世し、民盟中央委員会の名誉主席となった。昔を回顧し、費先生は墨痕鮮やかに筆をふるい、「苦労すること50年なれど、わが選択は永遠に変わらない。」と掛け軸に記した。

　すっかり白髪頭になった雷潔瓊は毛沢東の旧居を訪れ、室内に設置された馴染みの書斎机を手で撫で、毛沢東との交流を一つ一つ再現した。「我々が到着したその晩、毛沢東ら中国共産党中央委員会の指導者たちは、我々を晩餐会に招待してくれた。毛沢東さんは和やかに談笑し、に

ぎやかな雰囲気の中、楽しいひと時を過ごした。初めてお会いした中国共産党中央委員会指導者たちの堅苦しい表情も消え、我々はすぐに打ち解けた。晩餐の後、我々は毛主席の後に従い、彼の書斎に招き入れられた。彼の事務机の周りに腰掛け、楽しい歓談は深夜2時にまで及んだ。毛主席は革命を如何に最後まで推し進めるかという問題・知識人たちの問題・民主諸党派に対する要求・新中国建設の壮大な青写真について語った。彼は革命に勝利し、新政治協商会議を開き、中華人民共和国が成立した時、民主諸党派が人民大衆の立場に立って中国共産党と同じ歩調を取ることを希望する。そして道半ばにして解散することなく、更に「反対派」や「中間路線」などを立てないことを希望する、と述べた。50年後の今、雷先生は思わず感慨深げに、「歴史の発展の過程や私の自身の経験から見るに、中国共産党指導の多党協力や政治協商制度は、我が国の基本的政治協商会議制度となった。マルクス・レーニン主義政党理論と我が国における革命の建設実践が結びついた尊い成果であり、中国共産党と民主諸党派による共同採択である。」と述べた。

西柏坡にある記念館には、銅でできた記念の額がある。これは民主諸党派中央委員会の新旧指導者たちが、西柏坡に戻ってきた時に記念に設置したものである。額の長さは100センチ、高さは50センチで、「各民主諸党派が中国共産党中央委員会に賛同した「五一」スローガンの50周年を記念する。」と刻まれている。中ほどには、九三学社中央委員会顧問の著名な書道家である啓功氏の揮毫による「風雨同船、継往開来（困難を共に切り抜け、前人の業績を引きつぎ、将来の発展に道を拓く）」の8文字が記され、落款には「中国国民党革命委員会・中国民主同盟・中国民主建国会・中国民主促進会・中国農工民主党・中国致公党・九三学社・台湾民主自治同盟」「1998年9月」とあった。

「風雨同船」とは、歴史の真実の描写である。協力して奮闘した歴史・共同の事業・共通の使命や責任を、共産党と民主諸党派は運命を共にして一緒に歩んできた。各民主諸党派が成立以降、国家の存亡を自身の務めとして、共産党と共に国家の独立・民主・富強とたゆまぬ努力を続け

た。互いに尊重し、信頼した関係を打ち立て、どのような困難にあっても共産党の信念は変わらず、愛国の精神は当初と同じままであった。中国共産党第十一期全国人民代表大会以降、各民主諸党派は党の路線・方針・政策を断固として擁護し、積極的に改革開放と社会主義近代化建設に身を投じた。これらすべてにおいて、共産党と民主諸党派にある関係が、根本的な利益の一致を基礎として相互の信頼・親密な協力と親密な友党関係を築いた。共産党と民主諸党派は国家の繁栄を栄誉とし、国家の衰退を屈辱とした。彼らが労苦・栄誉・恥辱を共にし、真心をもって深く交わり、助け合ったことを意味する。

「継往開来」とは、重要な政治任務のことである。新しい世紀は、我が国が迎える未曾有の発展の機会であり、未曾有の困難に対する挑戦でもある。各民主諸党派の新しい世代の指導者たちによる改革が困難に直面した時、古い世代がこれまでの素晴らしい伝統を教え、多くのメンバーを指導し、叱咤激励して前進させる。そして新しい世代が共産党と共に社会主義の近代化建設という神聖な使命に力を注ぐようにという、これは時代の要請である。時間の経つのは早く、国家と世界は日進月歩の変化を見せる。多党協力の栄えある伝統は一世代また一世代と伝承され、多党協力事業の需要も一世代ごとに発展を見せた。社会主義近代化建設の需要により、何代にも渡って苦闘し、新しい考え方を打ち出してきた。旧世代の民主諸党派の指導者たちが肩に背負った責務を、今度は民主諸党派の新世代の指導者たちが継承する。旧世代の努力や心血を、必ず新しい歴史に刻みつけていくことだろう。

　古来、世界に冠たる大帝国の多くは、長期的な停滞の後に、衰亡の一途をたどった。しかしながら、悠久の歴史を持つ中華民族は、盛衰を繰り返しながらも、絶え間なく循環させてきた。
　数千年にわたって、中国はかつて幾度となく分裂し、近代にまた大規模な外国の侵入を許すという不遇に見舞われた。中華民族には強烈な歴史意識があり、中華民族は巨大な団結力を有し分裂に反対した。統一を

終始守ることは、一貫して中華民族発展の主流であった。これはまさに共産党と各民主諸党派が団結し協力する上で、最も直接的に影響し、かつ最も基本的な動機となった。

　半世紀近くに及んだ苦難が、共産党指導の多党協力によって、歴史的な発展の機会を生んだ。

　社会主義民主政治建設は絶えず前進し、多党協力の道は行けば行くほど必ず拡張されるであろう。

第9章
協調と発展

中国共産党第十六期全国人民代表大会以降、中国共産党中央委員会は次々と一連の多党協力に関連する指導的文書を制定した。2009年、中国政党制度確立60周年を迎えた際に、多党協力制度は体系的に整えられた。

　中国共産党中央委員会・国家指導者・民主諸党派中央委員会指導者がそろって国賓を迎えた回数は、年間40回にも及んだ。歓迎の式典では、民主諸党派中央委員会指導者も通常第一列目の一番目に立ち、宴会の席上でも通常第一卓に座った。

　中国共産党中央委員会指導者が毎年春節を迎える際には、各民主諸党派・全国商工業連合会指導者・無党派代表人士は一同に会して、話し合いの場を持って積極的に交流し、共に国是について討議するのが習わしになっていた。2011年新春、胡錦濤は座談会で、以下のように語った。中国共産党成立以来90年にわたる雄壮な歴史と実践は十分に証明されてきた。思想も目標も行動も一心同体で、中国共産党指導のもと、多党協力と政治協商制度は最も鮮明に特色を打ち出してきた。我々は革命・建設・改革の事業において絶えず成功を収めていくための確かな保証を得たのだ、と。

規律の探索はいまだにとどまることはなく、真理を追究するまなざしはずっとそこに注がれてきた。

　1990年代から今日に至るまで、経済のグローバル化・世界の多極化・情報のネットワーク化が進み、様々な文化・思想・価値観の交流によって世界の政党の在り方に新しい変化が見られた。政党制度のモデルは徐々に多様化し、政党の数も急速に増加し、新しい政党が絶えず出現した。伝統的左翼化や右翼化は政党間の関係を悪化させ、「単一問題党」・「抗議党」となる右翼過激派政党が絶えず生まれた。ある種の民族主義の傾向や宗教的色彩を帯びた政党も、政治の舞台に登場した。

　全世界200余の国家や地域では、20強に及ぶ厳しい専制君主国家や政教一致の無政党社会を除き、絶対多数の国家と地域では政党政治が行われてきた。執政党派が国家の内政・外交を担当することで、国際政治に対しても深刻な影響を与える。

　経済体制と市場構造の有効性は、一国の政治発展に重要な牽引力となる。政党制度の建設は、良き政局を生み出す要因となる。中国の全世界的な経済的実力を決定するため、政党制度は一国を絶えず推進させ、社会主義民主政治建設に大きな成果をもたらし、人民代表大会制度・共産党指導の多党協力・政治協商制度・民族区域自治制度と群衆自治制度などを日々完成させた。同時に、一般人民の民主意識・自主意識・政治参与の意識も日々拡大し、政治体制改革への期待も徐々に高まった。社会主義民主政治の建設に新しい希望を打ち出し、共産党指導の多党協力と政治協商制度に対しても新しい要求を打ち出した。

　グローバル化の進展と中国経済の加速度的な発展に伴い、欧米諸国は自身の利益と長期的戦略上の必要性から、中国に対して歴史上いまだかつてないほどの高い関心を示した。しかしながら欧米諸国の中国に関する認識の一つ一つが、中国の現実との隔たりが大きかったり、またかけ

離れていたりしている。欧米諸国の人々が中国の現状を把握していると言うより、これまで欧米諸国の人々が中国に対して抱いてきた漠然としたイメージを再現したものと言えよう。欧米の大国は、中国が有する欧米諸国とは異なる政治制度の成功を認めたくはなかった。恣意的に欧米諸国の多党制を取り上げ、それを民主唯一のモデルと位置付け、グローバル化の力を借りて欧米諸国の民主化を推進させた。

世界規模での経済体制の変革・社会構造の変動・利益構成の調整・思想観念の変化により、中国の経済発展は未曾有のチャンスと未曾有の挑戦に直面していた。

変化の速い世界や複雑な国際情勢に直面しても、中国社会は発展途上にあった。常に思想の解放と、意識の覚醒が求められた。さらに歴史的発展の法則に対し、深い認識と確かな把握が必要となった。

前進は歴史の必然で、政治共同体の合理的な構築と有効的な働きは、一民族の盛衰と存亡の鍵となる。

改革解放以降の30年間、中国は変化し、発展し続けた。大規模な国家として統治され、大いに変革し、大いに発展し、国土全体は大いに安定した。中国は内政・外交・国防・政治・経済・文化などの各方面で重大な成果を上げ、多党協力と政治協商制度が、中国の国情に適合したことを証明した。

民革中央委員会主席の周鉄農は2008年11月6日、記者のインタビューを受け、このように語っている。

「多くの外国の賓客は、中国の政党制度に関心を持つ。私は中国の基本的な国情と発展的実践という二つの側面から、中国の政党制度を紹介したい。中国は発展途上の国家であり、最も困難な任務は経済発展である。発展するには、有能な人物が先頭に立つ必要がある。先頭に立つ人物の政治力は、二つの基準をクリアしなければならない。第一が安定を生み出すこと、第二が保守的でないことである。加えて、各方面からの監督も受け入れなければならない。中国共産党にはこのような条件が揃っていて、中国共産党の執政地位は歴史が決める。政権地位から引きずりお

ろす者がいなかったので安定を見たが、政権の地位から引きずりおろされることもない前提の下では、保守的にならないよう、それを監督する必要があった。」「私は、政権の地位から引きずりおろさないことを目的に監督することが、最も有効的であると考える。政党に参与する執行政党の監督は、執行政党の任務を良くすることが目的である。執行政党の地位を更に安定させるのに有利であるため、執行政党は明らかに喜んで受け入れるだろう。反対に、政権の地位から引きずりおろすことが目的ならば、このような監督に信頼性は少なくなる。一方がもう一方の言葉すべてを警戒し、必要以上に注意深く考えなければならなくなる。その意図は一体どこにあるのか。とって代わりたいのか。こうした監督では、その効果は薄い。」

「実践面から見ると、現行政党制度は、連続した30年間の政治的安定・経済的繁栄を中国が実現できることを実証した。現行制度が変わったら将来を予測することができない。現行制度にも問題がないわけではないが、全体から考えれば悪くない制度である。今なぜ未知の制度を探して置き換える必要があるのか。」という内容であった。

　まさに共産党は政党組織・下部組織・統一戦線にあらゆる人々を集めたために、素早い変化によって社会が崩壊したり混乱したりしないように安定させてきた。もし、共産党と各民主諸党派が中国社会において発展の要素とならなかったら、中国の成功は存在しなかった。

　多党協力は共産党一党指導のもとに、多元的社会を制度化し、組織を循環させてきた。社会が多元化するにつれて、民主諸党派の発展が不可欠であった。

　共産党の民主諸党派に対する新たな認識によって、混乱は鎮められ、正常に戻す動きを絶えず活発化させた。道徳的な態度や感謝や尊敬の気持ちが、多党協力の規範化・制度化を促した。世界政党制度の発展史において、二つの新機軸が実現した。それは政党概念と執政方式の新機軸であった。

　新しい政党概念とは、政党の執政資格を放棄させ、理論上、多党制を

排除することである。新しい執政方式とは、指導する側と指導される側に分かれるのではなく、執政と参政をただ政党内部の分業と位置づけたことである。これらによって、政治的なロスをなくし効率化を図ることができた。

世界各国の歴史・文化・伝統・自然地理的環境・経済発展のレベルは、それぞれの国で異なり、差異は大きかった。しかしどの国でも、民衆が求める利益は、本質的にはそう変わらない。生命の平等に対する尊重、人権に対する保証、秩序に対する渇望、自身の境遇に対する配慮、そして幸福な生活のために未来を追求するのは、民衆の当然の要求であった。

経済社会の既定条件のもと、時代の潮流に適合しつつ既定の政党綱領に従い、政党や政党連盟がいかに長期にわたって広く民衆の支持を得続けるのかが、常に新しい課題となった。

世界各国の民主化の経験を参考に、政治のリーダーが民主に対する認識や政策を決め、国家の民主化の過程が決定される。

民主にとって、思想の在り方だけではなく、更に重要なのは制度である。

どんな政党であっても、執政政党の地位を得ると、制度に対する意識が強化され、その問題点が解決される。

早くは延安の時代に、制度問題は表面化していた。共産党も、党の存亡に生死をかけ、国家の未来における盛衰を鑑みて、制度問題の早期解決に重きを置いていた。当時、毛沢東は制度構築の新しい道を見出したが、全党を率いて歩むことができなかった。さらに執政政党になってからも、党と国政における民主化・制度化といった政治上の大問題を解決することはまだできなかった。

歴史の経験が示したように、社会主義民主政治の発展には、まず全体的な制度の構築を重要目標に掲げるべきであった。

中国における政治・文化の伝統は、すでに存在する政治の枠組みに着眼し、すでに獲得していた経済的成功を基礎に、それまでの伝統を超越して築かれてきた。中国の近代化にふさわしい政党政治の在り方は、何度も困難や危険を乗り越えた中華民族が共産党の指導によって成し得た

結果である。政党政治の世界的潮流にも合致し、人類の政治文明の発展に特殊な意義をもたらした。

中国共産党第十六期全国人民代表大会以降、胡錦濤が中国共産党中央委員会総書記となった。先人の業績を引き継いで将来の発展に道を開き、時代に即した発展を目指し、国内外における新たな変化に対処した。そして、中国共産党第十一期全国代表大会第三回総会以来の多党協力体制の成功の経験を総括し、社会主義政治文明の建設と、中国の特色ある社会主義政治発展の道を堅持し推進させた。多党協力事業を積極的に推進し、安定した健全な発展をみた。

2002年末、北京は一面の銀世界となった。中国共産党中央委員会総書記に任命されて間もない胡錦濤は、雪のなか八つの民主諸党派中央委員会と全国商工業連合会を訪問した。協議を強化し、愛国統一戦線を発展させ、共産党指導下での多党協力と政治協商制度の遠大な計画を堅持し完成させることが、その目的であった。至るところで、春の陽気を思わせるようなぽかぽかと暖かい雰囲気の中、互いに真心をもって深く交わる気概に満ち溢れ、親密に協力する空気が生まれた。この訪問は、各界から極めて大きな関心と高い評価を得た。

この時提出された民主諸党派の執務室・幹部住居・活動経費・幹部交流など14項目に及ぶ切実な問題の解決に対しては、胡錦濤ら中央委員会の指導者は明確な指示を出した。すぐに解決すべきは解決できるように、難しい問題に関しては協力して解決することに重点を置いた。

2003年の1年間、中国共産党中央委員会指導者と各民主諸党派中央委員会は相次いで19回にわたる話し合いの場を設け、重要案件に関しては政治協商会議が開かれた。その他、民主諸党派中央委員会指導層と中国共産党中央委員会指導層の間には「ホットライン」が敷かれ、各種重要問題に関して随時意見交換がなされた。

この年の7月、胡錦濤が重症急性呼吸器症候群（SARS）予防治療任務を会議上で指摘したのは、さらなる協調発展・全面発展・持続発展という三つの発展を堅持するためであった。10月の中国共産党第十六期全国

代表大会第三回総会にて『社会主義市場経済体制を完成させるための若干の問題にまつわる決定』が可決された。これは初めて科学的発展観を伴う鋭い考察であり、「人が一番重視し、全体が協調し、持続可能な発展観を樹立することにより、経済社会と人の全面的発展を促進する。」ことを意味した。科学的発展観とは、我が国の経済社会発展上、重要な指導方針である。中国の特色ある社会主義において、必ずや堅持し、やり遂げるべき重大な戦略的構想であり、2007年の中国共産党第十七期全国代表大会において党規約に組み入れられ、中国共産党の指導的思想となった。

科学的発展観が、最も重大な意義を持った。技術的観点からも、我が国における多党協力と政治協商制度の形成と発展は、必然的な関係を持った。科学的発展観が、多党協力と政治協商理論に斬新な新境地をもたらした。

我が国の多党協力と政治協商制度を堅持し完成させるためには、客観的にふさわしい規律の整備から始まった。多党協力の運用規定を完備し、多党協力制度が完成し、政党関係に調和が実現し、我が国の多党協力と政治協商制度という政治機構が強固に目覚ましく発展した。

2005年2月、中国共産党中央委員会は『中国共産党中央委員会が中国共産党指導の多党協力と政治協商制度を築くために、さらに強化すべき意見』を発布した。この文書は、新しい情勢や新しい任務の要求に応え、科学的発展観に基づき、全面的にゆとりある社会の建設を目指すものであった。この文書には、共産党・各民主諸党派・無党派人士が共同で知恵を出し合い、歴史的経験の総括を行った。政治協商会議の産物であり、また団結協力の体現ともなった。

文書が制定され実施されるプロセスは、中国共産党が全党で統一認識を共有するプロセスであり、多くの民主諸党派の意見を吸収するプロセスでもあった。

2004年3月から、中国共産党中央委員会の関係部門・各民主諸党派中央委員会・各地域における中国共産党委員会の多党協力による実践で見

出された新しい状況や新しい問題点について、じっくりと調査研究が行われ、その調査報告書47篇が作成された。相次いで特別座談会が34回開催され、30余回の研究討論が重ねられ、のべ1000名が参加した。中国共産党中央委員会は、文書の内容について、民主諸党派中央委員会・無党派人士・関係部門から広く意見を聞き、全国人民代表大会・全国政治協商会議・中国共産党中央委員会・国家関係部門と相次いで協議し、36回に及ぶ修正を重ねた。胡錦濤は自ら陣頭に立って会議を開き、真剣な討論を重ね、様々な意見に耳を傾け、最終的にその結果を［2005］5号文書としてまとめ上げた。

　2006年2月、中国共産党中央委員会が『中国共産党中央委員会による人民政治協商任務の強化についての意見』を発布した。

　2006年7月、中国共産党中央委員会が『中国共産党中央委員会による強固で強大な新世紀の新段階における統一戦線についての意見』を発布した。

　この三つの文書は、統一戦線の多党協力史上、大きな意義を持つものとなり、一連の新しい理論の観点と政策主張を提起することとなった。

　多党協力と政治協商制度の堅持と完備は、社会主義政治の文明的かつ重要な内容を堅持し完成することを明確にした。政党や政党制度から離れた民主の実現は、空論に過ぎない。多党協力と政治協商制度は、社会主義民主制度の体現であり、その強大さは民主の機能・秩序ある政治参与・有効な民主監督を含む。科学的で民主的な政策を実現させ、社会主義民主政治建設に重要な働きをすることが、日々強調された。

　我が国は、多党協力と政治協商会議における重要な政治規範を総括した。これは半世紀に及ぶ多党協力の歴史的経験の総括でもあった。また毛沢東・鄧小平・江沢民がこの問題に関して集中して探求してきた成果が総括されると、やがて共産党と各民主諸党派にとっての共同認識となった。新世紀における新段階の多党協力事業は、一貫して正しい方向に向かって、重要な政治規範と政治保障を発展させるように進められた。同時に、多党協力と政治協商制度の長期的な存続と安定した発展のため

2007年12月24日、中国共産党中央委員会は、中南海にて党外人士を集めた座談会を開催し、各民主諸党派中央委員会・全国商工連合会の新旧指導者が参加した。胡錦濤は重要な談話を発表し、賈慶林・習近平らも出席した

に、その根本を保障するものとして、多大な労力と精力を常に注ぎ込んだ。

多党協力と政治協商は、基本的な政務の発展を堅持するための前提条件とされた。各民主諸党派・無党派人士は一致団結して奮闘し、その職務として発展を促進するために、共産党と共同歩調を取った。時に、率直に忠告してくれる親友として、社会主義経済建設・政治建設・文化建設・社会建設を積極的に推進し、祖国の完全統一を完成させるための重要な推進力となった。

民主諸党派の役割がさらにはっきりと位置づけられ、制度が整えられるようになった。民主諸党派を支持する新しい社会階層の人々の一部は、こうした任務に参加することになった。民主諸党派の各分野における人々の一部が、社会主義労働者・社会主義事業建設者・社会主義擁護愛国者という政治連盟を結成した。これは中国共産党が多党協力体制のもとに、民主諸党派の果たす役割が、理論的にも政策的にも、時代に即した思想的本質を体現した結果である。同時に、民主諸党派自身が絶えず発展し、歴史の軌跡として進歩し、強力な理論的指導を提供することとなった。

この他、政治協商会議の内容・形式・手順が更に整備されると、民主の監督する性質・内容・方式・ルートや構造などがより明確になった。
　この一連の多党協力と政治協商制度が主導する具体的な考え方とは、我が国の多党協力と政治協商制度の制度化・規範化・段階化を飛躍的に発展させ、社会主義民主政治の発展と社会主義調和社会の構築を目指すものである。多党協力と政治協商制度の優位性を十分に発揮し、すべての力を結集することができれば、その団結力でゆとりのある社会の建設が可能となる。彼らは共に奮励努力し、巨大な推進力を生み出した。
　我が国の多党協力の理論と政策が一段階前へ進み、豊かな発展が示されると、立場はさらに高くなり、視野もさらに拡大した。
　中国政党制度は自ら発展段階に入り、長期的発展が正常な状態となった。

　「調和」は中国伝統文化の真髄であり、哲学の範疇を超えて、社会の理想となった。
　「調和」はまた、マルクス主義を信奉する古典作家による、社会主義思想の基本的価値であり、社会主義運動追求の目標でもあった。
　発展途上にある大国として、全面的な発展を遂げる歴史のキーポイントとなる時期にあっては、国際的な幅広い視野を持ち、さらに自国の特色を鮮明に打ち出す必要があった。
　中国共産党第十六期全国代表大会以降、共産党は中国の特色ある社会主義事業の総体的な配置と、全面的にゆとりある社会を建設することを国家全体の出発点とした。社会主義として調和の取れた社会の確立を、重大な戦略的政策にすると発表した。
　2005年、胡錦濤は省部クラスの主な指導幹部たちを集め、彼らの社会主義・調和社会の構築能力を高める研修会を行った。その席上で講演し、「公平な正義とは、社会各方面の利益関係に適切な協調を得ることである。人民内部の矛盾やその他社会の矛盾については、適切に処理されなければならない。そのうえで、社会の公平と正義が、適切に擁護され、実現

を見るのだ」と指摘した。この講演は、半世紀近く前に制定された『共同綱領』の思想を受け継いでいると言えよう。

　共同の政治目標は、共産党と各民主諸党派の社会主義調和社会の構築と新たな政治的実践に、共同で歴史的責務を負うことであった。

　中国の社会は調和が必要で、中国共産党と民主諸党派の関係も必ず調和しなければならなかった。

　調和の取れた共存とは、政党関係の調和を前提とする。調和がとれた共同事業とは、政党関係の調和の基礎となる。調和の取れた前進は、すなわち政党関係の発展における、あるべき方向であった。

　2006年に開かれた第二十回全国統一戦線工作会議上、胡錦濤は社会主義・調和社会の構築に、戦略的に取り組むとの目標を掲げた。我が国の政治領域と社会領域における党と国家の五大関係、すなわち政党関係・民族関係・宗教関係・階層関係・中国内外の同胞関係を正確に認識し処理することを強調した。五大関係の筆頭に配列された政党関係は、最も重視された。

　2007年10月中国共産党第十七期全国代表大会の報告で強調されたのは、政党関係・民族関係・宗教関係・階層関係・中国内外の同胞関係の調和を促進させ、団結力を高めることが、他の何にも代えがたい責務とされた点である。社会主義民主政治建設に関しては、新しい部署が設置されることが報告され、民主諸党派と共同でその職務に当たることが強調された。民主諸党派と無党派人士がさらに進んで政治に参与することが求められた。民主の監督には、さらに多くの優秀な党外幹部を選抜して推挙し、彼らに指導的任務を担当させた。

　2009年末まで、県級以上の指導的職務を担当した民主諸党派のメンバー・無党派人士は、総計3万2000人にのぼった。その中には、最高人民裁判所・最高人民検察院・国務院部委員会事務室・直属局における指導職務補佐役18名が含まれた。全国31の省・自治区・直轄市・副省長・副主席・副市長が30名、19の省（区、市）政府関係部門において正職者33名、全国401市（州・盟・区）人民政府において副市長（州・盟・区）が362名、

2008年8月、科学技術部部長の万鋼が、新エネルギー自動車のオリンピックでの運行状況について視察した

担当省級裁判所副院長と検察院副検察長が213名いた。大学・民間団体・科学研究院・研究所・国有企業には合計654名の民主諸党派のメンバーと無党派人士が指導的職務を担当した。

　ある分析によると、中央委員会と各級人民政府において、指導的職務についた民主諸党派のメンバー・無党派人士の分布を新中国成立当初と現在とで比較すると、いくつかの顕著な傾向が見られる。新中国成立初期には非中国共産党人士の大部分が高い役職に就いていたが、今では県レベルから、順序立てて民主諸党派人士が配置されている。その総数は新中国成立期をはるかに超える。さらに、その大部分の役職には「副」の字がつく。彼らの配置が特に文教衛生部門に集中するため、「文教衛生」と称される現象が起きた。つまり、中国共産党官吏の昇進の軌跡とは異なり、「副」がつく非中国共産党人士は一般に「副の昇進」のルールに従い、昇進の過程でずっと「副」がついていた。

　加えて、新中国成立初期、各民主諸党派と無党派民主人士は、政権中枢の役職に比較的多かった。ところが現在、民主諸党派のメンバーが政府機関の職務に就く場合はごく少数で、しかも副職が多く正職は少ない。この点において「今は昔には及ばない」と言えるだろう。

　歴史問題の取り扱いは、簡単に比較することはできない。現在は人民民主専制政治の国家であり、再び新中国成立初期の統一戦線のような連

第9章　協調と発展 | 299

2010年8月、衛生部部長の陳竺（一番右）が舟曲にて、救済活動を視察した

合政府にはならない。中国の特色ある社会主義を遂行することは、全面的にゆとりある社会を建設しようとする奮闘目標の実現にある。祖国統一という偉業が達成されれば、再び三つの大敵の残党を消滅させる任務は不要となる。これに応じて、現在の国家政権機関・各級政府・司法機関が一定数の非中国共産党幹部を配置させ、才能と徳行を兼ね備えた幹部を選ぶという原則を堅持する。幹部陣の配置は、政策の方針と段階に応じて、適材適所を旨とする。仕事の需要に応じた資質を備えた人物を、非中国共産党幹部の中から選ぶのである。数も質も重視しなくてはならない。単純に、民主諸党派と無党派人士が任務につく比率を増やし、新中国成立初期の割合を超えることは、妥当ではないのである。

　非中国共産党幹部を受け入れ、国家の政権運営に参加させ、長期的に協力体制を維持させることは、共産党が堅持した揺るぎない根本的政策であった。中でも万鋼・陳竺両名の働きは、部と委員会の「副職」に留まることなく、誰もが認める活躍ぶりを発揮した。

　そのため、2007年4月27日午前、第十期全国人民代表大会常務委員会の表決で、中国致公党委員副主席・同済大学学長にして自動車の専門家である万鋼が、まず科学技術部部長に任命された。同年6月29日、高卒のいわゆる「知識青年」から中国科学院副院長になったという伝説的経

歴の持ち主である無党派人士の陳竺が、衛生部部長に任命された。これは改革開放以降、初めて出現した民主諸党派と無党派人士の部長である。

世論は、民主諸党派と無党派人士が国務院組織部門の正職に就いたことを、多党協力制度を堅持・完成させる重要な一歩だと見なした。これは、社会主義民主政治建設の戦略的措置でもあった。社会の新しい階層が、中国の政治に新たな可能性をもたらし、新しい段階へと拡充したのである。

「私は中国共産党の信任と人民からの委託を、重大な責務として深刻に受け止めている。」科学技術部にて当日午後に開かれた会議の席上、万鋼は興奮を抑えきれない様子で、その心情を述べた。

陳竺は就任以降、衛生部第一回全体幹部会議にて、林則徐の名言「国家の利益となるならば命がけで行い、その禍福によって態度を変えない。」を引用し、自己の決意と自信を表明した。

中国の政局は必ず安定させねばならず、多党協力の政治構造もまた必ず安定させなければならない。

政治的実践においては、社会が変化する時期に、異なる利益や要求と様々な社会の不満を発散する方法がなければ、社会が不安定な状態に陥る可能性が十分にある。

体系的に制度化された参政のあり方の割合が高まるほど、社会政治の安定レベルも高くなる。

中国における政党の役割は、現代国家の責任の構築を担い、政治的秩序の動向や安定を保障し、民族や国家に対して政治統合を推し進める点にある。各方面の力を団結させ、国家の分裂を避け、同時に国際政治や国際的業務に影響を与える。そして富強・民主・文明・調和の揃った社会主義現代国家の目標に向かって努力するところにある。

中国は、13億もの人口を抱える多民族社会である。政党制度の維持には、必ず強大な社会的統制力が要求される。共産党は中堅クラスの人々を統制する力となり、各民主諸党派の協力によって、社会統制の境界と

弾力性が拡大する。各民主諸党派と共産党の実質的な共同認識が強ければ強いほど、長期的協力の維持が可能になる。長期に及ぶ多党協力で結実した社会全体の政治に関する共通認識によって、まさに国家における重要な基礎的条件である富強・民主・文明・調和が実現するのである。

政党関係の調和により、政党間の差異と活力は十分に保たれていた。共産党が執政政党であり、各民主諸党派は政治に参与する党として、役目は明確に決められていた。共産党指導者の立場をより強固にし、政局の安定と社会の統合が実現された。民主諸党派の政治への参加が、政党間の差異と活力を保持することにつながるのである。

中国政党制度という枠組みの中であっても、共産党と各民主諸党派では、それぞれのグループによって利益とする対象が異なる。新しく生まれた階層を受け入れるか否か、現行体制の力となるか否かを見極めるには、政治上の共通認識が必要となる。また、社会の安定を保持する上でも、必要な作業である。各民主諸党派を代表する側であっても、民衆が要求する利益とは異なる。その影響も、それぞれ異なる。よって、各民主諸党派の政治理念や価値は、民衆の一部の人々に間違いなくある一定の影響を及ぼした。

改革開放以来、特に社会主義市場経済が形成されてからは、新たな社会階層が大量に出現した。新しい階層の人々の経済的地位は日に日に高まり、彼らの政治参与に対する熱意も日ごとに高まった。もし、その熱意が有効に導かれるのなら、政治は安定するだろう。政党関係を調和するために、新たな階層の人々の政治参与に対する熱意を有効的に導き、吸収し、利用することで、彼らを政党政治の中に組み込み、政局と社会の秩序を安定させることができるだろう。

我が国における政党関係の調和が強化されるためには、中国共産党による指導が堅持され、多党派による団結や協力が促進されなければならない。中国共産党の政権運営能力が高められ、民主諸党派の政治への参加が活発化されなければならなかった。民主諸党派を思想面で導くため、

中国共産党は誠意をもって民主諸党派による民主の監督を受け入れなければならない。中国共産党が実行する新しい大規模プロジェクトを全面的に推し進めるため、民主諸党派も積極的に自身の思想強化に努める必要があった。

　我が国における政党関係の調和を強化し発達させるためには、その障害となる要素を克服しなければならなかった。多党協力と政治協商制度そのものに調和の前提・基礎・根拠が存在した。しかし、実際に実施されてみると、調和の取れない原因と可能性が露見した。参政党が地位と職務に胡坐をかき、簡単に軽視するようになり、加えて、執政党の各レベルの組織が、実務の面で参政党の力を盛り立てることを軽視していた。共産党指導による多党協力の政治の枠組みの中で、参政党の執政党に対するチェック機能の甘さが習慣化し、これが実質的に弊害となった。

　我が国における政党関係の調和が強化し発達するには、制度の機能を強化しなければならなかった。社会の変革期と発展期において、社会的利益は急激に分化、多様化した。そのため、政党は民意を絶えず斟酌し、調整機能を高めなくてはならなかった。政治に参与するルートを拡大し、多党協力と政治協商制度の充実ぶりを民衆へアピールする場を設けた。そして、政治機能を健全に維持していくためには、民主諸党派による監督機能が欠かせないのである。

　また、我が国における政党関係の調和を強化させ、発達させるには、欧米諸国の政党制度との衝突や摩擦を解消する必要があった。長きにわたって、欧米諸国の政党制度が世界のスタンダードであると自負している人や、習慣的に欧米諸国の政党理論や政党制度を用いて中国の政党制度を比較し評価しようとする人がいる。彼らは、中国の基本的な国情や中国の特色ある政治的発展をないがしろにし、政党制度を民主の単なる道具と見なしている。民主の所謂標準化要求を過度に強調したり、社会条件や国家建設にあたっての実際の要求を軽視したりもする。これでは、政党関係の発展を調和するのに不利である。

　我が国の政党関係を調和・強化し発達させるため、民主諸党派も自身

2003 年、農工党北京市委員会主任委員の陳建生（一番左）・民革北京市委員会主任委員の韓汝瑶（左から二番目）が、市政政治協調会議の期間に、北京人民放送局を通じて政治参与に関する意見を発表した

の体制を強化した。民主諸党派自身の結党理念は、まだ探索と模範の段階にあった。各党派が目指す発展目標は、それぞれ重複して存在した。そのため、党派指導の組織整備と幹部養成には、さらなる規範化が必要であった。さらに、新しい世代のメンバーには、共産党との事業協力意識が乏しく、在任中、事前相談もせずに執政党の関係部門に頼ってしまいかねない。こうした問題を解決しなければ、参政党が、執政党と一般民衆の関係性を悪化させる恐れがある。ひいては、政党関係の調和と我が国の民主政治の発展に対しても、悪影響を及ぼすことが懸念される。

　21世紀に突入し、時代の変化に適応しつつ社会主義政治・経済・文化・社会の建設を推進できるかどうかは、執政党としての共産党の政権運営能力と、参政党である各民主諸党派の参政能力による。双方が積極的に国政に携わり、互いに監督し協力し合うという密接な関係を築けるかどうかに、その命運がゆだねられている。そのためには、根本にある執政

党と参政党の体制づくりが共に強化され、共にレベルアップをはからねばならない。また、各民主諸党派は、根本的に自身の歴史と党派の特色を備える必要性があった。そのため、執政党の成功体験をそのまま模範することなく参考程度に留めることで、自身の体制強化をはかった。

改革開放と近代化という条件の下、どのような参政党を作るか、また参政党をどのように作るかという問題は、新しい時代を迎えた民主諸党派自身が解決すべき基本問題であった。

各民主諸党派は強い責任感と高度な使命感を持ち、理念強化を中心に組織の体制作りを進め、自身を強化したことで、顕著な成果が得られた。

民主諸党派自身の体制作りに際し、グループ内における指導能力強化が重要となる。王兆国は2000年3月2日、中央社会主義学院の春季入学式に寄せた祝辞で、初めて民主諸党派の能力強化について具体的に触れた。それは政治分析力・参政能力・組織指導力・協調性いう「4種の能力」を意味した。2002年と2007年に、各民主諸党派中央委員会の2度にわたる改選は順調に進み、民主諸党派自身の体制強化を進めた努力が実を結んだ証拠となった。

2002年末、各民主諸党派は相次いで全国代表大会を開催したが、政治的情勢と職務の変化により、各自の規約が修正・補正されて完成した。民主諸党派自身による体制強化の目標と原則が、この時初めて明確となった。

これは一歩ずつ、体制を支える理念の強化をはかったことを意味する。民主諸党派の体制作りと発展の段階では、かつて党本体にまつわる発展任務と綱領は提出してきたが、各規約の中に自身の体制作りの目標は明記してこなかったのである。各民主諸党派は実践を通じて、徐々に自身の体制作りの重要性を認識し、思想整備・組織整備・制度整備の各方面に多くの経験を蓄積した。2002年、各民主諸党派による全国代表大会では、各自が党派の規約を訂正した際、民主諸党派の性質・地位・特徴といった各政党自身の体制作りの目標を掲げた。総括するに、各民主諸派の体制作りにおける目標とは、中国共産党との長期にわたる親密な協

力体制のもと、中国の特色ある社会主義事業に加わる参政党となることである。このような目標の確立には、民主諸党派の何世代にもわたる知恵が結集され、民主諸党派自身の発展の重要な旗印として、参政党自身の体制強化に明確な方向性を示した。

参政党の体制作りにおける主要な原則は、中国共産党による指導体制の堅持・社会主義民主の拡充強化・政治連盟の特色の顕著化・多様性の一致・統一の堅持・多方面にわたる統一である。

2005年2月、胡錦濤は各民主諸党派中央委員会の責任者・無党派代表人士と会談し、初めて「執政党と参政党は、相互にその体制作りを促進させる」という理論を明確に示した。2006年7月第二十回全国統一戦線工作会議において、胡錦濤はさらに執政党と参政党の体制作りを相互に促進させ、多党協力体制を維持しつつ、各党の体制作りの歩みを共同で進めることを強調した。

新しい政治的情勢と職務を鑑みて、民主諸党派は、再び改選を行った。新旧の世代交代をはかることで、重要な諸問題に取り組むための体力強化をはかったのである。2007年3月、各民主諸党派中央委員会の指導者たちは、広西の南寧で会合を持った。中国の特色ある社会主義政治発展をテーマにした「政治家の世代交替のための学習教育会」を研究部門が企画したのである。

この学習教育活動は、中国の特色ある社会主義政治発展への道を歩むことを主軸に、中国共産党の指導を積極的に受け入れるための心理的土壌作りを目的としていた。民主諸党派の先輩たちが長きにわたって中国共産党と団結協力して創り上げてきた政治理念を、良き伝統として継承し発展させることを重点に、民主諸党派の多くのメンバーは基本的な国情を学び、政策的な教育を受けた。多党協力の歴史や自身の政党史を学び、その良き伝統と風潮に触れ、中国の特色ある社会主義理論に対する知識と理解を深めた。

この学習教育会は足掛け2年ほど継続され、民主諸党派の自覚・自主・自発を強化した。「自覚」とは、政治家の世代交替において、最初に掲

げられた目標である。民主諸党派のなかで最古参の世代にあたる指導者が自ら提起し、強調した点である。学習教育会は、決して受け身の行動であってはいけないのである。「自主」とは、各民主諸党派が政治家の世代交替を学習する上で、主体的に学ぶ姿勢である。「自発」とは、各民主諸党派が学習教育会で積極性・主体性・創造性を十分に発揮し、自ら進んで学び、収穫を得て、自身のレベルを高めることを意味する。

　2007年末、八つの民主諸党派中央委員会は、中国共産党第十七期全国人民代表大会の精神を学び、継続して次の改選を行った。新中国成立後に生まれた民主諸党派人士が、内部組織の指導者として加わった。民主諸党派省級組織の指導グループと指導内部組織のメンバーの顔触れは若返り、新たな知識が加わった。民主諸党派はさらに自身の体制作りを強化することを重視し、改選を経て、さらに多くの優秀な人材を招聘した。そうすることで、党派指導組織を充実させ、参政党としての責務を十分に果たし、全体として政治への参加レベルの引き上げに成功したのであった。

　2007年11月末から12月初め、中南海の最高指導者たちが、民主諸党派代表大会に出席した。5年前と異なる点は、八つの民主諸党派の会議に出席した中国共産党中央委員の全員が、改選された中国共産党中央委員会政治局常務委員で、その階級が明らかに高かった点である。特に、新任の習近平・李克強が中国共産党中央委員会を代表して、それぞれ民盟第十回大会・民進第十回大会に出席し、祝辞の挨拶を述べ、国内外の世論の注目を集めた。

　元民進中央委員会主席の許嘉璐は「中国共産党中央委員会は従来の慣習を打ち破り、中国共産党中央委員会政治局常務委員が民主諸党派の代表大会のために祝辞を述べたことは、中国共産党中央委員会が、実際の行動で、中国共産党指導の多党協力政治制度の推進に誠意を表した結果である。」との認識を示した。

　世論も、同様の見方を示した。中国共産党上層部と民主諸党派上層部

の間には一連の緊密な相互関係が保たれ、中国共産党が多党協力を強化させ、社会主義民主政治を発展させる決心を外部へ明示した。第十七期代表大会後は、中国共産党が多党協力と政治協商制度を推進するため、共に協力して実行することについて、さらに歩調を速めたと認識したのである。

　2007年11月、国務院の報道官によると、対外向けに初めて『中国の政党制度』白書が発布された。中国の多党協力と政治協商制度の発展過程を時系列的に振り返り、中国の多党協力構造における政党関係が詳述された。民主諸党派が中国の特色ある社会主義を構築し、社会主義民主政治体制の整備における役割を論じ、多党協力と政治協商制度が中国の政治制度を特徴づけ、有利に運ぶものであることを明確に示していた。

　各民主諸党派は、中国の特色ある社会主義の政治発展への道というテーマをしっかり把握していた。職務上の発展の変化と民主諸党派メンバーの思想的動向に基づき、特に思想面での強化を主軸に据えた。絶えず自己教育の新しい理論や方式を探求し、メンバーの政治的思想を高める努力を重ねた。

　各民主諸党派は、組織の体制作りに重点を置いた。確実に効果の見られる措置を講じ、組織体制作りは平穏に健全に発展した。1997年に各民主諸党派中央委員会が改選され、新旧交替という歴史的一大任務が完了した。2002年と2007年に各民主諸党派中央委員会は2度の改選を行い、指導グループは平穏のうちに交代した。その結果、新中国成立以来ずっと、民主諸党派を支えてきた古くからの同志が皆、基本的に指導的ポストを退任することになった。新しく誕生した中央委員会指導機構のメンバーはすべて改革開放以降、特に90年代に誕生した新しい世代を代表する人たちで、その多くが40代から50代の若手であった。新世代のメンバーが中央委員会や中央委員会常務委員となり、指導組織は明らかに活性化した。指導組織は政治を把握する能力・政治への参加能力・組織の指導能力・協力して職務に当たる能力を絶えず高め、指導グループは評価システムを整えつつあった。

同時に、各民主諸党派は、これまでの経験を真摯に総括して、絶えず問題点を洗い出し、新機軸を打ち立てた。それは、幹部候補生を養成する組織を作ったことである。中国共産党における党学校のように、1956年に中央社会主義学院を設立した。主に、民主諸党派と無党派人士を教育するための学校である。以来50年間、非中国共産党人士で教育を受けた者たちは毎年数百人にのぼり、現在に至るまで3、4000人以上を輩出した。受講生の出身も様々で、大卒、大学院修了者、研究職、新社会階層、海外帰国者などであった。今、中央社会主義学院以外では、30の省・自治区・直轄市および130余の市（州・区）が各級社会主義学院を復興させ、民主諸党派と無党派人士を多岐にわたるネットワークで養成した。

　各民主諸党派は、参政党としての機能を発揮し、一連の関連措置・規定・細則を制定した。比較科学論に基づく指導機構と作業手順を作り上げた。この一時期、民主諸党派は内部の監督機構を整え、内部監督機構を設立させた。2007年、各民主諸党派は改選して、規約を改定し、中央委員会監督委員会などの規定を明確にした。

　民主諸党派は共産党による指導と配慮の下、政治・経済・文化・社会の構築および祖国統一などの各領域において、組織の回復から発展に至る全プロセスで代えがたい能力を発揮した。世紀の変わり目に、各民主諸党派は指導グループの新旧交替を完了させた。新中国という紅旗の下に、成長してきた知識人たちが、指導的ポストに就任したのである。

　多党協力から生み出された活発な雰囲気の中、各民主諸党派は才能を如何なく発揮した。彼らは、祖国のために尽力する得難い機会を得たのである。参政こそが、各民主諸党派の発展の大前提となる。その主な任務は、中国共産党中央委員会を中心とし、機能を一致させることであった。

　国家のマイクロコントロールから企業のミクロコスミックに至るまで、沿岸開発地区の勃興から辺鄙な辺境地区への助成に関してまで、民主諸党派・無党派人士の見解が合致しないことはなかった。彼らが科学・教育・経済などの各領域で発揮してきた能力を軽視することはなく、まして彼

視察団の一部の同志、タンラ駅にて

らが築き上げてきた重要な功績を、人々が忘れることは決してなかった。こうした努力によって、我が国における各改革事業が健全に発展できることがわかった。共産党と各民主諸党派の長期的な協力関係が、さらに強化され充実したことを示す事例である。

中国共産党第十六期全国人民代表大会以来、各民主諸党派中央委員会は国家の経済的社会的発展において、全体性・戦略性・予測性を備えた重大問題についての調査研究を展開した。西部の大開発・中部の勃興・東北地区などの古い工業基地の振興・「三農」問題・社会主義新農村の建設・国家レベルの総合的改革試験区・継続可能な戦略的発展の実施・青蔵鉄道沿線の発展・「十一五」計画の策定と実施など、中国共産党中央委員会・国務院に提出した意見や建議は260余件にものぼった。そうした多くの意見と建議は積極的に受け入れられ、良好な社会的効果を生み出した。

各民主諸党派中央委員会と地方組織が、中国共産党中央委員会・国務院・地方党委員会・政府に対して、書面として提出した建議は9万余件あった。全国人民代表大会・全国政治協商会議・地方の人民代表大会・政治協商会議に提出した議案と提案および大会発言数は絶えず増加し、

質も向上した。

　2006年3月、民革中央委員会は『当面の新農村建設において、重視し力を尽くして解決していかなければならないいくつかの問題』を提出した。2005年8月、民盟中央委員会は『青海湖およびその流域の生態環境保護と統治建設』を提出した。2008年11月、民建中央委員会は『都市と農村の経済発展の統一計画、都市と農村の共同繁栄の促進』建議を提出した。2004年、民進中央委員会は『民族地区の経済社会発展の加速について』などの建議を提出した。2008年9月、農工党中央委員会は『人を一番重視し、民生に注意を払い、農村の飲料水における安全問題を徹底して解決すること』を提出した。2008年10月、致公党中央委員会は『食糧の主要な生産地区の保護と建設工程の展開について、国家食糧安全の保障に関する建議』を提出した。2008年5月、九三学社中央委員会は『四川大地震災害後の再建作業に対する理論と建議』を提出した。2007年1月、台盟中央委員会は『閩南の優れた文化をさらに盛り上げ、閩南と台湾の文化交流を推し進めることの建議』などを提出した。中国共産党中央委員会・国務院は各民主諸党派の意見や建議を大変重視し、関係部門に検討し実行に移すよう指示を与えた。

　青蔵鉄道の開通は、過去と未来を結び、天に通ずるこの道は、夢と希望を運んだ。
　2006年8月6日から12日まで、全国政治協商会議副主席にして中国共産党中央委員会統一戦線部部長の劉延東の指導で、各民主諸党派中央委員会・全国商工業連合会指導者・無党派人士は、青蔵鉄道の青海〜チベット沿線を視察調査した。
　青海の西寧市からラサ駅に到着し、視察団のメンバーで感動に浸らない者はいなかった。初めて青海チベットに入った者は、当地の近代化と繁栄に驚き、何年かぶりに来た者は、この土地の日進月歩の変化に感慨を覚えた。
　青海の西寧市からチベットのラサを経由し、一路シガツェを目指す途

上、視察団のメンバーは自身の高齢・高地特有の酸素不足・長旅の疲れをものともせず、各地の党委員会や政府へ青蔵鉄道会社の職務に関する聞き取り調査を精力的に行った。さらに、青蔵鉄道および沿線の企業・学校・重点建設プロジェクト・名所旧跡・農牧民の家庭についても綿密に調査した。

劉延東は「鉄道開通というチャンスを最大限に生かし、沿線の経済と産業を発展させるための計画や準備を強化し、鉄道がもたらす利益と利便性を民衆へ最大限に還元するべきだ。」と強調した。

全国人民代表大会常務副委員長にして民建中央委員会主席である成思危は、青蔵鉄道の建設を万里の長城を凌駕する壮大なプロジェクトにおける第一歩と見なした。航空・高速道路・鉄道の一貫した輸送力によって「大交通」計画を促進し、より良い鉄道管理を求めるとの意見を出した。

全国政治協商会議副主席にして農工党中央委員会常務副主席を務める李蒙は、青海・チベット各地政府に対し、自ら道を切り開いて取引先を探し自活する術を身につける、という社会風潮を各地に普及させるよう促した。人的交流・物流・情報網を活用し、それぞれの交流の中で有利な立場を築き、戦略的な発展を遂げるよう求めたのである。

青海湖・チャルカン塩湖を通過し、車で玉珠峰・トト河・タンラ山を行くと、雄渾壮大な高原とフフシルの可愛い動物たちが一行を出迎えた。視察団のメンバーは熱のこもった討議を重ね、「環境保全の能力を保ち、資源開発の限界を絶対に突破してはならない。」と、肝に銘じたのであった。青海・チベット両地で、指導者たちは両地の専門家と意見交換を行い、持続的発展における問題点について協議を重ねた。そのなかでも環境・資源保護に関する意見は、数十にものぼった。

視察団のメンバーは、環境保全を最も重視し、重点プロジェクトと環境プロジェクトは同時進行すべきである、との認識を示した。重点保護地区の発展にはGNPを重視せず、生態機能の回復と教育・衛生・文化などの社会事業発展に努める。これによって経済・人口・資源・環境面での調和・協調・持続的な発展を促す、という内容であった。

2006年8月、台盟北京市委員会が、台湾の高校教師と生徒の訪問団を接待する様子

　視察団のメンバーには、ヒューマニズムに造詣の深い専門家も少なくなかった。青海・チベット特有の歴史や文化に独自の見解を持ち、当地の文化遺産を高く評価していた。そのため、彼らはどこに行っても、文化遺産保護の問題について、多くの関心を払った。視察団はタール寺・ポタラ宮・シガツェなどの各地を巡って、調査研究を行った。古い歴史を有し、神秘的で素晴らしいチベット文化を満喫した。さらに、彼らは青海・チベットの文化遺産保護や活用に関して検討を重ね、その見識を深めた。視察団のメンバーは、素晴らしい文化遺産に対し、保護とその活用のバランスを考えるべきだとの認識を持っていた。青蔵鉄道が開通したこの機会をとらえて特色ある旅行産業を打ち出すため、科学的考察と検討を重ねて発展させようと考えた。あらかじめ文化遺産が破壊されないように予防措置を講じた上で、旅行業務や文化活動を推進させようと主張した。彼らは敬意と愛情をもってチベット文化を調査し、ある種の親しみを感じていた。チベット族や漢族をはじめとする各民族の創造性は忘れがたきものであり、「生態の保護と文化遺産の保護、これらは子孫に対する責任である。」と述べた。

2003年7月、農工党北京市委員会・北京市赤十字会所属の多くの看護師らが共同作業で作り上げた、思いやりのこもった刺繍の壁掛けが首都博物館に運び込まれ、「SARS」期の貴重な文物として収蔵された

2008年5月、民盟北京市委員会副委員長であった清華大学教授王光謙（右）が、地震の被災地である堰塞湖に足を運び、危険な状況を取り除く任務に当たった

視察団のメンバーはまた、特色ある農業発展を保護する措置を設け、整備するよう呼びかけた。特色ある農業における産業開発計画を、国家と地方の「十一五」発展計画に包括することを勧めた。健全な農牧業技術サービス体系を築き、農業技術の体系化を推進する。具体的には、農業科学研究院や研究所における研究活動を奨励し支援する体制を整えたり、大学の専門家に第一線で模範基地を作らせたりする。農牧民のためには、業種別に経済組織を作って信用組合の改革を

2003年5月、「SARS」克服を支援するため、各民主諸党派中央委員会が北京市へ、金銭や物資を寄贈した。成思危（右）が各民主諸党派中央委員会を代表して献金した。左は北京市市長であった王岐山

2008年5月、九三学社のメンバーで地質学者の楊農・雷偉志・施煒が、国土資源部の専門家たちと共に四川大地震の被災地にて、実地調査を展開した

第9章　協調と発展　315

行い、中小企業担保会社を作り、農業や産業のための貸し付け問題を解決することを建議した。

　また、各民主諸党派は、辺境地区への教育支援や「思源工程」（経済支援プロジェクト）等の活動を通して、公益事業を興し、当地の経済・文化・社会の発展を促進した。民建中央委員会は2005年末にメンバーに呼びかけ、社会に応える思源工程を始動させ、2007年には中華思源工程扶貧基金会を成立した。この基金会はその成立後2008年末までに、公益支出9682万元強、そのうち貧困状態からの救済支出額は8815万元強に及んだ。農工党中央委員会は新農村建設を行い、指定した200軒強の田舎町の衛生院を支援し、専門家の指導・技術提供・人材育成・医薬品寄贈などを行い、田舎町の衛生院の管理水準と医療技術のレベルを引き上げた。

　各民主諸党派は、教育事業の改革発展にも大きな関心を寄せ、その地域の長所を伸ばす方式、例えば、教育に力を入れて学校を建設するなどの教育支援活動にも力を注いだ。民革中央委員会は巨額の資金を投じ、学校を借りて村民の技能教育を行い、村民の文化的教養を高めた。民盟中央委員会は長年、農村の支援教育事業を基礎とし、2006年末から農村教師グループの育成をテーマとした「農村教育支援行動」を実行した。これは「燭光の活動」とも称され、民盟が参加した新農村建設における重要なプロジェクトとなった。数年来「燭光の活動」は教師養成基地を整備し、教員研修を行った。優秀な教師を組織し、田舎に派遣して教鞭をとらせた。また、農村の教師を組織し、都市の学校で研修を受けさせ、都市と農村の学校に姉妹関係を結ばせた。盟員の中から優秀な教師を組織し、農村の小中学校に派遣し、短期での教育支援も行った。また、農村教師養成所を作り、インターネットを通じて、教員養成を展開した。農村の学校における教学条件など、あらゆる方面を支援し改善させ、顕著な成果を得たのであった。

　各民主諸党派は、社会サービス事業に関連した新領域・新組織を積極的に立ち上げた。突発的重大事件や自然災害を目の当たりにし、各民主

諸党派は積極的に活動した。中国共産党と政府のために共に憂い、共に悩みを解決していった。2003年の「SARS」克服では、積極的に寄付を募って経済援助を拡充し、さまざまな支援活動を展開して、素晴らしい建策をした。2008年に起きた南方の自然災害にあっては、震災救援活動に心血を注ぎ、各級組織から動員をかけた。多くのメンバー

各民主諸党派中央委員会の編集により、発行された新聞

が社会的道義的責任から、勇敢に任務を果たした。大まかな統計ではあるが、民主諸党派各級組織とメンバーが震災救援活動に供出した経済的・物資的支援は、なんと5億元強にも達したのであった。

　各民主諸党派は、互いの本業を尊重し合い、自身の担当分野を愛し、一心不乱に職務に打ち込んだ。骨身を惜しまず働き、自ら進んで社会に奉仕し、非常に多くの模範的な人物と優秀な人材を輩出した。彼らはたとえ職場が異なり社会経験が異なっても、自身の人生における価値観と祖国の命運を融合させ、個人の奮闘と中華民族全体の偉大な復興を緊密に連携させた。科学に身を捧げ、勇敢に新しいものを作り出し、国のために力を尽くした、今は亡き九三学社中央委員会副主席の王選は、中国共産党による社会主義事業を心から愛した。その高潔な人格と卓越した貢献によって、人々の広い賞賛を勝ち得た人物であった。民主諸党派のメンバーにとって、輝かしい模範となったことは、言うまでもない。「SARS」克服のための第一線で我が身を顧みずに患者の診察に当たり、栄誉ある殉職者となった農工党メンバーの馬宝璋は、民主諸党派のメンバーの中でも気鋭の進歩的な人物を代表する存在であった。

　民主諸党派の多くのメンバーが、国内外で称賛を浴び、その栄誉を称えられた。2006年に開かれた一定レベルの社会建設に貢献した同志が一

2001年12月、致公党中央委員会海外親睦工作委員会・中国帰国華僑歴史学会・中国社会科学院帰国華僑連合会が共同で「経済グローバル化と華僑研究」に関わる学術研討会を挙行した

　同に会し表彰される大会において、各民主諸党派・商工業連合会・無党派人士から142の進歩的な団体と460名の進歩的な人物が表彰された。統計によると、84名の民主諸党派メンバーが、2008年度国家科学技術進歩奨励を受け、そのうち4名が一等賞、79名が二等賞で表彰された。118名の民主諸党派メンバーが2009年度国家科学技術進歩奨励を受け、そのうち3名が一等賞、115名が二等賞で表彰された。95名の民主諸党派メンバーが2010年度国家科学技術進歩奨励を受け、そのうち3名が一等賞、92名が二等賞で表彰された。なかでも、ひときわ傑出していたのは師昌緒であった。彼は、九三学社中央委員会元顧問にして中国科学院と中国工程院の両院院士であり、著名な材料学専門家でもあるが、2010年に国家最高科学技術賞を受賞した。

　各民主諸党派は、社会情勢と民意の収集と反映を非常に重視している。大多数の一般民衆が大きな関心を寄せていた収入分配の不公平さを解消し、貧富の差異を縮小し、医療保障体系を整備した。解決しがたい都市の住宅問題や家賃の急激な高騰をできるだけ解消し、公平さ維持しようとしている。社会的弱者救済など、人々の関心の高い難問をめぐっては、就業面での改善に関する意見や提案を打ち出している。中国共産党と政府が良き協調関係を作り、矛盾が取り除かれ、安定と調和のとれた社会主義社会を構築するために大きく貢献している。

　各民主諸党派は、特定のテーマを調査し研究する制度や、意見を広く募る制度なども作っている。政治に参加する組織・責任を持つ組織・激

2008年4月、中国共産党中央委員会統一戦線部指導者・各民主諸党派中央委員会新旧の指導者・無党派人士代表が、西柏坡で視察と学習会を行った。民主諸党派・無党派人士が賛同した、中国共産党中央委員会「五一スローガン」発布60周年を記念する

励する組織なども作り上げている。2006年、中国共産党中央委員会関連部門と各民主諸党派中央委員会は協議して、民主諸党派による調査研究制度を打ち立てた。調査研究に選ぶテーマ・組織して実行に移す状況・成果の集大成・還元方法などを規範化した。

　民主諸党派が政治へ参加するという任務は、絶えず実践の中で発展し、多くの新しい方式が創造された。そして、特色を兼ね備えて、特にブランド化されていった。民主諸党派メンバーが人民代表大会・政府・司法機関で任務に就くことが拡大したのと同時に、特別委託を受けた調査研究・渉外活動への参加がさらに規範化された。業種別に連絡を取り合い、教育指導者を辺境地区へ送り、外部と連絡を取り合いながらコンサルティングを行ったり、特定項目の調査へ参加したりするなどの任務を展開していった。

　各民主諸党派は、政治参加のプロセスにおいて、党内部全体から適した人材を発掘するのと同時に、関係ある部門と協力して調査研究を行うことも重視した。社会的参与を促し、政治に参加するための研究を行っ

第9章　協調と発展　319

た。徐々にその研究分野を広げ、提出した意見や提案を包括することで、計画し実行できる可能性を十分に備えることが可能となった。

　各民主諸党派は民主の監督という任務の下、定期的な報告を行うことで、中国共産党各級規律検査委員会と監察部門の風紀を是正しようとしていた。クリーンな政治を目指し、腐敗を一掃する可能性を聴取し、関係部署に対し、積極的に特定項目の監督に当たらせた。

　一連の重大な方策や政策が公布されると、その実施に伴い、各民主諸党派の影響力がますます大きくなった。

　2002年11月から2009年末まで、中国共産党中央委員会は関係部署に委託して、民主諸党派を招聘した座談会や協議会を開催した。積極的な情報交流を促すこのような会議は、144回にも及んだ。

　民盟中央委員会主席の蔣樹声は「民盟の主な指導者が何度も参加した政治協商会議は、その半数以上で胡錦濤総書記と温家宝総理が司会を務めた。重大な国家的政策および国家的重要業務に対し、我々は意見や建議を提出した。十七期全国人民代表大会では、政治活動報告を含め、「十一五」計画および重要法案に関する制定と修正が行われたが、例えば憲法や物権法などの領域について我々の意見を求めた。」と述べている。

　蔣樹声はまたある事例を引用して、我が国の政治協商会議が、民主の良き方式を体現していると説明した。それは、以下のような内容であった。2006年4月、私は機上にて隣り合ったイギリス人と会話したエピソードを紹介した。このイギリス人は北京での生活が既に16年を数え、北京および中国の変化を直接目の当たりにしてきた人物であった。彼は私に「中国共産党の指導に対し、非常に敬服している。」と述べた。私は彼に「現在の中国に、イギリス労働党や保守党の体制を取り入れたらどうであろうか。あるいは、アメリカの共和党や民主党の体制を中国に持ってくるのはどうであろうか。今の状況に達成したであろうか。」と質問すると、彼は「絶対にありえない。」と答えた。私は彼に、その理由を尋ねた。彼は「どの国家の国情も一様ではなく、またどの国家の歴史・文化も一様ではない。中国の現在の状況を鑑みると、現在の体制が最も

適していると考えられる。」と回答した。

　2005年から2009年6月まで、中国共産党省級党委員会が開催もしくは委託開催した協商会議・座談会・報告会は1003回に達した。党委員会書記自らが参加もしくは主催した協商会議では、地方経済の社会発展に関わる重大な問題に取り組んだ。そして、民主諸党派省級組織の責任者による意見や提案に対し謙虚に耳を傾け、地方社会経済の発展を促進させたのである。

　2005年から2010年10月にかけて、各民主諸党派中央委員会は中国共産党中央委員会・国務院に重要な書面による提案を300余件提出した。例えば、国家の分裂に反対する立法などである。その一方で、農村における税制改革を推進し、社会保障基金監督組織を築き、農村社会保障システムを作った。多くの提案が受け入れられて実行に移され、政策制定と法律整備の重要な根拠となった。

　2009年、多党協力と政治協商制度が確立して60周年を迎えた。中国共産党中央委員会が2005年に発布した『中国共産党中央委員会による、中国共産党指導のもとの多党協力と政治協商制度をさらに強化する意見』は、各地における実施状況を全面的に把握するために、さらなる政策を完備させたものであった。職務の組織を整え、制度の整備を推進させるために、中国共産党中央委員会事務室・組織部・宣伝部・統戦部が連携して七つの監督検査組織を構成した。杜青林などの指導者を、数回に分けて各地へ派遣した。そして、6月末から7月末までに、29の省・自治区・直轄市を監督調査した。予想通りに成果が得られたが、これは多党協力史上初めてのことであった。

　多党協力と政治協商制度を何としても完成させるために、中国共産党中央委員会は各級党委員会に次のような要求を出した。

　協議内容や手順を拡充させるために、政治協議を行い、民主的方策と科学的方策がより良い影響を与えること。さらに、民主諸党派と政治部門が連携する制度を築き、民主諸党派と無党派人士が研究調査する制度

第9章　協調と発展

および「党紀委員会が論議し、党派が調査研究し、政府が受け入れ、関係部署が実行する」という一連の流れを組織すること。民主諸党派・無党派人士が、より政治に参加し、しっかりと役目を果たすための環境づくりをすること、であった。

　民主の監督の有効な方法と実現に重点を置き、その解決方法を模索した。まず、事情を知っている部署と橋渡しをする部署を連携させる。その上で、調査した結果をすべて上層部に報告する制度を完備する。そして、ある特定の選抜した人員に作業組織を作らせ、政治協商と政治参加に民主の監督を加える。通常の監督と重大問題の監督を結びつけ、民主の監督に社会主義体系全体を監督する特別な地位を与え、その機能を十分に発揮させる、というものであった。

　党外代表人士に、集団で職務に当たることも強化した。その目標は、優れた資質を備えた人物を集め、人数的にも十分な数を備えたグループを構成させることにあった。党外代表人士グループを、合理的に組織するためである。新中国成立60年後の現代社会に大きな影響力を持ち、社会的名声の誉れ高く、品格を備えた各界著名人たちが、党外代表人士のグループとなって大きな潮流を形成した。新しい世代の党外代表人士の成長を物語る現象である。このグループについては、共通する原則も見られるものの、中国共産党幹部のグループとは異なる。総合評価に値する体系を打ち立てるべく、長期的な運用規則を発展させ、教育・育成面での完成をはかる。選抜して採用し、協力して仕事をさせる。監督管理システムなども、良好な条件を備えた上で整備する。多党協力事業を永続的に発展させるためには、基礎プロジェクトを念入りに構築しなければならないのである。

　2010年1月、党外人士の迎春座談会において、胡錦濤が希望したのは、以下の点である。各民主諸党派が社会主義を中心とする価値体系を樹立させて実践すること。中国の特色ある社会主義をテーマとする学習教育を深化し拡大すること。中国の特色ある社会主義共同理念を確固たるものにすること。絶えず共に団結奮闘する思想政治基盤を強化すること、

2011年3月29日、中国民主党派歴史陳列館が開館した

であった。
　中国共産党中央委員会が各級党委員会に要求したのは「自覚・自主・自発」の堅持である。「和して同じくせず」・「多くの事柄を包容する」という原則を堅持し、民主諸党派が社会主義を中心とした価値体系を学び行動に移す活動を支援することであった。賈慶林・李長春らは重要な指示を与えた。それは、明確なテーマを据えて活動内容を豊かにし、自身の特色を強調し、伝達手段を新しく作り、さらなる成果を得ることであった。杜青林は、社会主義を中心とした価値体系の豊富な科学的内包と時代の要求をしっかりと把握するよう、何度も喚起した。深く考察した上で、自身が行動に移し、中国共産党は正真正銘、民主諸党派人士の心の座標軸となって、その価値を追求していくと位置づけた。
　各民主諸党派中央委員会は、その指示に対して理解を深めるべく、学習して検討し、共通認識を持った。民主諸党派各級組織は長期的な計画を立て、確実に行動に移している。先人の崇高な精神を奮い起こし、それを広くメンバーに引き継いでいる。彼らを身近な模範として、積極的

に向上していく雰囲気作りに努めている。一連の主な活動は、着実に展開し根づいていったのである。

　多党協力は、これが唯一の根本となる。高度な歴史的見地からも、多党協力こそが、長期的な政権運営を可能にする戦略的要素である。共産党と各民主諸党派は、共同で社会主義を核心とする価値体系を学び、行動に移す活動を推進する。彼らは再び共に難関に挑み、互いが真心をもって深く交わるという新たな局面を迎えたのであった。

　2010年10月7日、国慶節の連休の最終日、北京において、午後から夕刻にかけて、とある座談会が開かれた。
　それは、中原経済区建設について報告する座談会であった。各民主諸党派中央委員会と全国商工業連合会の指導者と、河南省委員会・政府・人民大会・政治協商会議の4部門のトップが顔を合わせ、中原の発展について協議を行った。
　中原戦略の大切さを語るに、古来より「中原に鹿を追う」・「中原を得るものは天下を取る」という言葉がある。中原経済区の構想を、如何に早く国家的戦略に位置づけられるかが、ポイントとなった。全国規模での区域の協調発展において、さらに大きな作用をもたらすことは、疑う余地はなかった。皆が一貫して関心を示したのも、無理のないことであった。この会議に参加した多くの指導者たちは、何度も河南に出向いた経験があった。会議に参加する以前から、彼らは「事前調査」を行っていたのである。誰もが会場に来る際に、数千文字に及ぶ資料を携えていた。中原経済区に関しては、指導者たちが原案を持ち寄って「自由に発言」することとなり、腹を割って、心行くまで協議を重ねた。会議では小休止を取ることもなく、司会も省略され、予定された2時間の会議は知らず知らずのうちに延長し、結果的に4時間に及ぶ長丁場となった。
　中国共産党河南省総書記の慮展工は最後に「互いに奮起し、励まし合った。学ぶところも多く、啓発された。感動的な会議であった。」との感想を述べた。

2011年1月、国務院は『全国重点的経済発展地域計画』を出版し、中原経済区が正式な計画として盛り込まれた。中原経済区建設は、既に正式に国家的戦略構想と位置づけられたのである。
　中原が発展すれば、中国の中部地域が発展し、中部地域が発展すれば、中国そのものも発展する。
　これは多党協力によって共同で練り上げられた、発展の縮図であった。
　重慶は温かな雰囲気に満ち溢れ、革命歌があちこちで歌われていた。重慶は抗日統一戦線の前哨地として、中国民主諸党派の主たる発祥の地として名高い。中国政治協商の誕生地であるため、この土地には、多党協力の貴重な記憶が残されている。
　中国共産党成立90周年を記念し、古い世代の高潔な民主人士は、節操を固く守り、中国共産党と真心をもって深く交わった過去を回想した。そして、多党協力制度の素晴らしい未来について憧憬を抱き、2011年か3月28日から29日まで、各民主諸党派中央委員会・全国工商業連合会の指導者・無党派人士代表が重慶に集結した。彼らが参加した統一戦線は「歴史を復習し、共に歩んで行こう」をテーマとした教育活動であり、自ら諸先輩の足跡をたどり、先賢の模範を体験したのであった。
　重慶は、民主諸党派と共産党員たちが共に国家の民主的な進歩のために勇敢に闘った歴史を証明してくれる、思い入れの深い土地である。紅岩村には多くの花束が捧げられ、民主諸党派の諸先輩と中国共産党員の親密な交流ぶりがはっきりと目に浮かぶようであった。歌楽山では樹木が生い茂り、27名の民盟盟員と3名の農工党員が、ここに永眠している。
　上清寺の入り口では、新しく増築され完成した「中国民主諸党派歴史陳列館」がある。ここに陳列されている展示物や記録は、あの困難な時代を共に切り抜けてきた栄光の足跡である。映像などの資料でも、一致協力してきた偉大な道のりをうかがうことができる。この建物の占有面積は8000平方メートルもの広さを有するが、その前身は、抗日戦線期と勝利の前後に中国共産党と各民主諸党派の重要な活動拠点が置かれていた。

記念の座談会では、薄熙来・杜青林・周鉄農・蔣樹声・張榕明・羅富和・桑国衛・王欽敏・韓啓徳・林文漪・謝経栄・陳章良らがこぞって発言した。革命と共産主義を象徴する記憶をたどり、今昔の変化に驚き、洋々たる前途を語り合った。

　先人の事業を引き継ぎ、新しい将来に発展の道を切り開くため、2011年年初、胡錦濤は党外人士を前に迎春座談会にて、以下の事柄を明言した。中国共産党成立以来90年間、激動の時代にあって歴史と実践が十二分に証明したのは、思想、目標、行動において、全て合致していた点である。中国共産党指導のもと、多党協力と政治協商制度こそが、革命・建設・改革事業における成功を約束するものである、と高らかに宣言したのであった。

終　章

　古代ローマの政治家であったキケロは「生まれる前に起こった出来事を知らない人は、永遠に子どものままである。」との言葉を残している。
　1924年6月、中国人はまだ漆黒の闇の中、道が見えず、ちょうどたいまつを手にして己が行く道を模索していた時期であった。
　この時、インドの偉大な詩人であるタゴールが中国を初訪問し、彼は中国の知識人に対して「あなたがたは偉大な古代の知恵を有し、非の打ちどころのない思想と哲学を備えている。これらのすべては、現在の世界に最も必要なものである。もしあなたがたが、ただ単純に欧米人を模倣して、欧米の宇宙観・国家観・人生観によって自己を武装してしまったとしたら、自分たちの独立を考えた際、必ずあなたがた自身に征服される日が訪れるだろう。」と述べた。
　2009年のクリスマスイブ、フランスの週刊誌『ル・ポワン (Le Point)』は、中国を特集した特別号を世に問い、客観的に中国の真実を紹介した。その中で、漢語学者であるシリーは、「共産党」という言葉に、非常に斬新な解釈をしてみせた。「共」とは「共同の、すべての人に与える」を示し、「産」とは「産業の成果、あるいは生産方式」を示し、「党」は「政党を代表する」とする意味を持たせたのである。中国共産党は1921年結党の際、「全人民に共同生産方式を追求する政党である。」と定義した。今日に至っては、「全世界に製品を生産し供給するために、中国を指導する政党である。」と理解できるであろう。
　どんな時でも、またどんな事情にあっても、時間と人間が最も重要で、環境は二の次である。
　90年前、中国共産党員が中国革命を指導し始めて以降、まだ日の浅い28年後、中国革命が共産党指導の下に勝利することなど、誰も信じる

者はいなかった。そのことが、世界4分の1の人類の運命を根本から変えた。その60余年後、社会主義建設過程において、共産党が執政を担当する中国では、中国共産党は社会主義理念のもと、また不屈の追求を続けた。絶え間ない努力による実践により、中国五千年の文明に新たな遺伝子を注入した。中国は貧しく立ち遅れた暮らし向きから、裕福な生活へと変貌を遂げ、世間の注目を集めた。同時に、世界的な歴史の発展過程に、大きな影響と変化をもたらしたのである。

　これは、中国が国外からの圧力に屈することなく、自己の発展への道を信じてきたからである。

　　改革開放から30年、中国は平凡ではない道のりを歩み続け、全く新しい近代化の道を創造し、世界に影響を与える巨大な存在となった。全世界の金融危機に直面し、ほかの国と同様に巻き込まれることもあったが、中国は勢いに乗じて前進し、世界的なうねりに逆らってでも前進する非凡な発展ぶりで、世界の注目を浴びた。

　中国の特に優れた振る舞いは全世界の研究者の関心をひきつけたが、こうした研究にはどれも共通の欠陥があり、中国の特色ある政治制度に言及しないものばかりであった。

　政党とは一般的に、民意を反映し、政策の制定および政府の有効的な管理に寄与する存在である。他国に比較して、正真正銘中国が有する独自の特色は、有効に機能する多党協力と政治協商制度にある。これは、中国を成功に導いた、最も重要な原動力である。

　一世代前の人々が歩いてきた道のりには、歴史の座標が圧縮されている。知恵ある民族は、常に先人の足跡を観察しなければいけない。

　多党協力にて歩んできた道のりを振り返ると、その一つ一つが明確な信念と確固たる誇りに裏打ちされた歩みであったと言える。

　多党協力と政治協商制度における理論を基礎とし、政権組織の構築・運営方針の確立に国家の意志を反映させ、直接的に制度や規範・秩序を作り上げてきた。中国が既に世界政党制度というグループの一員になったことは、今となってはいつでも証明されるであろう。

中国共産党およびその指導者たちの創造性に富んだ独自性は、マルクス主義政党理論を運用しながらも、中国の国情をその出発点としていた点にある。最も広く人民大衆の根本的な利益の実現を出発点とし、経験的教訓を総括し、文明の真髄を斟酌し、さまざまな知恵を結集させ、時代の潮流に順応してきた。中国の独自の特色・中国の流派・中国の風格ある政党理論体系を形成したことも、今となってはいつでも証明されるだろう。

　そして、変化すべきことは、必ず変化しなければならない。変化しなければ、衰退する。変化すべきでなければ、決して変化せずにおく。変化すべきでない時に仮に誤って変化したとするならば、自身が崩壊した可能性も、今となってはいつでも証明されるのである。

　鄧小平はかつて「21世紀の2020年代は、中国共産党建党百年に当たる。我が国はさらに成熟さを増し、さらに定められた制度を加えるだろう。多党協力制度は、我が国における政治制度の根本として、おのずと内在されていることだろう。」と述べている。

　今日でも、中国共産党指導のもとに、中国人民は中国の特色ある社会主義を建設している。社会主義近代化建設という歴史に絶えず新たな一ページを加え、中華民族の偉大な復興のために奮い立って前進している。

　昨日までの、あれほどの高い代償を払い体験した、艱難辛苦を極めた経験のすべては、明日への発展と輝かしい未来のためであったのだ。そのため、今日では成功を重んじ、失敗を深く心に刻み、さらなる自信を持って、明日へ向かって突き進むのである。

　中国の道は平坦でなくとも、最終的にこれまで開かれることのなかった道を切り開き、人類史上に貢献してきた。全く新しい進歩的な意義を備え、さらに強力な平和と平等と発展の価値観をもたらすことのできる道であった。

　つまり、古いものはやがて消え去るが、時代の流れに沿って歩みを進めていけば、必ず栄光への新たな道が切り開けるのである。

中国政党制度全景
陳延武 著／桜美林大学孔子学院 監訳／杉江叔子 訳

2014年3月20日初版第1刷発行

　　発　行　　桜美林学園出版部
　　　　　　　〒194-0294 東京都町田市常盤町3758
　　　　　　　Tel. 042-797-4832

　　発　売　　株式会社はる書房
　　　　　　　〒101-0051 東京都千代田区神田神保町1-44 駿河台ビル
　　　　　　　Tel. 03-3293-8549／Fax. 03-3293-8558
　　　　　　　振替　00110-6-33327
　　　　　　　URL：http://www.harushobo.jp/

落丁・乱丁本はお取替いたします。印刷　コンゴー商会／組版　シナプス
©Confucius Institute at J.F.Oberlin University and SUGIE Toshiko, Printed in Japan, 2014
ISBN978-4-905007-02-9 C0036